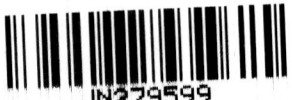

UNEXPECTED RETURN
Understanding Secular Stock Market Cycles
by Ed Easterling

バイ・アンド・ホールド時代の終焉

株は長期サイクルで稼げ！

エド・イースタリング【著】
関本博英【訳】

Pan Rolling

訳者まえがき

皆さんは登山をされたことがあるだろうか。一昔前の登山では何日分もの食料やテントをしょって、ふうふう言いながらひたすら山頂を目指したものである。そして下山では軽くなったリュックを背に、ときに口笛を吹きながら山道を下ったものだ。それでは危険度（ケガの確率）という点から見ると、上りと下りではどちらがリスクが大きいだろうか。それは圧倒的に下りである。足下をしっかり見て歩かないと、ヒザがガクガクして坂道を転げ落ちてしまう。上り道はちょっと疲れるが楽しくも安全、下り道はよほど注意しないと危険がいっぱいである。

1980～1990年代の大強気相場が終わったアメリカの株式市場は、今まさにそのような局面（変動の大きいトレンドレスのチョッピー相場）にある。アメリカではこの100年間に（10年以上にも及ぶ）長期の上昇・下降相場が繰り返されてきた。それでもメジャートレンドが常に上向きだったので、株式を購入して長期保有するというバイ・アンド・ホールドは、株式投資の定番としてしっかりと定着した。しかし、筆者はこうした100年間の株式市場の歴史を振り返り、そして20年にも及ぶ大相場が終わった今、さらに株価が上値を追っていくことはあり得るのだろうかと自問する。

株式投資にとってベストの条件とは、割安な株価、高い配当、低位安定に向かうインフレ、金利の低下、PER（株価収益率）の上昇――などである。しかし、今のアメリカにはこうした有利な条件は何も存在しない。それどころか、高い株価とPER、低い配当利回り、インフレと金利が上昇する可能性など、悪い条件ばかりがそろっている。こうした状況を考えるとこれからの局面では、従来のバイ・アンド・ホールドといった杓子定規のような投資法では利益を上げられず、新しい環境に見合った別の投資法が必要なのではないか。

ひるがえって日本の現況を見ると、2003年４月末に大底を打った株価はそれ以降のほぼ３年間に上昇トレンドをたどり、今はちょっとした株式ブームである。しかし、日本はそれまでの13年間にわたって株価が暴落し、全世界にデフレの脅威を発し続けてきた「失われた10年」を脱したばかりである。歴史を振り返れば、株式は長期にわたって上げることもあれば、下げることもある。そうしたさまざまな局面を同じ投資法だけで乗り切ることができるのか。筆者の自問を真摯に受け止めて歴史から学ばなければならないのは、われわれ日本の投資家も同じではないか。あの有名な『証券分析』（パンローリング）を書いたベンジャミン・グレアムは、よくこう言って嘆いたという。「ウォール街の人々は何も学ばないし、すべてのことをすぐに忘れてしまう」

本書の邦訳出版を決断された後藤康徳（パンローリング）、編集・校正の阿部達郎（FGI）の両氏には心よりお礼を申し上げたい。

2006年３月

関本博英

CONTENTS　目次

CONTENTS

第Ⅳ部　フィナンシャルフィジックス

CONTENTS

謝辞

まず最初に本書に興味を持ってくれた読者の皆さまには深く感謝いたします。株式市場と同様に出版業界でも、需要（読者）がなければ供給（出版）も成り立たない。皆さんが本書を楽しく読まれ、ここに書かれてあることを実際の株式投資に生かして利益を上げてほしい。本書を出版する最初のきっかけを作ってくれたのは、世界的に著名な金融エキスパートのジョン・モールディンである。数年前、ジョンは私が2001～2002年に進めていた株式市場のリサーチに興味を示した。彼はその一部の内容を彼が発行するウイークリーレターに引用してもよいかと尋ねてきた。それからまもなくして、このリサーチデータのライブラリーを一般に広く公開するため、（私の会社である）クレストモント・リサーチ社のウエブサイトが立ち上げられた。ジョンの著書『ブルズ・アイ・インベスティング（Bull's Eye Investing）』が完成に近づいた2003年に、彼からクレストモントのリサーチデータやグラフの一部をこの著書に引用してもよいかと頼まれたので、私は二つ返事で承諾した。その引用部分はひとつの章となり、そのあと私と共著した１章は２つの章に分けられた。

この共著のところの反響は大きかった。読者からのうれしい書評をはじめ、クレストモントのウエブサイトに掲載されているリサーチデータの続報を求める声が相次いで寄せられた。本書はそうした読者はもとより、それらのデータを有効に活用できる（と思われる）人々のために書かれた。本書の執筆・出版準備中には多くの優秀な方々のご尽力を頂いた。その数が多すぎて個人名をここに列記することができないので、末尾に掲載した参考文献を参照してください。本書の執筆中には愛する妻のケリーにも随分とお世話になった。彼女は私を叱咤激励するパートナー、頼りになるサポーター、そして細かい間違いも見逃さない優れた校正者であった。このほかジャーナリステックな観点から忌憚のない意見を述べてくれたエリック・トロセス氏をはじめ、貴重なコメントやいろいろな提案を寄せてくれたローリ・ベンシング、フリッツ・ヘイガー、ブレント・ハガード、ロブ・ホームズ、フィル・マッキー、ジョン・ピービー、ブラッド・レイフラー、クリス・ソロー、スタン・スウィム、アンドリュー・トービー、マーシャル・ヨーントの各氏にも感謝いたします。また本書を出版するとき、さまざまな面でお世話になったサイプレス・ハウス社のシンシア・フランク氏と同社のスタッフの方々にも厚くお礼申し上げます。

序文

今後10年間のアメリカではこれまでの経済成長と繁栄が持続し、生活水準も引き続き向上するだろう。こうした楽観的見通しを裏付ける多くの証拠がある。これまでのアメリカの歴史を検証すると、力強い経済成長には何ら衰えは見られず、景気後退局面も極めて短期間で終わっている。しかし、底堅い経済成長が必ずしも株式市場で大きなリターンをもたらすわけではない。投資収益はインフレの動向に大きく左右される。債券の投資収益はインフレ動向に直結している金利水準によって決まり、また株式市場でもPER（株価収益率）を反映した株価を左右するのはインフレである。現在の株価はかなり高い水準にあるため、株式投資のリターンは今後しばらくはヒストリカルな平均を大きく下回るだろう。ヒストリカルな平均リターンとは好調・低調なリターンを平均したもので、歴史的な最長記録となった最近の大相場のあとには、平均以下のリターンしか見込めない時期が長期にわたって続くと思われる。この100年間の株式市場では、高リターンと低リターンまたはマイナスのリターンの時期が交互に到来した。こうした事実を踏まえると、これからの株式市場でもこうしたサイクルが繰り返されるだろう。

1982～1999年の長期上昇相場が2000年以降のあまり報われないチョッピーな局面（はっきりしたトレンドがなく、上下に大きく変動する相場）に移行したと言うと、皆さんはがっかりされるだろう。そして現在のこの局面は一時的な小康状態、それとも（平均以下のリターンまたはマイナスのリターンしか見込めない）長期下降相場に入ったのかと問われるだろう。その答えは本書のなかで徐々に明らかにしていく。株式市場の歴史と株式相場のトレンドを形成する基本的な要因を検証・分析すると、2000～2010年はもとより、それ以降の10年間も株式投資のリターンは平均以下にとどまる可能性が高い。1980～1990年代の異常な株高局面のあとに低調な相場が続いても何ら不思議ではない。

株式市場では株価が相対的に高い時期と安い時期が交互に到来する長期サイクルを繰り返してきた。そして株安期のあとには高いリターン、株高期のあとには低いリターンがもたらされた。歴史的に見ると株式の長期平均リターンは債券のそれを上回っているが、株式がいつでも債券のリターンを上回っているわけではない。株式が債券よりもアンダーパフォームであった時期もある。しかし、好天を待ち望んでいるときに、干ばつに甘んじている必要はない。現在の株式市場が干ばつの時期であるならば、投資資金をもっと多くの実りが見込まれるアセットクラスにシフトすればよい。本書では株式市場の現況とこのマーケットを動かす主な原動力を理解し、またどのような相場環境でも利益を上げられる方法を紹介する。

以下の各章では株式市場のダイナミックな歴史と現況、将来の見通しなどについて広範で詳細なリサーチデータを駆使して検証した。ときに地質学的な比喩を交えながら、切り立った断崖のような株式市場の大変動、揺れる山脈のような金利変動の現実を分析するとともに、経済と株式市場に特有な要因によって引き起こされる相場の形成プロセスにも焦点を当てた。一方、株式と債券投資のリターンをもたらすファンダメンタルな関係のほか、「フィナンシャルフィジックス（Financial Physics）」と呼ばれるクレストモント社の株価評価モデルを使って、さまざまな経済原則と株価との関係についても分析した（金利と株価を動かす主な原動力はインフレ動向であることなど）。

株式投資のアプローチは相場のトレンドに乗る方法と、ファンドマネジャーの腕で利益を勝ち取るという２つの手法に大別される。前者は株式のトレンドがリターンを決定するという伝統的な投資法で、長期の忍耐が求められる相対リターンの手法である。これまでは長期にわたって上昇トレンドが続いたので、この手法を使えば損失よりも多くの利益が上げられた。この投資法のベースとなっているのは現代ポートフォリオ理論（MPT）と資本資産評価モデル（CAPM）の理論で、投資のリスクは友である。すなわち、痛みなくして利益なしという投資哲学である。

一方、もうひとつの投資法は株価の上昇局面でなくても、ファンドマネジャーの腕で利益を稼ぎ出すというアグレッシブなアプローチである。絶対リターンの手法と呼ばれるこの投資法では、そのときの相場トレンドとは無関係に利益を追求する、すなわちコンスタントなリターンを目指している。ここではリスクは敵であり、何としても回避しなければならない。この手法の投資哲学はパフォーマンスがすべてであり、ファンドマネジャーが手にするのは成功報酬のみである。

現在、投資界は新しい時代に向けて目覚めつつある。リスクマネジメントのツールは簡単に入手できるようになったので、投資家はこれまでのように相場の変動に冷や汗をかきながら利益を追求する必要もなくなった。今では賢明な投資家はリターンとリスクの関係をコントロールするリスクマネジメント手法を駆使して、リスクを抑えながら安定した利益を上げている。相対リターンの手法と絶対リターンの手法の融合も着々と進んでおり、おそらく今後10年間に投資家はリスクをコントロールしながら期待リターンをほぼ確実に手にすることができるだろう。

今の投資家はマーケットという大海を航行する船乗りのようなものである。追い風のときはバイ・アンド・ホールドという「帆走」、向かい風のときは絶対リターンの手法という「舟漕ぎ」で利益を上げることができる。1980～1990年代には強い追い風が吹いていたので、伝統的なバイ・アンド・ホールドがベストの投資法であった。1990年代後半の株式バブルで長期の大強気相場は成層圏まで駆け上がったが、2000年のバブル崩壊でそれまでの帆走期は終わりを告げた。今では手に汗する舟漕ぎによってしか利益を上げることはできない。

今の相場環境はかつての相場界のパイオニアたちが直面した1930年代初めの状況と類似しているが、それら先人たちの貴重な知恵は新しい投資時代と希望を吹聴するスローガンにかき消されてしまった。希望に満ちた投資家が今の株価水準で投資に乗り出しても、次々と嵐がやって来るというのが現実である。すなわち、平均以上のリターンが得られた株式投資の時代は、平均以下の収益しか得られない時代に移行してしまったのである。

本書は６つの部から成っている。「始めに」と題する第１部では、それ以降で検討する基礎知識としてのコンセプトや原則について説明する。「マーケットの歴史」と題する第２部では、株式と債券市場のヒストリカルなリターンと変動性、この２つのマーケットの相関関係について検討する。「長期サイクル」の第３部では、長期サイクルの観点から第２部の内容を分析し、それらを構成する要因や現在の株式サイクルなどについて分析する。ここまでは株式市場の歴史的な検証と長期サイクルの性質などに焦点を当てたが、「フィナンシャルフィジックス」と題する第４部では株式相場を動かすさまざまな要因について分析するので、これを理解すれば一般投資家でも株式専門家などの間違った意見にだまされることはないだろう。また2000年代の残りの期間の株式投資リターンがどのようになるのかについて合理的な予測を行った。株式市場の歴史と現況の検討に続く第５部(「投資哲学」)では、リスクを許容するこれまでの相対リターンの手法とファンドマネジャーのスキルがすべてを決める絶対リターンの手法について説明し、相場の局面に応じてこの２つの投資法を使い分ける必要性を訴えた。続く第６部（「投資戦略」）では、いっそう厳しさを増す今の相場環境で求められる投資テクニックを紹介したあと、投資マネジメントの進化、伝統的な相対リターンの手法とアグレッシブに利益を追求する絶対リターンの手法の融合の可能性について検討した。

投資知識を学ぶということは山頂に向かって登山道を一歩ずつ歩くことに似ている。登山者が重力に打ち勝って山頂に立てば、周りの山脈が一望に見渡せるように、投資家も従来の投資の考え方から脱却しなければ、現在の株式市場の現実をはっきりと見極めることはできない。株式投資で成功するには、変わることのないマーケットの原則を踏まえながら、今の状況に見合った投資戦略とツール、そして最新のテクノロジーを駆使する必要がある。株式投資の目的は利益を上げることであるが、単なる願望はそのための戦略とはならない。

本書は株式市場の基本的な要因、将来のリターン、現在の相場環境をどのように乗り切るのかなどを理解するためのロードマップ（道路地図）である。投資家の前には合理的な投資法やランダムなやり方などさまざまな選択肢があるが、自らの投資人生をきちんと律するには、合理的な投資原則を身につけなければならない。なお、本書に掲載されたリサーチデータやチャートの最新版を見たいときは、クレストモント社のウエブサイト（http://www.CrestmontResearch.com/）にアクセスしてください。

第I部

始めに

Getting Started

第1章

旅の始めに

Planning the Journey

「もう株式投資をやめようかと思っています」。ある晩の夕食のとき、彼はイライラしながら最後にこうつぶやいた。現在の多くの投資家と同様に、彼もこの数年間の株式投資の成績に次第に自信をなくしつつあった。1990年代には株式を買うだけで利益が積み上がっていったが、それは株式市場が味方してくれたからである。しかし、膨れ上がった利益は二度と経験できないほどの教訓を残してまもなく消え去った。それまでずっとうまく機能してきた投資法も、損失が相次ぐとその原因はマーケットにあるとされた。大手投資顧問業のプロたちも「バイ・アンド・ホールド」「長期投資」「ハイリターンにハイリスクは付き物」などとアドバイスしていた。こうした過去20年間の伝統的な投資の考え方は、21世紀初めの５年間にはまったく機能しなくなった。こうした従来の投資法がうまくいかず、またこれからもうまく機能しないであろう理由は明らかである。株式相場を動かす主要な要因を理解しなければ、株式投資のパフォーマンスを向上させる従来とは違う方法も見つかるはずがない。以下で述べることは、株式相場を動かす要因を理解し、どのような相場局面にも対処できる投資能力を身につけたいと願う人々のためのものである。

長期的な観点

歴史の便利なところは、長期の歴史を任意の時期に区切って検証できることである。従来の投資の考え方は長期の展望に立ったものが多かったが、それを構成する短期の重要な事実を無視していたので、歴史から多くのことを学ぶチャンスを逃してしまった。本書では株式と債券市場についてこれまでとはかなり違う角度から検討する。いわば森全体というよりは、それを構成する木々に焦点を当てた。本書ではまた、さまざまな情報源から流される多様な情報をどのように読み取るのかについても詳しく説明した。

1980～1990年代には長期の上昇相場が続いたので、株式を持っているすべての投資家が利益を手にすることができた。しかし、1990年代後半から続いた株式バブルは2000年前半に弾け、それから相場環境は一変した。それ以降の数年間に株式市場は本来の水準に戻ってしまったようだ。現在、多くの投資家は株式市場が以前の強気トレンドを取り戻し、再び平均リターンを手にできる状況が再来するように願っている。しかし、現実の相場環境を見るかぎり、少なくとも向こう数年間はヒストリカルな平均リターンが見込まれる可能性はかなり低い。

こうした状況に当惑し、希望的観測を述べたり、またはマーケットが悪いなどと主張する専門家の意見に耳を傾けたくなったら、次のような重要な事実を肝に銘じてほしい。すなわち、①株式市場は多くの投資家が考えているよりもはるかに変動が大きい、②マーケットの変動は投資家にとって敵でもあり、また味方でもある、③株式と債券の大きなトレンドはインフレ動向に左右される、④株式と債券投資のリターンは主に投資時点の価格水準によって決まる――ということである。例えば、従来の長期投資の考え方によれば、2000年の天井圏で株式を買った投資家も、2002年のボトム圏で参入した投資家も同じ長期リターンを期待している。しかし、現実はその期待どおりにはいかず、投資を始めた株価水準によって最終リターンはまったく異なる。さらに投資家は投資人生で直面する相場環境を変えることはできないが、そのときの状況に見合った投資法を選択することは可能である。

以下では株式市場をさまざまな観点から分析し、ヒストリカルなリサーチデータやグラフを使って歴史の教訓をくみ取り、そこから将来の株式市場を展望する。本書の目的は証券投資に役立つ実用的な知識を提供することにある。本書の内容は（筆者の会社である）クレストモント・リサーチ社のリサーチデータに基づいており、主に検討するタイムスパンは多くの一般投資家の投資期間である中期となっている（多くの投資書籍や学者の研究は主に長期投資について述べている）。従来の株式投資の考え方では５～20年の投資分析はあまり取り上げられず、もっぱら長期の平均リターンだけにスポットが当てられてきたが、クレストモント社のリサーチはマーケットの地形、すなわち短期の天井と底を含む中期的な局面に向けられている。これからの株式投資で成功するには、そのときの相場環境に見合った投資法が必要となる。以下では長期的な観点では見えないさまざまな事実について検討する。

正しい観点

過去20年間にうまく機能してきた伝統的な投資法は、この数年間ではまったくダメだった。そのため多くの投資家はイライラし、今の相場環境では何が合理的な投資法なのかを知りたがっている。いわば真実の国への旅立ちであり、その第一歩は現在の株式と債券市場の現況を正確に理解することである。

分かれ道

しかし、真実の国を見つけるのはそれほど簡単ではなく、まず分かれ道で立ち止まってしまう。そのひとつは真実の国に向かう道、もうひとつはうその国に至る道である。真実の国ではだれもがいつでも本当のことを言うが、うその国で聞かれるのはうその話ばかりである。その分かれ道にひとりの小人がいるが、彼が真実の国またはうその国のどちらから来たのかは分からない。そこであなたは真実の国に行く道を知るために彼にひとつの質問をする。その質問とはどのようなものだったのか。

航海の基本

あなたが目的地に向かって航行しようというとき、自分の出発地点と航路を知っておくことは大切である。すべての投資家にとって目指す目的地とは経済的な成功であり、過去20年間のその航路ははっきりしていた。伝統的な投資法のバイ・アンド・ホールドがうまくいったのは、それが時代を超えた優れた投資法であったからではなく、この時期の相場環境にマッチしていたからである。この伝統的な投資法を1960～1970年代に使えば大損することは明らかであり、いつの時代にも有効な投資法というものは存在しない（以下の章では株式市場の大きなトレンドを形成する原動力を分析し、そのときの相場環境に見合った投資手法について詳述する）。

今からほぼ2000年前のギリシャに、プトレマイオスという数学・天文・地理学者がいた。彼は当時の一般的な考えにくみすることなく、地球は丸いと信じていた。この事実を証明するため、彼は自分の地球儀に赤道とそこから南北の極に向かう垂直線を引いた。北極から始まるこれらの垂直線は赤道で交差して南極まで引かれた。これらの線が今の緯度と経度となった。当時の船乗りもすべての旅人と同様に、出発地点と目的地までの距離を正確に測ることが航海で成功するための絶対条件だった。昔の旅人は星や星座を観察して赤道から南北に向かう距離を知り、航行中の船乗りは地図に線を引いて東西の距離を測った。それでも船舶の座礁や迷走などが跡を絶たなかったので、イギリス議会は1714年に経度法を制定し、正確な経度の測定法を発明した者には多額の報奨金を出すことにした。それから45年後にジョン・ハリソンというイギリスの時計工が地球上を正確に航行できる方法を発明し、その賞金を獲得した。彼が発明したのは、海の悪天候や高い温湿度のときでも正確に時を知らせる時計であった。

時間は距離の問題を一挙に解決した。われわれは現在、時間帯というものでこの時計工の功績を享受している。地球は一定の時間で自転しており、ニューヨークではカリフォルニアよりも３時間早く正午になる。ハリソンは地球の自転による時間の違いを利用して、ある地点と別の地点間の距離を正確に測定できることを発見した。その当時、時間を知るために使われたのは日時計だった。彼の大きな挑戦は海上で正確な時間を知るための時計の開発だった。それが開発されたとき、船乗りたちは経度と緯度が分かるようになったので、海図に正確な位置を印して目的地の方向に進むことができた。

船乗りの海図は投資家にとって投資プラン、航路は投資戦略に相当する。また（投資の成功という）目的地に到着するには、株式の大きなサイクルと現在の位置を知る必要がある。以下の各章を読み進むにつれて、皆さんは向かうべき方向とそこから期待できるものが分かるだろう。第１章～第２章では皆さんが向かう正しい方向と、そのためのいくつかの道しるべについて説明する。続く第３章～第７章ではマーケットの歴史、金利とインフレ、株式の長期の上昇相場と下降相場と現在の局面、そしてフィナンシャルフィジックスについて検討する。第８章～第12章では、将来の株式投資から得られる予想リターンと

PER（株価収益率）の上限などについて分析する。さらに相対リターンの手法と絶対リターンの手法（「帆走」「舟漕ぎ」戦略）の違い、これまでと将来の投資マネジメントなどについても検討する。それらの各章を読み進めば、株式投資の失敗を避け、成功を手にするための多くのヒントが得られるだろう。投資の失敗と成功は、リスクとリターンと同様にまったく違うコンセプトである。

リスク（損失の可能性）を避けることが賢明な投資の第一条件である。オマハの賢人（ウォーレン・バフェット）はことあるごとに、「投資の第一のルールはとにかく損をしないこと、第二のルールはこの第一のルールを忘れないこと」と言っている。本書には玉石混交の情報の正しい選別法、適切な投資決定、不合理なミスの回避などに関する有益なヒントが述べられている。一方、リターン（利益の確保）は株式投資の最終目標である。本書では株式投資に関する重要なルールを示したが、適切な投資決定を下すにはそうしたルールを十分に理解しておく必要がある。マーケットのルールを知るには、人々や出来事の歴史ではなく、マーケットの動きの歴史に目を向けるべきである。各章には投資家がベターな投資決定を下すための重要な知識が盛り込まれている。

本書で検討するマーケットの歴史は現代（20世紀以降）のものである。歴史を学ぶ大切さについて、ジョージ・サンタヤナ（スペイン生まれのアメリカの哲学者・詩人）は1905年に著した『ザ・ライフ・オブ・リーズン（The Life of Reason）』のなかで、「過去を忘れた者は必ず同じことを繰り返す」と述べている。実証に裏付けられた合理的な説明を求める読者にとって、株式相場のトレンドと長期サイクルを形成する原動力について分析した第３部はかなり有益であろう。その各章では新しい投資手法をどのように実践したらよいのか、またそのための投資ツールやテクニックを具体的に説明している。

株式市場マトリックスについて

クレストモント社の最大の功績のひとつは、過去１世紀の株式投資のリターンをモザイク風に表した多色刷りの「株式市場マトリックス（Stock Market Matrix）」であろう。自らの研究論文にこれを引用したデューク大学フークア・ビジネススクールのキャンベル・ハーベイ教授も、このマトリックスを絶賛している。株式市場マトリックスはクレストモント社が2001年夏に完成したリサーチデータの集大成である。これを見ると株価が最近のピーク圏から下降したあと再び新高値を取りに行くのか、それとも下降トレンドはまだ続いているのか――などが予測できる。経験豊富な投資家との話題はもっぱら株式市場の長期リターンに関するものであり、今後はヒストリカルな平均リターンしか期待できないのかといった話になってしまう（ヒストリカルな平均リターンとは、学者や投資のプロなどがよく使う過去75年間以上の長期平均リターンである）。

長期リターンの計算で使われる最も一般的な期間は、1920年代から現在までの期間である。しかし、この出発点は本当に合理的なものなのか。もっぱらこの期間だけを出発点にしているが、これによって長期リターンの分析を不正確なものにしていないだろうか。1929年の最高値を計算の出発点にしたときと、それ以降の株価暴落による安値を出発点にしたときでは、その結果はまったく違うものになってしまう。このようにひとつの出発点から始めたリターンの分析は、間違ったデータに基づいているという危険性がある。

しかし最近では、計算期間をもっと細かく区切って分析する試みも見られるようになった。遠い過去のある時点だけを出発点とする代わりに、各10年ごとに出発点を設定してそれぞれの期間について比較分析する。そうすればさまざまな基準に照らして、そのときの株価の割高・割安度が分かるだろう。しかし、かなり慎重な投資家は「そうした分析でもひとつの出発点を基準に株価を評価しており、10年ごとに出発点を設けること自体が分析結果を歪めることになるのではないか」という疑問を呈するかもしれない。

こうした疑問に応えるのが、1900年以降の株式投資の年率リターンを表したクレストモント社の株式市場マトリックスである。（第３章で詳述する）このマトリックスではどの年を出発・終了点にしてもよく、任意の期間の年率リターンが分かるようになっている。そこではデータツールとしての効果を高めるために、カラー表示と補足的な情報が掲載されている。リターンの程度に応じて赤、青、緑の色分けが行われているうえ、過去１世紀の経済成長、インフレや歴史的な出来事なども一目で分かる。今では全世界に10万部のコピーが配布されている。

投資予測と広告

広告業界ではすべての広告のほぼ半分が有効であると言われるが、具体的にどの半分が有効なのかについてはよく分からない。このように広告業界では不確実な状況に対して最大の努力を払って楽観的な戦略を進めなければならないが、投資書籍や株式専門家もこれと同じようなものである。このように投資界でもさまざまな予測や玉石混交の情報があふれており、それらを正しく選別することはかなり難しい。本書では投資書籍や専門家の意見をどのように判断したらよいのかをはじめ、株式と債券市場の歴史に対する合理的な見方、将来の株式市場の見通し、投資マネジメントを向上するための効果的なテクニックなどについても詳しく検討する。

各部のキーポイント

各部末にはその部の内容をまとめたキーポイントを記載した。それらには各部の内容を要約したもののほか、本書全体の内容を理解するための手掛かりも含まれている。

本書全体の10のキーポイント

1．異なる期間の株式投資の平均リターンが同じということはあり得ない。低いPER（株価収益率）が次第に高くなっていく期間のリターンは平均以上になるし、高いPERが低くなっていく期間のリターンは平均以下となる。
2．株式市場のボラティリティは多くの投資家が考えているよりもはるかに大きい。実質リターンを低下させる２つの元凶は、マイナスのリターンとリターンのばらつきである。
3．PERのトレンドによって株式の長期上昇・下降相場が形成されるが、そのPERのトレンドを決定するのはインフレ動向である。
4．「Ｙカーブ効果」とは、PERとインフレ（またはデフレ）の緊密な関係を表したものである。
5．現在の株式と債券市場からは、相対的に低いか、マイナスのリターンしか期待できない。
6．クレストモント社の「フィナンシャルフィジックスモデル」には、株式市場の大きなトレンドを決定する経済と株式のさまざまな要因の相関関係が示されている。
7．インフレが低位安定しているとき、株式市場の持続可能なPERのピーク水準または上限は20～25倍であり、2004年後半現在のPERがまさにこの水準にある。
8．アグレッシブな絶対リターンの手法とはファンドマネジャーの腕によってコンスタントな利益を追求し、伝統的な相対リターンの手法とはリスクを許容しながら長期のリターンを目指すものである。

9．長期上昇相場では株式や債券をバイ・アンド・ホールドする「帆走」戦略が極めて有効であり、長期下降相場では絶対リターンを追求する「舟漕ぎ」戦略が効果的である。

10．株式市場と投資マネジメントの進化に伴って、絶対リターンの手法のリスクマネジメントの考え方が伝統的な相対リターンの手法の投資マネジメントにも取り入れられるようになってきた。

第2章

原則

The Principles

今の時点で皆さんは本書で述べる大ざっぱな内容が分かったかもしれないが、各章を読み進むうちにはっきりと理解されるだろう。以下で述べる原則は株式市場の歴史と投資マネジメントについて検討するとき、その内容をよく理解するための手掛かりとなるものである。

最後の準備

以下では主に伝統的な株式投資マネジメントについて説明するが、それに関する証券業界の考え方や見方はマーケットの現実を無視しているものが多い。さらにこれまで当たり前だと思われてきた株式市場の各要因の相関関係（または因果関係）も、実際には存在しないものもある。それどころか、伝統的に受け入れられてきた主な投資原則に対する考え方がそれまでとは逆になるケースもある。例えば、Ａに続いてＢが起きても、それは必ずしもＢがＡによって引き起こされたことにはならない。つまり、Ｂが必ずしもＡの結果となるわけではない。その具体的な一例として、大きなリスクを取らなければ高いリターンは得られないとよく言われるが、現実には必ずしも大きなリスクが高いターンを得るための必要条件ではない。大きなリスクが大きな損失につながることも珍しくない。

リスクはリターンの必要条件ではない

まず最初に、大きなリスクが自動的に高いリターンをもたらすわけではないという事実を知るべきである。投資家の多くは、大きなリスクを取れば高いリターンが得られると単純に考えている。すなわち、大きなリスクとは大きな損失の可能性ではなく、単なる短期的な変動の相場と考え、将来のリターンについて間違った前提に立った投資法を受け入れている。そして伝統的な投資法は長期的には安全であり、現在の評価損もやがては評価益になるだろうなどと、まったく根拠のない論理にとらわれている。

伝統的な投資の論理によれば、株式は債券よりもリスク（損失の可能性）が大きいので、効率的な市場は長期的に債券よりも株式に大きなリターンをもたらす。それゆえ、高い投資リターンを得ようとすれば、株式の保有比率を高めなければならない。しかし、この論理が大きく間違っているのは、マーケットのファンダメンタルズが株価を高い水準に押し上げたあとも、さらに大きなリターンを期待していることである。高い株価水準からの投資リターンは、かなり低いまたはマイナスになると考えるのが妥当であろう。今のような高株価からの最終リターンは債券のリターンにも及ばないだろう。こうした現状にもかかわらず、依然として大きいリスクが高いリターンにつながるという伝統的な投資の考え方から抜け出せず、高い株価のときも株式保有比率を増やし続ける投資家は、高いリターンの代わりに微々たる利益しか手にすることはできない。いくら大きなリスクを取っても、今後数年間の株式市場から大きなリターンを期待するのは無理である。

証券市場の歴史を振り返り、かなり長期のスパンでマーケットの合理的な動きを見ると、リスクの大きい株式が債券よりも高いリターンをもたらしていることは事実であるが、株式のリスク度は投資時点の株価水準に大きく左右される。相対的な株高のときの株式投資はかなりリスキーであり、損失の可能性が最も高い。このように株式市場でリスク度が高まっている時期には損失の可能性が大きく、そうしたときはいくらリスクマネジメントを徹底しても損失を食い止めることはできない。以下の各章では株式投資がリスキーになる時期とその理由、その反対にかなり有望な時期についても詳しく検討していく。

ピーナッツバターカップス

かつて流されたリーシズ・ピーナッツバターカップス（ハーシー・フーズ社のピーナッツバター入りミルクチョコレート）のテレビコマーシャルのなかで、チョコバーとピーナッツバター容器からバターを食べている２人がドスンとぶつかり、そこから想像もできないような物が出現するという場面があった。このコマーシャルのように、第７章～第８章では多くの専門家でも考えつかないようなモデル、すなわち経済と株式ファイナンスを包括的に統合したコンセプトについて述べる。

経済とは財とサービスの生産・消費に関するプロセスであり、株式ファイナンスとは上場企業の評価、それらの株式の値段、株式市場への投資などに関するものである。クレストモント社が開発した「フィナンシャルフィジックス」は、経済の原則と株式ファイナンスの要因を分かりやすい実用的なモデルにまとめたもので、投資家はこれによってときに混乱し、また互いに矛盾しているような多くの株式やマーケット情報を正しく判別することができるだろう。

調和的な原則

経済と株式市場の多くの要因は相互に関連し合っており、ある要因が変化すれば、それはほかの要因に直接または間接的に影響を及ぼす。

本書で繰り返し述べる調和的な原則によれば、経済と株式市場の分析や議論は内的な整合性を保つべきである。つまり、すべての前提はあらゆる要因（または変数）に同じように当てはまらなければならない。例えば、釣りのガイドブックに１日のなかで最も涼しいときに最も魚が釣れると書いてあっても、その他の条件もそろわないかぎり、このとおりに釣りのスケジュールを組むことはできないだろう。

金融市場ではインフレと金利は緊密な相関関係にある。インフレが進行すれば長期金利は上昇し、そうなれば投資家は株式市場にいっそう高いリターンを要求する。株式市場が投資家からの高い期待収益の要請に応えるには、株価を安くしなければならない。一方、インフレ進行期には債券投資はリスクが大きく、株式のほうが有利であると専門家などは主張するが、こうした意見をそのまま鵜呑みにしてはならない。インフレと金利が上昇すれば、債券のみならず、株式にもマイナスとなるのは明らかである。説得力がなく矛盾しているような意見は一貫性のない原則に基づいている。調和的な原則はすべてのマーケットや経済にも、すべて合理的にかつ論理的に適用できるものである。

こうした調和的な原則に基づくクレストモント社のリサーチは、同じ問題をさまざまな角度から分析し、また多様な問題の論理的な矛盾点もけっして見逃すことはない。そしてそれぞれの分析結果は内容的な整合性を図るために再検討される。同じ問題をこのように多角的に分析すれば、そのリサーチデータの信頼性はかなり高いだろう。当社の一貫したポリシーは、信頼できる分析を絶えず追求していくことである。「何事も細部に落とし穴が隠れている」とはよく言われる箴言であるが、論理的な一貫性があり、また内容的にも整合性のあるリサーチと分析を行うには、そのベースとなる調和的な原則がきちんとしていなければならない。

願望、恐怖そして貪欲

人気の高いテレビSF番組「スタートレック」の最初のシリーズをご覧になった人は、バルカン惑星から来たスポックにはとりわけ深い印象を受けただろう。バルカン人の父と地球人の母の間に生まれたスポックは、すべての世界を論理的な観点からしか見られず、人間としての感情を押し殺そうと苦闘する。現実の株式市場も投資家のさまざまな論理を反映しており、各地の証券取引所やインターネット上のマーケットでも、株式の値段をめぐって売り手と買い手が激しくしのぎを削り合っている。市場参加者の興奮や熱狂によって相場はときに大きく変動するが、投資家のそうした行動は利益を上げるという論理的な目的で一致している。上手なトレーダーは感情に基づく投資決定が最もまずいと言うが、すでに上がってしまった株式を買い、大きく下げた株式を売ってしまうのが人間の本性のようだ。株式のトレードをやらせたらおそらく優秀なトレーダーになったであろうスポックは、論理的に株価が上昇するような銘柄を買い、過大評価された銘柄を売るだろう。理性的な本能がうまくコントロールされているかぎり、彼の投資決定は論理的であり続けるだろう。

一般投資家が犯す間違いの多くは、願望、恐怖、そして貪欲という３つの感情によって引き起こされる。例えば、１株10ドルで買った株式が何らかの悪材料で９ドルに値下がりしたとき、多くの投資家は「最初の損は最良の損」という格言があるにもかかわらず、株価が再び10ドルに戻ることを願う。損失から収支トントンになることを期待するわけだが、そうした願望を抱いてこの評価損の株式を持ち続けることが最初の間違った感情である。おそらく株価は元に戻るどころか、さらに下げ続けて損失が膨らんでいくだろう。こうした投資家にとっての論理的な理由付けは、「評価損は確定するまでは実現損とはならない」というものである。

　次にこの株式が11ドルに値上がりしたときのことを考えてみよう。一般投資家はここで利益を確定しなければまた下がってしまうと考えて素早く保有株を売却するが、こうした恐怖心が二番目の間違った感情である。こうした願望と恐怖を抱く多くの投資家は、儲けは少なく、損は大きくといったことを毎年繰り返している。そして株価が20ドルに上昇するまでホールドした投資家は、今度は貪欲さからすでに本来の価値を超えている株式でも売らないという三番目の間違いを犯してしまう。経験の積んだトレーダーから見ると、鯛の尻尾まで取ろうとする投資家は、結局は大きな儲けを逃してしまう。こうした感情に基づく投資決定と株式価値に対する投資家の相反する評価が、株式市場の大きな変動を引き起こしている。こうした要因がマーケットの非効率性を増幅する主因であり、以下の各章ではこうしたマーケットの大きなボラティリティと、スキルに基づく投資手法によって適切な情報を入手し、ミスプライスした（適正水準から乖離した）株式から利益を上げる方法などについても検討する。

　マーケットとは効率的な状態ではなく、効率的なプロセスである。マーケットの役割のひとつは、さまざま情報と市場参加者の見方を適正な価格のほうに収斂していくことである。これについてウォーレン・バフェットは師匠であるベンジャミン・グレアムの言葉として、「マーケットは短期的には票数計算機だが、長期的に見ると計量機である」と語っている。確かに株価は短期的には買い手と売り手の激しい戦いによって本来の価値から大きく乖離することもあるが、長期的に見るとその本質的価値を反映したものになっている。バルカン惑星に株式市場があるとすれば、そこではすべての買い手と売り手が論理的であろうから、新しい情報は直ちにマーケットに織り込まれて適正な価格が形成されるという完全に効率的な市場になるだろう。

収斂と乖離

株式市場には適正価格というセンターラインがあり、株価はそこから割高・割安な水準に変動する、また株価はトレンドが変わるまで一定の方向に進むと言われるが、おそらく皆さんはこの２つをある程度は信じているだろう。収斂するマーケットとは、ミスプライスが付いた株価が適正価格というセンターラインに回帰するプロセスである。このように株価がミスプライスの状態から適正な水準に戻るという考え方が収斂するマーケット観と言われるものである。これに対し、マーケットのさまざまな要因やモメンタムを反映して一定の方向に進んでいるトレンドは、それが反転するまで持続するというのが乖離するマーケット観である。この考え方によれば、マーケットには適正価格というセンターラインは存在するが、ある方向に進んでいるトレンドは新しいトレンドが形成されるまでその動きを続ける。

この２つのマーケット観の違いはコイン投げによく似ている。コイン投げで表と裏の出る確率はそれぞれ50％である。例えば、３回連続して裏が出たあと、４回目に裏が出る確率はどのくらいだろうか。統計的には同じく50％であり、それはコイン投げは毎回独立しており、表と裏のどちらが出るのかは前回の結果とは何の関係もない。しかし、収斂するマーケット観を持つ投資家は裏と表が出る確率はある時点で同じになるので、次は表の出る確率が高いと考える。つまり、これまでの裏と表の勝敗は３対０なので、確率が均衡するためには次は表が出なければならない。これに対し、乖離するマーケット観を持つ投資家はこの次も裏が出ると考える。というのは、トレンドは明らかに裏の方向に進んでいるので、裏が出るモメンタムが突然反転することはない。皆さんはこの次にはコインのどちらが出ると考えるだろうか。

アセットアロケーションと投資決定を考えるうえで、この２つのマーケット観は何らかの参考になるだろう。以下の章では経済と株式市場の長期トレンドについて検討するが、長期トレンドのなかにはいくつかの短期トレンドが内包し、それらは最終的に基本となるメジャートレンドラインに収斂する。例えば、経済成長のメジャートレンドは比較的長期にわたって継続するが、この期間中でも平均以上の経済成長のあとに平均以下の成長期が続いており、それらをすべてならして期間全体の平均成長率が形成される。センターラインを中心にトレンドが形成されるというマーケット観では、「中央値への回帰」または「中央値に向けた反転」などという言葉がよく聞かれる。ここでは経済要因や株価はセンターラインを中心に変動しており、そこから乖離したものなどは必ず中央値に戻ってくるという考え方がベースになっている。

遠視

眼科学でいう遠視とは、近くよりも遠くの物がよく見える目の状態である。楽観的な株式投資家とはいわば遠視のような人である。学者の研究などでは長期投資や長期展望だけが論じられているが、実際の株式投資プランを立てるときはそうした長期の観点だけでは非現実的である。多くの投資家は自分の人生でそのような長期の展望を持っているわけではなく、ある程度の短期マーケットの動向を考慮しないと思うような成果を上げることはできない。おもしろいことに、こうした遠視的な見方は債券よりも株式についてよく見られる。伝統的な株式投資法では、長期にわたって株式を保有すればやがては報われるという考えがベースになっている。そうした長期投資のスタンスで2000年前半や今日の相場に臨んだところで、以前と同じようなリターンが得られるだろうか。こうした考え方が論理的でもまた合理的でもないことは明らかであるが、一般投資家の多くは今でもそのように考えているし、株式専門家の多くもそのようにアドバイスしている。

個別銘柄や株式市場全体についても依然としてこうした考え方がまかり通っているが、それが間違っているとは思わないのだろうか。例えば、高値まで買われたある企業の株式について、株式専門家はそれを売却してもっと有利な銘柄を購入するようにアドバイスするだろう。しかし、その新しい銘柄の企業が将来にも好業績を上げるとしても、今の株価水準では相対的に低いリターンしか期待できないだろう。こうしたことは株式市場全体についても当てはまる。長期的にはヒストリカルな平均並みのリターンが得られるとの見方もあるが、そうした考え方は遠視的であり、また論理的にも矛盾している。経済が将来的にも好調であっても、平均以上に割高に買われた株式は平均以下のリターンしかもたらさない。こうしたことは個別銘柄だけでなく、ヒストリカルな株価水準や本来の価値以上に上昇した株式市場全体についても言える。

こうした遠視的な見方を債券投資について当てはめてみよう。優良債券のヒストリカルな平均利回りは７％前後であり、2004年後半時点の長期金利は５％以下である。金利が再びヒストリカルな平均水準まで上昇するとの見方もあり、何回かの景気サイクルを経た遠い将来に債券の平均リターンが７％に達することがあるかもしれないが、今後数年間または向こう10年間に債券利回りが７％に達すると考えるのはどう考えても合理的ではない。調和の原則に照らして、債券の平均リターンが現在の５％から７％になるためには、長期金利は７％以上に上昇しなければならない（金利が上昇すれば、債券価格が下落する）。もしも皆さんが長期展望を持って今の時点で長期債に投資すれば、長期的な平均利回りをいくら期待しても、今後数年間に大きな損失を抱えるのは必至である。

以下の章では、現在の金利水準は相対的に低く、逆に株価は相対的に高く評価されていることを実証する。各章ごとに順を追って株式市場を動かす基本的な要因を分析し、今後数年間と数十年間の見通しについても検討する。こうしたリサーチは皆さんの投資決定と将来の現実的な期待リターンを予測するときに役立つだろう。本書では皆さんが必要とするすべての投資手法とテクニックに言及することはできないが、本書を読むことによって多くの投資書籍や証券業界に流布している間違った情報や意見を選別し、合理的な判断を下せるようになるだろう。以下では株式、債券そして金利の順に、それぞれの歴史やヒストリカルなリターンについて検討していく。

第Ⅱ部

マーケットの歴史

Market History

第3章

株式市場の歴史

Stock Market History

株式投資の伝統的な手法とは、株式を長期にわたりバイ・アンド・ホールドすることだった。第３章～第４章では長期に内包される比較的短期間の株式市場と金利の歴史を検証する。その結果は株式と債券の伝統的な投資マネジメントの考え方を大きく覆すことになるだろう。

株式市場マトリックス――現実世界が見える赤い薬

人気SF映画「マトリックス」のなかで、モーフィアスはネオがマトリックスと呼ばれる仮想現実から人類を救い出す救世主であると告げる。人類は機械側によってこの仮想世界のなかに閉じ込められており、モーフィアスをリーダーとする一部の人間だけが機械側の支配から逃れて現実の世界に住んでいる。仮想現実からまだ抜け出していないネオは、モーフィアスの導きによって次第にこのデジタルな世界に疑問を抱くようになる。モーフィアスはネオに、彼の目から真実を覆い隠している世界について語る。それは触覚、味覚そして嗅覚などを奪われた心の牢獄であり、機械側が人類を支配するために作った仮想の世界である。モーフィアスはネオに２つの薬を差し出す。青い薬はネオの疑念を払拭して機械側のおもしろいプログラムを楽しむためのもの、赤い薬はネオを仮想現実から解放して真実の世界を知るための薬である。

「株式市場マトリックス（Stock Market Matrix）」と呼ばれる鳥瞰図は、皆さんを株式市場の現実に目を向けさせる「赤い薬」である。それは長期投資が安全と安定したリターンを約束するという伝統的な株式投資の考え方に閉じ込められている投資家の目を覚醒させるものである。モーフィアスがネオに話した仮想世界と同じように、多くの投資家も機械側に洗脳されているかのように、長期投資という呪縛に縛り付けられ、そこからいまだに脱出できないでいる。株式市場マトリックスは広く蔓延しているこのような間違った常識を取り払い、株式市場の現実（高リターンの時期のあとにはリスクの大きい低リターンの時期がやって来ること）に投資家の目を向けさせるものである。

大局

空に高く舞い上がると地球上のでこぼこは次第に薄れ、ヒマラヤ山脈も平坦になり、またグランドキャニオンも小さな溝のように見える。宇宙から見た地球はきれいな青い惑星であり、地上に住んでいるときに直面する厳しい経済の現実や地表のでこぼこなどはほとんど見えなくなる。株式市場も50～70年という大局で見ると、それは美しいブルーチップのマーケットである。株式市場の長期上昇トレンドは多くの投資家が直面している現実を覆い隠してしまう。投資家といえども子供の大学進学の学費は確保しなければならず、またマイホームの購入、早期退職、ときには失業に備えたお金も必要である。いずれの場合も必要となるのは当面のお金であり、株式市場の超長期の利益を待っていられるほどの余裕はない。投資家にとって現実的な投資期間とは5～20年であろう。

75年にも及ぶ株式市場の長期チャートを見せられても、ほとんどの投資家はそれだけの期間をマーケットに参加していることはできない。

資料請求カード

ご購読ありがとうございました。本書をご購読いただいたお礼に、投資に役立つ資料(投資ソフト・書籍カタログ・セミナー・投資レポート見本誌etc)をお送りします。ご希望の方は郵送かFAXでこのカードをお送り下さい。

●どこで、本書をお知りになりましたか？

1,新聞・雑誌(紙名・誌名　　　　　　　　　　　　　　　　　　　　　　)
2,TV・ラジオで　3,ポスター・チラシを見て　4,書店で実物を見て　5,人(　　　)にすすめられて　6,小社の案内(a.ホームページ b.他の書籍の案内 c.DM)　7,その他(　　　　　　　　　　　　　　　　　　　　)

●本書についてのご感想をお書き下さい。

電子メール(info@panrolling.com)でもお送り下さい。ホームページで書評として採用させていただく方には、図書カード500円分をさしあげます。

ご購入書籍名

ご購入書店様名　　書店様所在地

フリガナ

お名前　　性別　男・女

年齢

住所　〒

電話番号

電子メール

資料請求はいますぐこちらから!!

FAX 03-5386-7393
E-Mail info@panrolling.com

長期投資をベースとする年金基金でさえも、それほどの超長期のスパンで投資マネジメントを考えているわけではない。ましてや日々の生活に追われている一般投資家であれば、そのタイムスパンはせいぜい20年前後であろう。彼らは40代までに相応の資金を作り、60代にはそれを頼りに生活することになる。リタイアした人のなかには投資収益で生活する人もいるだろう。しかし、長期のチョッピーな下降相場（変動の大きいトレンドレスの局面）ともなれば、一般投資家のリターンは大きな打撃を受ける。以下で検討するように、株式の長期上昇サイクルのあとにはやはり長期のチョッピーな局面が続くものである。株式市場の研究になかには大きな上昇相場だけを扱ったり、または超長期のトレンドに焦点を当てたものも少なくない。そうした研究の多くは株価が安い時期を出発点としているため、その他の期間のリターンがかなり不正確になっている。投資家が知りたいのは株式市場から現実的に得られるリターンである。

平均という問題点

「リタイアしたあとは平均気温が25度という常夏の地で過ごそう」。ブリザードが荒れ狂う２月にストーブを抱いて過ごすミネソタ州民がこんな宣伝文句を聞いたら、だれだって飛び付いてしまうだろう。しかし実際に住んでみると、そこで目にするのはデスバリー（死の谷）の毒トカゲと隣り合わせの生活、凍りつくような冬の朝、ガラガラヘビも干上がってしまいそうな灼熱の夏である。そうであっても、そこの年間平均気温はハワイとほぼ同じ25度であるというのは疑いのない事実である。

これと同じように、株式市場の平均リターンというのも全体の事実をそのまま反映したものではない。現実に投資家はその平均リターンを手にすることも、ましてやそれで物を買うこともできない。さらにそこで言われる複利リターンというのもこれまた曲者である。平均リターンというのはある期間のリターンを単純に平均したもの（総リターン÷期間）だが、複利リターンは各年のリターンの流列であり、結果的には平均リターンと一致する。例えば、３年間の株式投資リターンが＋10％、－15％、＋25％だったとすれば、その単純平均リターンは6.67％となり（(10－15＋25）÷３＝6.67)、１万ドルの投資資金は３年後には１万1688ドルになる。一方、同じ総リターンを上げるための各年の複利リターン率は5.34％である。逆に言えば、１万ドルを5.34％で複利運用すると３年後には１万1688ドルとなる。

しかし、株式市場の複利リターンは単純平均リターンを大きく下回っている。2003年までの104年間を見ると、ダウ工業株30種平均の年平均リターン（配当・取引コストは除く）が7.4％であるのに対し、年複利リターンは５％にとどまっている。そしてこの平均リターンにはこの期間中の各年の変動率はまったく反映されていない。これだけを見ると、この100年間には一貫して年率7.4％の安定したリターンが得られるかのような錯覚（または期待感）を抱く。しかし、実際の株式市場ではあたかも雪崩とともに滑り落ちるスノーボード、または絶壁を駆け上がるような大変動が起こっている。実際にダウ平均の騰落率で見ると、ある年に82％も急騰したあと、それ以降の３年間には－34％、－53％、－23％という暴落局面が続いたこともある。このように株式市場の平均リターンからは現実のマーケットの姿は分からない。

株式市場マトリックス

株式市場マトリックスには過去１世紀以上のマーケットの現実が映し出されている。それを見ると、ある時期にはほかの期間よりも大きなリターンが得られたことなどが読み取れる。リターンの大小は投資の開始時点と終了時点の取り方によって大きく変わる。もしも株高の時期に株式市場に参入すると、それから長期間にわたって下降リスクと惨憺たるリターンに泣かされることになる。その反対に株安の時期に株式を購入した投資家の下降リスクは小さく、満足するリターンどころか、予想外に大きな利益を手にするチャンスがある。マトリックスを見るとこんなことは一目瞭然であるが、こうした重大な事実が長い間投資家の目から隠されてきた。

図3.1に示した株式市場マトリックスには、株式市場で起きたすべての事実が反映されており、任意に投資の開始点と終了点を取ることができる（マトリックスの最新バージョンや本書の最新チャートなどを見たいときは「http://www.CrestmontReseach.com/」にアクセスしてください）。1900年以降のどの年を出発・終了点に取っても、その期間のデータは即座に分かる。マトリックスのこのモザイク図には１世紀以上の任意の期間の5000を超えるシナリオが盛り込まれており、まさに株式市場の鳥瞰図である。長期の平均リターンという大局はもとより、変動の大きい短期間のリターンもすぐに分かる。さらに長期間のなかに含まれる波、季節やサイクルなども一目で分かるので、平均リターンという表面的な数字の裏に隠されてきた重大な事実もはっきりと読み取れる。

株式市場マトリックスについて

株式市場マトリックスには過去１世紀以上の株式市場について、期間・リターン・株価のデータのほか、その他の参考情報も盛り込まれている。このモザイク図を見ると、株式市場のどの期間についても偽りのない事実が読み取れる。その最初の特長は株式投資のリターンについて、長期の平均リターンといったあいまいな数字ではなく、1900年以降のどの期間を取っても実際のリターンが分かることである。二番目の特長は、あらゆる期間の年率リターンの大小がカラー表示され

図3.1　株式市場マトリックス

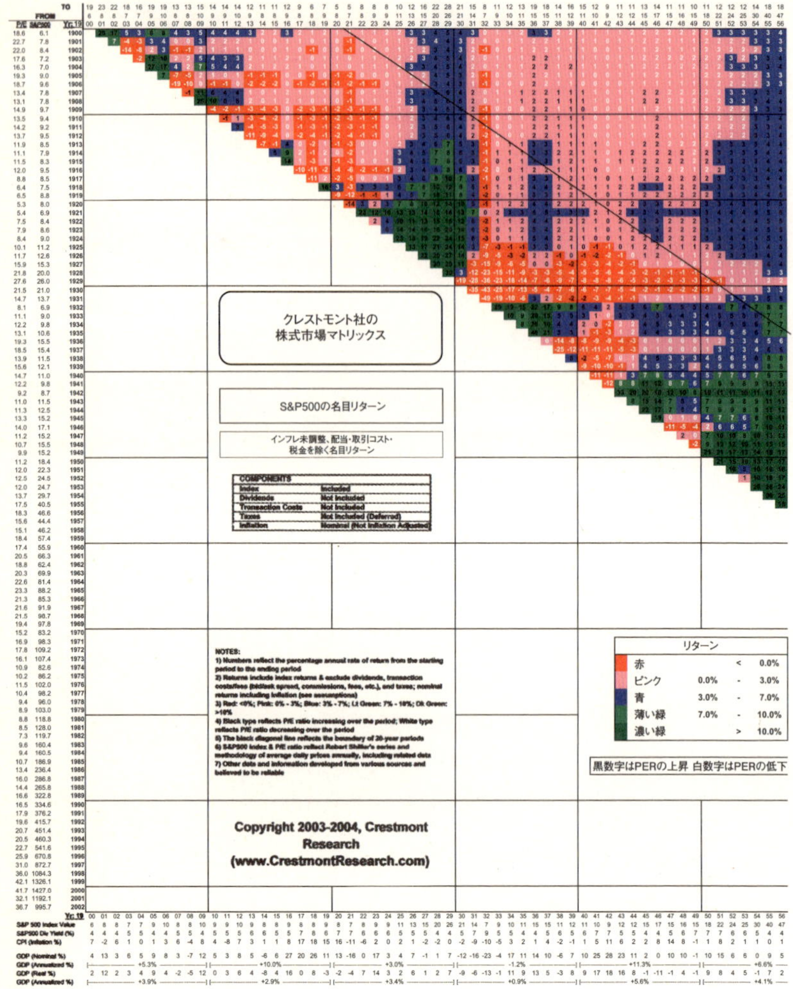

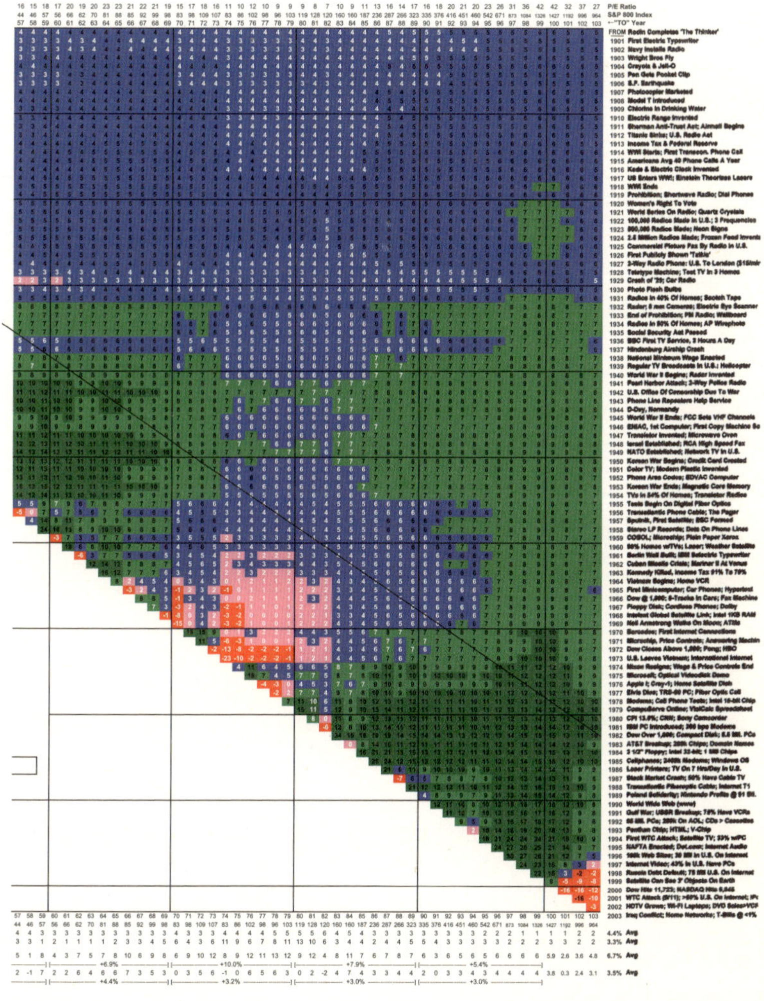
P/E Ratio
S&P 500 Index
←"TO" Year
FROM

ているので、任意の期間のリターンが一目で分かる。三番目の特長は各年のPER（株価収益率）がリストアップされているので、それを株価やリターンと比較分析できること。最後の特長は各年の参考データや歴史的な出来事も掲載されているので、過去１世紀の年表としても利用できることである。

期間

左側の縦列とトップの横列には３行の数字が並んでいる。それらは1900～2003年のデータで、左側の縦列は投資の開始年、トップの横列は終了年（西暦の最初の２ケタの数字が省略されている）を表す。例えば、1950～1973年の年複利リターンが知りたいときは、左縦列の1950年とトップ横列の73（1973年）の交差点の数字を見ればよい。その数字は「８」となっており、これはこの23年間のS&P500の年複利リターンが８％であることを意味している。

リターン

セルの色はリターンの大小を表している。年率リターンがマイナスのときは赤、０～３％はピンク、３～７％は青（明るい青と濃い青）、７～10％は明るい緑、10％以上は濃い緑で表示されている。これを見ると大局、長期、そして短期間のリターンも一目で分かる。もしも長期のリターンが濃い青で表示されていれば、そこに含まれる短期のリターンもやはり同じ色となっている。

株価

1950～1973年のリターンの数字（８）が黒で表示されていたことに

気づかれただろうか。全体の数字を見ると黒と白で色分けされているが、これは株価の騰落を表している。最も一般的な株価評価法は、株価をEPS（１株当たり利益）で割ったPER（マトリックスではP/E、P/E Ratioで表示）が使われる。例えば、S&P500が1000、その構成企業のEPSが40ドルであるとすれば、そのPERは25倍（1000÷40＝25）となる。

このPERはインデックスのみならず、個別銘柄の株価評価にも当てはまる。PERが上昇しているときは、株価が利益成長率よりも大きく上昇していることを意味する。その反対にPERが下降しているときは、株価の上昇率が利益成長率を下回っており、利益成長が続いても株価が下落することもある。例えば、EPSが40ドルから48ドルに20％伸びても、PERが25から20に低下すれば、S&P500は1000から960に下落する（大きな利益の伸びもPERの低下で相殺されてしまう）。

終了年のPERが出発年のPERよりも高いときは黒（PERの上昇）、低いときは白（PERの低下）の数字で表されている。全般にセルの色が赤またはピンクのときは白、緑のときは黒の数字となっている。各年のPERは左列（P/E）とトップ列（P/E Ratio）に示されており、数字の色を見るだけでPERの上昇と低下（株価の上昇と下降）が一目で分かる。

参考情報

マトリックスにはその他の追加データも盛り込まれている。左列とトップ列の真ん中の数字はS&P500の推移であり、任意の期間の複利リターンを計算するときに利用できる。またボトムにはS&P500（全営業日の平均値）とその配当利回り、CPI（消費者物価指数＝インフレ率）、名目・実質GDP（国内総生産）、10年間のGDP年平均伸び率などが列挙されている。一方、右側には104年間の主な出来事が記録されており、これを見るとこの１世紀の歴史的な出来事や技術革新の流れなどが読み取れる（この歴史の記録を見れば、1990年代に株式専門家などが盛んにニューエコノミー時代に突入したと主張していたが、そうした見方はけっして正しくなかったことが分かる）。

マトリックスから読み取れるもの

この株式市場マトリックスを見ると、学者などが主張する超長期の複利リターンは確かにそれほど低くはないが、投資家の多くは75年以上も株式市場に参入しているわけではない。一般投資家の投資期間はせいぜい10～20年であろう。投資家にとって大切なことは、この期間の株式市場がどうなっているかである。マトリックスを左上から斜め下に見ていくと、赤（マイナスのリターン）と緑（プラスのリターン）の領域が交互に現れるが、これは超長期の平均リターンもそこに含まれる一連の比較的短期間のリターンを平均したものである。10～20年のそれらの期間の株価サイクルは「長期上昇相場」「長期下降相場」と呼ばれ、一般投資家のリターンを大きく左右するのがこの期間の株価動向である。

多くの人々は40代に資金を作り、60代になってその株式運用益を手にし始めるが、マトリックスの斜め下に引かれた黒線は各20年間のリターンを表している。この黒線を延長していった次の20年間には大きなリターンを手にできるのか、それとも小さなリターンで我慢しなければならないのか、もしくはマイナスのリターンになってしまうのかが予想できるだろう。投資家は自分で「満足するリターン」を決め、そのリターンを得るにはどれくらいの期間が必要なのかをこのマトリックスから読み取ってほしい。多くの投資家にとって、その期間は20年よりはるかに長くなるかもしれない。

リターンとコスト

本書で扱うリターンとは投資家が最終的に手にする純利益であり、あらゆる関連コストを含めたグロスのリターンではない。例えば、あなたが購入する債券の価格とは利回りを含めた正味の値段であり、したがって債券のリターンとはミューチュアルファンド（投資信託）への手数料などを含めないネットのリターンである。しかし、株式取引では市場価格のほかにさまざまなコストがかかる。さらに保有株式の乗り換えなどでポートフォリオを回転させると、売値と買値の差、スリッページ（発注価格と実際の約定価格の差、ファンドマネジャーや投信などが大口注文を出すときによく発生する）、その他の取引関連コストが加算される。しかも取引コストは売買規模に応じて異なり、一般に小口投資家は売買手数料や運用管理費は割高だが、スリッページは小さい（これに対し、大口投資家の売買手数料と運用管理費は割安で、スリッページは大きい）。

なぜこうしたコストを問題にするのかといえば、それは株式専門家などの言う株式投資のリターンとはインデックス（S&P500やダウ平均など）のグロスリターンであるからだ。ときに時価に基づくリターンには配当も含まれるが、そのときのリターンは「総リターン」となる。しかし、このグロスのリターンには実現利益を大きく左右する売買手数料、スリッページ、その他の取引コストなどは含まれていない。このようにインデックスのリターンや総リターンは、あなたが実際に手にする正味のリターンではない、

マスコミや投資刊行物などで言われるリターンには配当が含まれず、また取引コストなども除外されているものが多い。控えめに見て、総取引コストは取引額の２％前後である。例えば、20ドルの株式を売買するとき、売値と買値の10セントの差額は0.5％のコストに相当する。売買手数料は１％（4000ドルの注文につき20ドル＝0.5％とすれば、

株式の買いと売りで１％となる)、その他の経費と投信への手数料が１％強、運用管理費が約0.5％となっている。さらに大口投資家であれば、スリッページが１％以上になることも珍しくない。

最近の主要株価指数の平均配当利回りは２％前後であり、配当を含めないインデックスで各年のボラティリティ（変動率）を見れば、将来の期待リターンはほぼ妥当な数字となる。本書の以下の分析もこのやり方に従っている。この方法によれば、（公表リターンに取引コストを含めた）ほかの投資対象（債券やその他の代替投資商品）とのリターン比較ができるので、各金融商品の合理的な正味リターンを知ることができる。ただし、株式市場マトリックスの数字は配当利回り、取引コスト、税金、インフレ率などを含めた名目リターンである。以下では20年ごとに区切った期間の株式投資のリターンについて検討する。

各20年間のリターン

多くの投資家の一般的な投資期間である20年について見てみよう。これまで言われてきた株式投資の平均リターンとは裏腹に、実際には累積リターンがほとんどプラスにならない20年間もある。各20年間の状況を詳しく分析すると、目を見張るようなリターンを手にしたり、惨憺たる結果に泣く理由が明らかになる。例えば、1982～1999年の大相場の初期に10万ドルを投資し、最後の天井圏で保有株を売却したとすれば、投資資金は10倍以上に増えたことになる。一方、ダウ工業株平均が874.13ドルであった1965年初めに株式を購入し、それを1981年末までの17年間も保有してもまったく利益を手にすることはできなかった（同年末のダウ平均株価は875.00ドル）。この投資家がこの17年間のどこかで保有株を手放していたら、最大で40％もの損失が出てしまう（**図3.2**を参照）。

図3.2　1964～1981年と1982～1999年のダウ工業株平均の推移

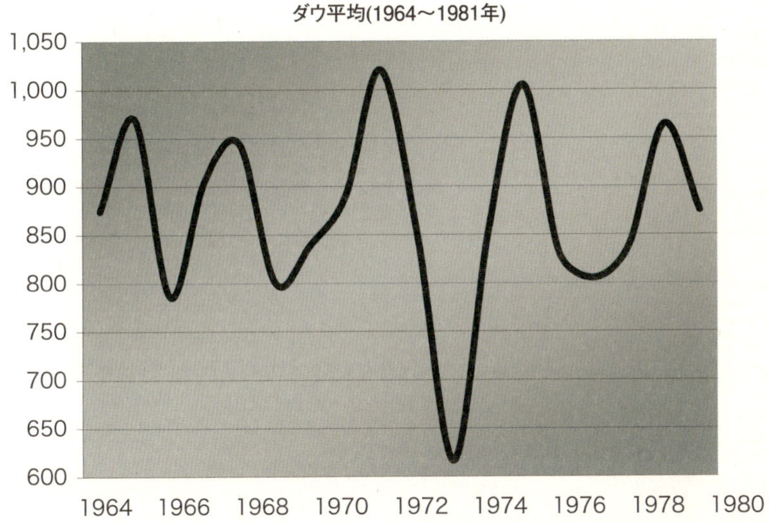

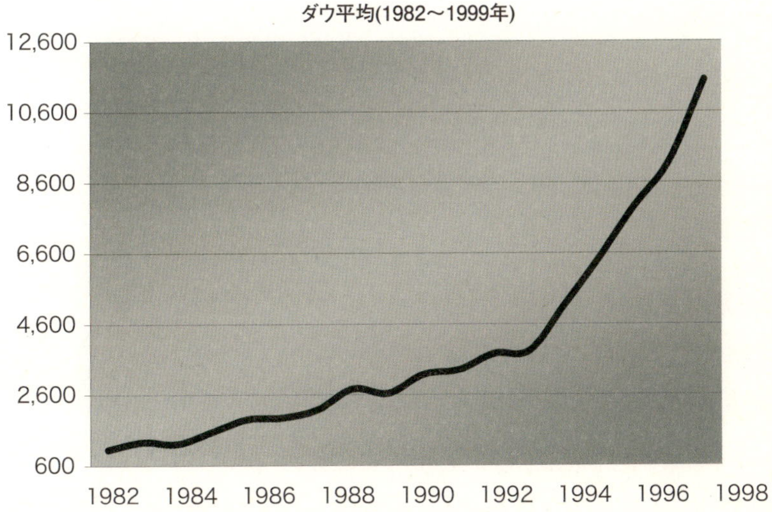

図3.3　各20年間のリターン比較

1919～2003年に終了した85の各20年間
S&P500の総リターン

10分位	総リターン		平均リターン	期初の平均PER	期末の平均PER
ワースト分位の10%	1.2%	4.5%	3.2%	19	9
第9分位の10%	4.5%	5.2%	4.9%	18	9
第8分位の10%	5.2%	5.4%	5.3%	13	12
第7分位の10%	5.4%	5.8%	5.5%	12	12
第6分位の10%	5.9%	7.2%	6.5%	15	14
第5分位の10%	7.2%	8.8%	8.1%	16	18
第4分位の10%	9.0%	9.3%	9.2%	16	17
第3分位の10%	9.4%	10.8%	10.2%	12	18
第2分位の10%	11.0%	11.9%	11.7%	12	22
ベスト分位の10%	11.9%	15.0%	13.4%	10	29

注＝キャピタルゲイン・配当・2%の取引コストを含む総リターン

これを見ると明らかに株式投資に有利な期間や不利な期間や季節があり、その長さは数十年にも及ぶ。株式投資に有利な季節とは全体として株価が上昇していく長期上昇相場、その反対に不利な季節とは低リターンやマイナスのリターンとなる（トレンドレスで変動の大きい）チョッピーな基調の長期下降相場である。この「長期」とはある程度の長さの期間を意味する。ベテラン農夫が豊作になるような季節に作付けをするように、投資家も最も大きな利益が見込まれる季節に株式市場に参入すべきである。さらにそれほど大きな利益が見込めない時期でも、不利な環境をうまく乗り切って少しでも多くの利益を上げる方法を学ぶ必要がある。

最も一般的な株価評価指標は株価をEPS（１株当たり利益）で割ったPERであり、これは個別銘柄だけでなく、株式バスケットやインデックスにも当てはまる。**図3.3**は1919～2003年に終了した各20年間の総リターン（配当・取引コストを含む）を示したもので、これを見るとその時期に応じてリターンにかなり大きな格差が出ている。この図は1900年から毎年始まる各20年の年複利総リターンを10の分位に分けたもので、各20年間のリターンは投資開始年のPERとその後のPERのトレンドに大きく左右されている。すなわち、最も高いリターンを上げた20年間には期初のPERは低く、それ以降にPERは上昇している（10％以上のリターンを上げた期間の期初PERはいずれも低い）。ちなみに最も高いリターンを上げた期間は1990年代後半をピークとする各20年間であり、これを見ると（株価水準をまったく問題にしないで）株式は常に有利な投資対象であると言われる従来の一般的な常識はまったくの間違いであることがよく分かる。**図3.3**によれば、最大のリターンを上げた期間の半分以上は1997～2002年を終了年とする20年であり、これは1990年後半～2000年初めの大相場の時期と一致している。

一方、1900年から始まる各20年間をさらに詳細に分析し、期初のPERとS&P500の年総リターンを比較したのが**図3.4**である。これを見ると、期初の株価水準（＝PER）と将来のリターンの関係は明らかである。低いPERで始まった20年間のリターンは高く、高いPERで始まった20年間には低いリターンしか得られないことがよく分かる。

PERから読み取れること

PERの水準とトレンドは、投資家が将来手にするリターンの大小を決定する。すなわち、平均以上のPERで始まった期間のリターンは平

図3.4　期初PERとそれ以降の各20年間のリターン
（1900～2003年の85の各20年間）

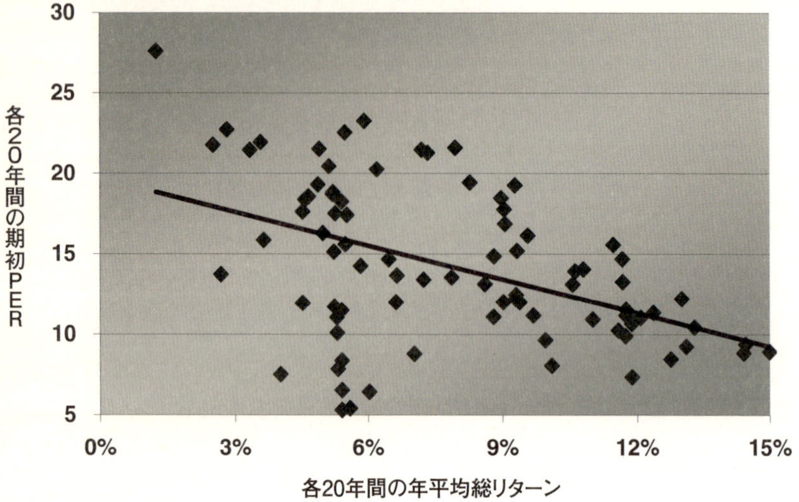

均以下、平均以下のPERで始まった期間のリターンは平均以上となる。2004年後半現在のS&P500のPERは約23倍であり、これは歴史的に見ても高い水準である。これは今後長期にわたって失望すべきリターンになる可能性が高いことを示唆している。

賢明な投資家であれば、現在のPERがこれから低下していくことは十分に予測できる。**図3.5**は1900年以降の各20年間の株式投資のリターンを示したもので、最初の20年は1900～1919年、次の20年は1901～1920年と計85の各20年のリターンが表記されている。青のバーは各20年間の年平均複利リターンを表しており、この100年間のリターンには大きな格差があるのが分かる。この図を見ると、85の各20年間のう

図3.5　各20年間の株式投資のリターンとPERの推移

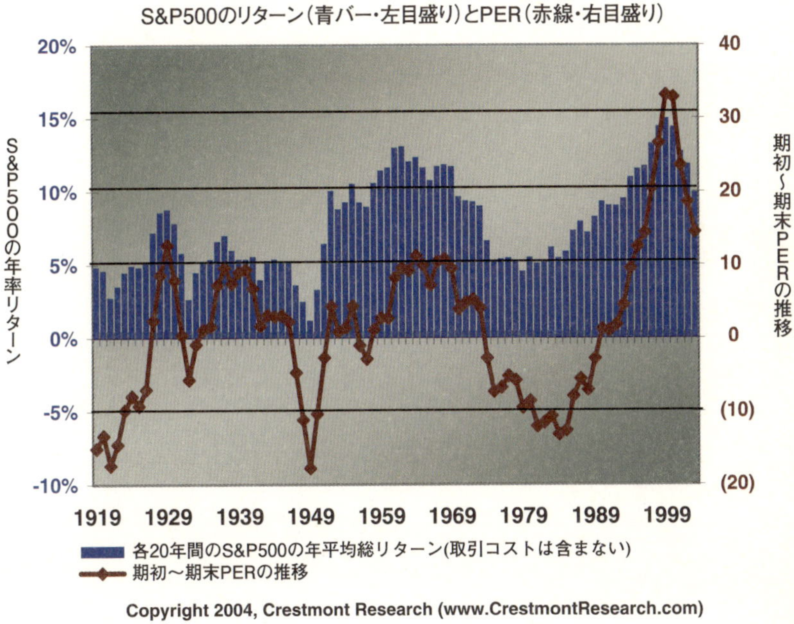

ちほぼ半分の期間で年総リターンが６％以下となっており、この事実は数年以上にわたり株式を保有したときの平均リターンは約10％に上ると言われてきた従来の常識を大きく覆すものである。

一方、**図3.5**の赤線は各20年間のPERの推移を示したもので、期初～期末のPERが上昇したときは右上がり線、低下したときは右下がり線となっている。この赤線と青バーのトレンドを見るときれいに一致しているのが分かる。特に赤線(PER)がゼロ以下に落ち込んだときは、青バー（リターン）もかなり低くなっている。23倍という現在のPERの水準から将来を予想すると、今後20年間に青バー（リターン）が平均以上になる可能性はほとんどない。たとえ今のPER水準がこれからも続くとしても、リターンは平均以下にとどまるだろう（以下の章では、高いPERで始まった期間のリターンが平均以下にとどまる基本的な理由を実証的に明らかにする）。

大きな変動

10キロの上空から地表を見ると、荒れた海は平穏に見えるし、大型戦艦などもほとんど見えなくなる。しかし、艦上では船員たちが転覆を避けるために必死の努力を続けている。北大西洋を航行中の戦艦は10メートル以上の大波をもろに受け、船員たちの気骨がまさに試されている。これと同じように、100年という大局から鳥瞰した株式市場では毎年７％というリターンがコンスタントに得られるように見えるが、実際には北大西洋を航行中の戦艦のように各期間のリターンは大きく変動している。株式市場は多くの投資家が考えているよりもはるかに変動が大きい。一般に株式市場のボラティリティとは、年初から年末までの１年間の変動率を言うが、長期の平均リターンとはこうした毎年のプラスやマイナスに振れるリターンを単純平均したものである。

1901～2003年のダウ工業株平均の年平均変動率は７％強である。この１世紀中に年間変動率が－10％～＋10％であったのはどのくらいの比率になると思われるだろうか。おそらく多くの投資家は全体の60～70％に達すると考えるだろう。しかし、まったく意外に思われるかもしれないが、この範囲の変動率の年は全体のわずか30％にすぎない。そして年間の変動率を－16％～＋16％の範囲に拡大すると、その割合は全体の何と50％にも達する（**図3.6**を参照）。この数字はこの１世紀だけでなく、この50年間と25年間についても同じである。このことは新年に目を覚ましてこれから１年間の保有株のことを考えたとき、２ケタの評価損益になる確率が70％に上ることを意味する。評価

図3.6　株価の大きな変動（年間変動率の分布）

ダウ工業株平均の年間変動率の分布（1901～2003年）

変動率	103年間に占める比率
<-10%	21%
-10% to +10%	30%
>+10%	49%

変動率	103年間に占める比率
<-16%	16%
-16% to +16%	50%
>+16%	35%

損益の範囲を２ケタの後半まで広げても、その確率は50％と依然としてかなり高い。

ボラティリティが意味するもの

北大西洋上の押し寄せる大波が船員たちの生死を脅かすように、株式市場のボラティリティも投資の成否を大きく左右する。それではなぜ株式市場のボラティリティ（リターンの変動）が、長期保有の投資家にとって大きな問題になるのだろうか。それはまず第一に、ボラティリティが複利リターン（平均リターンではない）を大きく低下させるからである。二番目にはボラティリティの方向が問題であり、例えば変動の大きい下降トレンドが続けば、多くの投資家は保有株を手放してしまい、その後に株価が上昇に転じても買い戻すことはできないだろう。

ボラティリティという小鬼

投資家は有利な投資対象であると言われる株式投資の平均リターンを手にすることはできず、実際に使えるのは複利リターンのお金だけである。この２つの違いは極めて重要なので、以下では具体的に説明する。単純リターンとは一連のリターンを単純に平均したもので、例えば10％と20％のリターンの単純平均は15％である。これに対し、複利リターンとは前年比の年率リターンであり、毎年累積していくものである。例えば、ある年のリターンが10％、翌年が20％であるとすれば、その累積増加率は32％となり、各10％と20％の増加率よりはるかに大きい。しかし、この32％の累積増加率をもたらす２年間の複利リターンは14.9％であり、単純平均リターンの15％よりもわずかに小さい。

図3.7は1900～2003年のダウ工業株平均の年間変動率を示したもので、単純平均リターンは＋7.4％であるが、同じ104年間のいっそう正確な年率リターンである複利リターンに換算するとわずか５％にすぎない。全体としてこの期間の配当が取引コストよりも高かったことから総リターンには若干の違いが出るが、それでも単純平均リターンと複利リターンの差はかなり大きい。例えば、単純平均リターン（配当・取引コスト・税金を除く）が7.4％であるとすれば、1900年に投資した1000ドルは毎年7.4％ずつ増え続け、2003年末には167万6661ドルになると考えられるが、この104年間を通して株式市場に参加していた

図3.7　ダウ工業株平均のボラティリティ（1900～2003年）

年単純リターン

	'00	'01	'02	'03	'04	'05	'06	'07	'08	'09	平均上昇率
1900	7%	-9%	0%	-24%	42%	38%	-2%	-38%	47%	15%	
1910	-18%	0%	8%	-10%	-31%	82%	-4%	-22%	11%	30%	
1920	-33%	13%	22%	-3%	26%	30%	0%	29%	48%	-17%	
1930	-34%	-53%	-23%	67%	4%	39%	25%	-33%	28%	-3%	
1940	-13%	-15%	8%	14%	12%	27%	-8%	2%	-2%	13%	
1950	18%	14%	8%	-4%	44%	21%	2%	-13%	34%	16%	7.4%
1960	-9%	19%	-11%	17%	15%	11%	-19%	15%	4%	-15%	
1970	5%	6%	15%	-17%	-28%	38%	18%	-17%	-3%	4%	
1980	15%	-9%	20%	20%	-4%	28%	23%	2%	12%	27%	
1990	-4%	20%	4%	14%	2%	33%	26%	23%	16%	25%	
2000	-6%	-7%	-17%	25%							

年複利リターン

	1900/1/1	2003/12/31	
期初	66.08		
期末		10,453.92	5.0%
期間(年)		104	

ダウ工業株平均（対数目盛り）

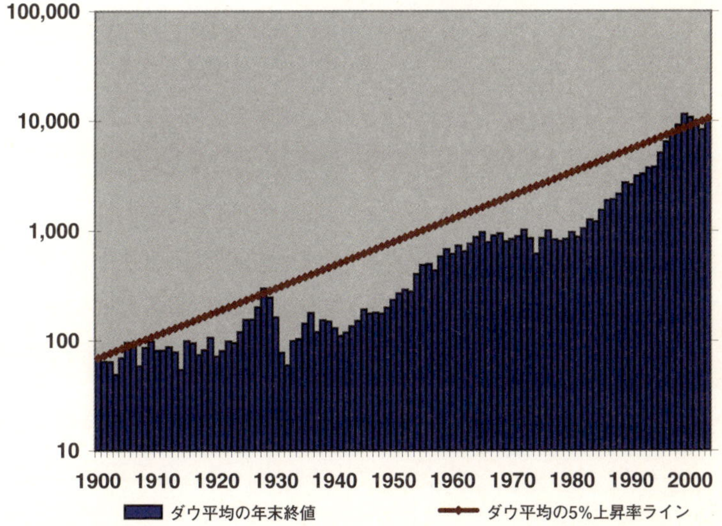

Copyright 2004, Crestmont Research (www.CrestmontResearch.com)

投資家が実際に手にする金額は15万9841ドルである。この金額はこの期間を通して1000ドルを毎年５％ずつ繰り返し増やしていった金額と同じである。この例からも分かるように、平均リターンと複利リターンとはまったく別物であり、実際に手にできるのは平均リターンではなく、複利リターンの金額である。

もしも株式投資の平均リターンは7.4％であるが、複利リターンは５％であると言われたら、その結果は大きく異なる。平均リターンと複利リターンの大きな違いをもたらすのは、「ボラティリティの小鬼（volatility gremlins）」とも言える２つの要因である。それらは投資家が実際に手にする金額を90％以上も変えてしまう。この２つの要因とは「マイナスのリターン」と「リターンのばらつき」であり、これらは平均リターンと複利リターンを大きく変えてしまう。このようにこれらの小鬼は正味のリターンを大きく左右するので、投資家はその悪影響を十分に理解し、できるだけボラティリティを抑えて投資リターンの一貫性を高めなければならない。これができれば複利リターンは大きくなり、逆に株式投資のストレスは小さくなるだろう。

マイナスのリターンの悪影響

最初のボラティリティの小鬼とは、複利リターンに対するマイナスのリターンの影響である。例えば、ある年のリターンが＋20％、翌年が－20％であったとすると、この２年間の平均リターンはゼロとなる。

20％－20％＝０％

０％÷２＝０％

つまり、単純平均リターンは０％である。しかし、これを具体的な数字で見ると、10万ドルの投資資金は初年末には20％増の12万ドルとなるが、翌年にはその20％（2.4万ドル）が失われて手元資金は9.6万ドルに減ってしまう。このように平均リターンは０％であるが、複利リターンがマイナスになると損失になってしまう。

10万ドル＋20%（2万ドル）＝12万ドル（１年目）

12万ドル－20%（2.4万ドル）＝9.6万ドル（２年目）

それでは今度はマイナスのリターンを先にして計算してみよう。10万ドルの投資資金が初年に20%減少すると８万ドルになり、翌年にその20%（1.6万ドル）が増えると9.6万ドルとなり、やはり先の結果と同じになる。リターンの数字を入れ替えても、複利リターンがマイナスになればその結果は変わらない。

10万ドル－20%（2万ドル）＝8万ドル（１年目）

8万ドル＋20%（1.6万ドル）＝9.6万ドル（２年目）

収支トントンとするにはマイナス幅よりも大きいプラスの数字（リターン）を入れなければならず、－20%と＋25%のリターンではじめて損益トントンとなる。

10万ドル－20%（2万ドル）＝8万ドル（１年目）

8万ドル＋25%（2万ドル）＝10万ドル（２年目）

リターンのばらつきの悪影響

二番目のボラティリティの小鬼は、平均値に対するリターンのばらつきの影響である。すなわち、一連のリターンが平均値からばらばらに分散していると複利リターンは低下する。例えば、３年間の複利リターンが５%だとすると、その結果は平均リターンが５%のどのケースよりも小さくなることはない。３年間のリターンがすべて５%であるとすれば、単純平均リターンと複利リターンはともに５%となる。しかし、初年のリターンが６%、翌年が５%、３年目が４%であるとすれば、単純平均リターンは５%で変わらないが、複利リターンは4.997%に低下する。この小さな数字の差が実は大きな結果の違いを生むことになる。

図3.8　ボラティリティの小鬼の悪影響

マイナスのリターンとリターンのばらつき

	ケースA	ケースB	ケースC	ケースD	ケースE	ケースF
1年目	5.0%	4.0%	9.0%	15.0%	25.0%	30.0%
2年目	5.0%	5.0%	5.0%	-10.0%	-15.0%	-25.0%
3年目	5.0%	6.0%	1.0%	10.0%	5.0%	10.0%
単純平均リターン	**5.000%**	**5.000%**	**5.000%**	**5.000%**	**5.000%**	**5.000%**
複利リターン	**5.000%**	**4.997%**	**4.949%**	**4.419%**	**3.714%**	**2.361%**

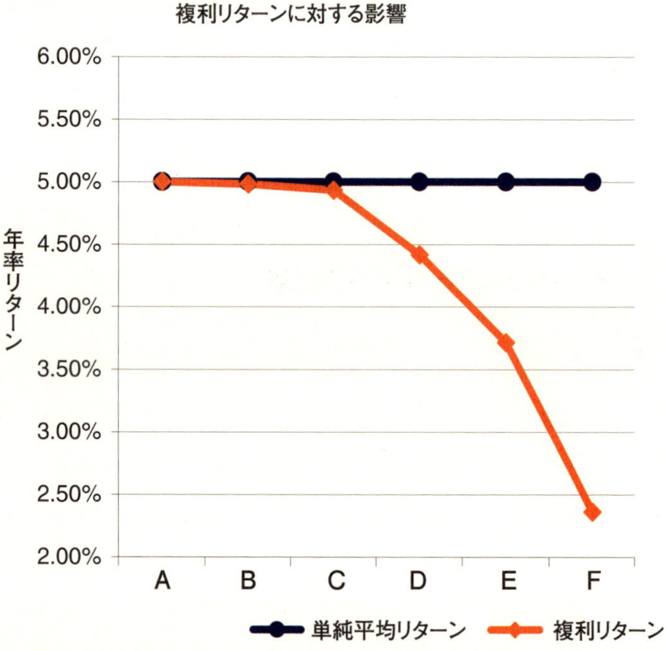

一般にリターンのばらつきが大きくなれば、それだけ複利リターンは小さくなる。例えば、３年間のリターンが９％、５％、１％であったとすれば、単純平均リターンはやはり５％と変わらないが、実際に手にする複利リターンは4.949％まで低下する。株式市場の実際のボラティリティはこの例よりもはるかに大きいので、複利リターンに対するリターンのばらつきの悪影響は甚大である。年間の変動率が－16％～＋16％である期間の割合が全体の50％であることを想起してほしい。毎年のボラティリティが大きくなればなるほど、二番目の小鬼の悪影響はそれだけ深刻になる。そしてこれに一番目の小鬼（マイナスのリターン）が同時に起こると、投資家のポートフォリオに対する悪影響はさらに増幅される。それならば、この２つの小鬼を互いに戦わせてその悪影響を緩和させることはできないのだろうか。その答えは「イエス（できる)」であり、そのテクニックについてはあとで詳述する。

リターンとボラティリティの不思議な関係

図3.9は株式市場のリターンとボラティリティのヒストリカルな関係を示したものである。株式市場のボラティリティを計測する方法はたくさんあるが、ここでは始値と比較した最安値と最高値の値幅をその日の平均レンジとする。この分析は株価のトレンドがボラティリティを引き起こすのか、それともボラティリティが株価のトレンドを増幅させるのかを実証するためのものではない。その目的は単に、株式市場のリターンとボラティリティの間には強い相関が認められることを立証することにある。多くのリスク要因が株価下落を増幅させ、またリスクに対するリターンの向上が株価上昇を大きく後押しすることなどを考えると、このことは極めて重要である。投資家は長期の上昇・下降相場において、こうしたリターンとボラティリティの相関関係を

図3.9　株式市場のボラティリティとリターン

ボラティリティとリターンの関係（S&P500、1962～2004年5月）

月次データ―S&P500の1日平均レンジ

4分位	ボラティリティの範囲	上昇月の確率（%）	下降月の確率（%）	平均上昇率	平均下降率	予想リターン（損失）
第1分位	**0% - 1.1%**	**69%**	**31%**	**3.2%**	**-1.9%**	**1.5%**
第2分位	**1.1% - 1.4%**	**63%**	**37%**	**2.8%**	**-2.2%**	**0.9%**
第3分位	**1.4% - 1.8%**	**57%**	**43%**	**3.3%**	**-3.1%**	**0.6%**
第4分位	**1.8% - 4.8%**	**43%**	**57%**	**5.1%**	**-4.7%**	**-0.5%**

年次データ（1962～2003年）―S&P500の1日平均レンジ

4分位	ボラティリティの範囲	上昇月の確率（%）	下降月の確率（%）	平均上昇率	平均下降率	予想リターン（損失）
第1分位	**0% - 1.1%**	**90%**	**10%**	**18.3%**	**-1.5%**	**16.3%**
第2分位	**1.1% - 1.5%**	**80%**	**20%**	**15.7%**	**-9.0%**	**10.7%**
第3分位	**1.5% - 1.8%**	**80%**	**20%**	**14.4%**	**-11.6%**	**9.2%**
第4分位	**1.8% - 2.6%**	**36%**	**64%**	**16.3%**	**-16.6%**	**-4.7%**

S&P500の1日平均レンジ（3カ月移動平均）

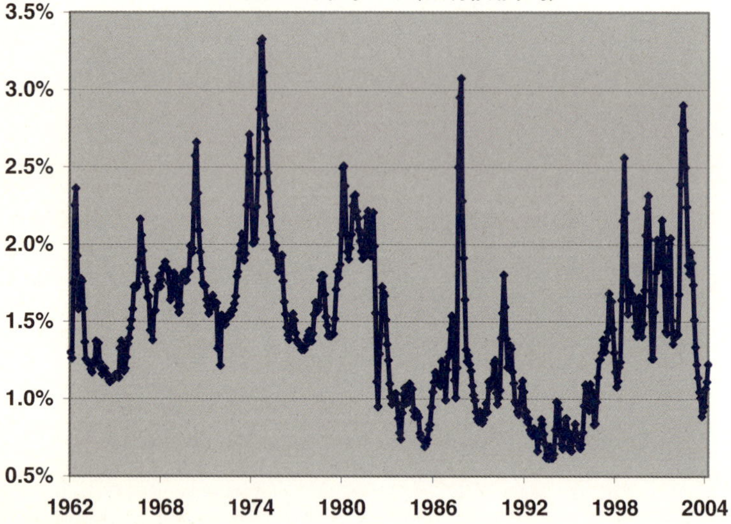

念頭に置いて、投資決定におけるリターンとリスクを評価しなければならない。

図3.9によれば、大きなボラティリティは株価下落、小さなボラティリティは株価上昇をもたらす要因となる。例えば、S&P500の１日平均レンジが０～1.1％のとき、その年の株価は約90％の確率で上昇する。その反対に、１日平均レンジが第４分位の1.8～2.6％という最大になったときは、その年の株価は約3分の2の確率で下落する。この図はボラティリティと月次・年次リターンの相関関係を表しており、株式投資のリスクとリターンに対するボラティリティの影響はほぼ一定である（ボラティリティが増大するとリスクは増大、リターンは低下する）。このことは長期の下降相場では特に重要である。強い上昇トレンドがボラティリティの悪影響を隠してしまう上昇相場とは異なり、長期の下降相場ではボラティリティの悪影響がもろに表面化する。こうしたボラティリティの小鬼の影響を念頭に置いて、リスクをコントロールし、リターンを極大化するための投資戦略とアプローチを考えなければならない。

ボラティリティのその他の悪影響

おもしろいことに、こうしたボラティリティの悪影響は投資家の心理にも大きく響く。上昇相場の特徴である低いボラティリティは、多くの投資家に安心感と自信をもたらすが、下降相場の大きなボラティリティは評価損に苦しむ投資家の不安感と心配を増幅させる。このように心理的に動揺した投資家は非合理的な行動に走り、その結果投資パフォーマンスはますます低下していく。それだけにとどまらず、大きなボラティリティの下降相場で投資家が一斉に非合理的な行動に出ると株価の動きはかなり不安定になり、マーケットのミスプライス（価格の歪み）はさらに拡大する。

それでは大きなボラティリティの下降相場では、どのようなポートフォリオ戦略を取ればよいのだろうか。そのひとつの選択肢は「(ポートフォリオの) リバランス」と言われるもので、これは株価の変動に応じてポートフォリオのウエートを調整することである。例えば、株式60%と債券40%で構成されるポートフォリオを保有していたが、株価が18%下落したので株式55%・債券45%のポートフォリオに変更する――などである。その後の株価の動き次第では債券の一部を売り、株式を買い増して元のポートフォリオにリバランスすることもあるだろう。ボラティリティの大きい下降相場では、こうしたポートフォリオのリバランスが頻繁に必要となる（リバランス運用については第11章で詳述する)。

株式市場の変動

夜のニュースや新聞など見ると、株価の上昇や下落についてさまざまな理由が述べられる。そこには「……ので」とか「……にもかかわらず」といった表現がよく出てくる。例えば、「前日の株価は原油価格の上昇にもかかわらず値上がりした」と伝えられたかと思えば、「今日の株価は原油価格が上昇したので値下がりした」などと報道される。株式市場におけるこうしたニュースの解釈とその反応は、実は日々の出来事と株価の緊密な関係とはまったく関係のないマーケットの自然なプロセスなのである。かなり長期のデータを分析しても上昇日と下降日の確率はほぼ半々である。この比率が45対55に多少振れることもあるが、半々の確率が大きく崩れることはほとんどない。毎日の株価の動きはばらばらなように見えるが、一連の上昇日と下降日の日数を比較するとやはり半々の比率に落ち着く。実際に長期サイクル、数十年または各年を含めた50年間を見ても、上昇日と下降日の比率はほぼ50対50（正確には53対47）である。

一般に上昇日が下降日を上回る期間にはリターンが増大すると思われるが、おもしろいことに上昇日の比率が高くなると１日当たりの平均純リターンは低下する。その理由は分からないが、はっきりしているのはボラティリティの大きい相場ではリターンが低下することである。一連の好材料が出て上昇日の続くときは強気相場と考えられるが、実際には上昇日と下降日の比率はほぼ半々である。同じようにベア（熊＝弱気）がうろつき回っているときは太陽も照らない日が続くと思われるが、歴史的に見ると強気・弱気期間中でも上昇日と下降日の割合はほぼ一定である。こうした事実は合理的な投資決定を下したいと思う投資家にとっては極めて重要である。すなわち、株式相場はその日の材料によって動く、上下の力強いトレンドがポートフォリオの損得を決める――などといった世間一般の常識は完全に間違っているということである。

常に相場を張らなければ勝てないのか

ウォール街の格言に、「マーケットのタイミングを計ることはできないので、利益のチャンスを逃さないためには常に株式を保有していなければならない」というのがある。また一部の株式専門家は「勝つためには常に相場を張らなければならない」と言い、さらに株式市場のリターンの多くはわずか数日中に発生するので、その日を逃した投資家は相場に負けると主張する専門家もいる。こうした人々は一連の数字の極端なものだけを恣意的に引用してそのように述べている。例えば、１週間の各日のリターンが＋１％、－1.5％、＋２％、－１％、＋1.5％だったとき、その累積リターンは約＋２％である。これについて株式専門家は、株価は日中に大きく動くので、そのチャンスをとらえるには常に相場に参加していなければならないと言う。こうした主張の誤りは、一連の上昇日と下降日のうち、累積リターンが発生す

図3.10　株式市場の上昇日と下降日

上昇日と下降日の比率

50数年	1950-2004
上昇日(%)	53%
下降日(%)	47%

各10年間	1950s	1960s	1970s	1980s	1990s	2000s
上昇日(%)	57%	54%	51%	53%	54%	49%
下降日(%)	43%	46%	49%	47%	46%	51%

長期	下降相場	上昇相場
	1966-1982	1983-1999
上昇日(%)	51%	54%
下降日(%)	49%	46%

近年	1999	2000	2001	2002	2003
上昇日(%)	51%	48%	48%	44%	55%
下降日(%)	49%	52%	52%	56%	45%

1950〜2000年代の各10年間

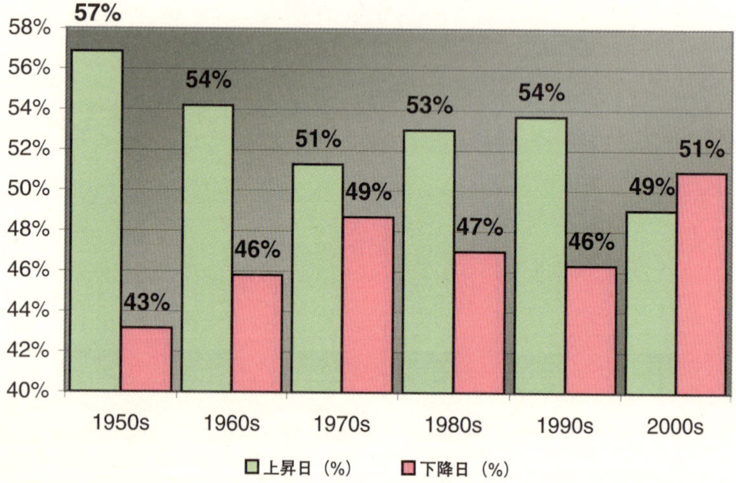

50数年間（1950～2004年）と最近の長期下降・上昇相場

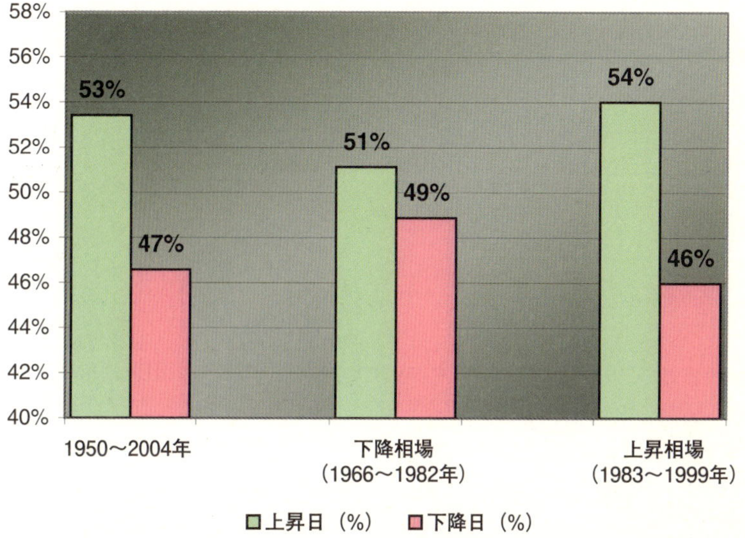

近年（1999～2004年）

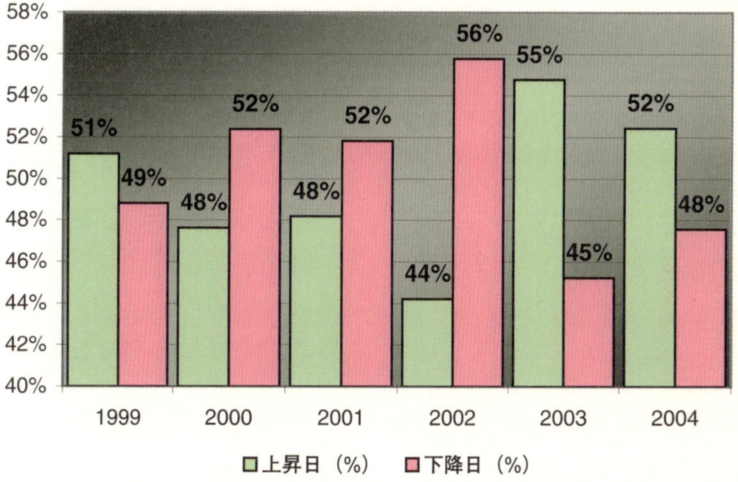

図3.11　ベスト日とワースト日

2002年と2003年のサンプル	2002	2003	この2年間
上昇日	44.2%	54.8%	49.5%
S&P500の年率リターン	-24.2%	26.4%	-2.1%
ワースト10日の総リターン	-28.4%	-20.5%	-24.6%
ワースト10日を除く期間の総リターン	5.9%	59.0%	29.8%
ベスト10日の総リターン	50.8%	29.6%	39.8%
ベスト2日の総リターン	11.5%	7.1%	9.3%

るのは１年間のなかで株価が最も高い数日であると考えていることである。１年間には約250営業日があるが、過去１世紀の上昇・下降相場の上昇日と下降日の比率は45対55である。**図3.11**に示した2002～2003年を見ても、上昇日と下降日はほぼ帳消しになっている。株価が最も高い（または安い）数日もならされて各年の総リターンが算出される。

「常に相場を張る」という主張と同様に、同じデータから引き出された次のような結論も一面では正しいが、かなり誤解を招きやすい。それは、①下降期のほぼすべての損失は最も下げ幅の大きい数日に発生するので、そうした日に市場から退出していれば損失を避けられる、②１年間の総リターンの10％以上は最も大きく上げたわずか数日間に発生するので、マーケットのタイミングを計る投資法を学ばなければならない――というものである。しかし、１年間のわずか数日のベスト日またはワースト日をとらえることは実際には不可能である。

常に相場を張ることの是非はマーケットの日々の動きではなく、株式市場の大きなトレンドを見て決定すべきであろう。常に相場を張っていれば、株式市場の１年間の損失または利益のいずれかを受けることになる。株式市場には大きなリターンが得られる長期の上昇相場と、横ばいや下降トレンドが続く長期の下降相場があるため、マーケットの全体的な環境や特徴をしっかりと判断して、今はそのどちらの局面なのか、そしてどのようなアセットアロケーションが最適なのかを決定しなければならない。常に相場を張って利益のチャンスをとらえるとは言っても、今がそれに不利な環境であれば利益を上げるどころの話ではない。大切なことは、相応のリターンが見込まれる時期や環境を見極めることである。

要約

これまでの投資家は伝統的な株式投資法に従って、株式市場の細部には目を向けず、購入した株式をただ辛抱強くホールドするだけだった。その結果、多くの投資家は株式市場には大きなボラティリティがあり、また相対的に大きな（または小さな）リターンが見込まれる長期の上昇（または下降）相場があるという認識がかなり希薄になっている。こうした上昇・下降相場が年次の平均リターンを決定するが、それは投資家が実際に手にする現実のリターンではない。PERに反映された株式相場のトレンドは、企業の利益成長よりも株式投資のリターンを大きく左右する。またマーケットの大きなボラティリティは平均リターンをあまり左右しないが、実質リターンを大きく引き下げる。すなわち、このボラティリティという小鬼は投資家が実際に手にするリターンのパイを奪ってしまうので、投資家は株式市場のボラティリティの悪影響を十分に認識しなければならない。

以下ではマーケットを動かす基本的な要因について説明するが、それは株式投資の見通しと最適な投資戦略を決定するときに役立つだろう。次章でも証券市場の歴史、とりわけ債券と金利の歴史について検討する。そこでは株式と債券に影響を及ぼす共通の要因のほか、金利に関する一般の常識についても分析を加えるが、これはそれ以降の章の背景説明となるものである。

第4章

金利とインフレの変動

Interest Rates & The Inflation Roller Coaster

お金とその力

アメリカの大統領に次いで世界的にも大きな影響力を持つFRB（連邦準備制度理事会）のグリーンスパン議長は1996年12月５日、株式市場における投資家の行動を「根拠なき熱狂」と呼び、全世界のマーケットを混乱に陥れた。FRB議長の最も強大な権限とは、アメリカのお金のコスト（金利）と供給量をコントロールできることである。お金とはポケットマネー、銀行預金、マイホームやマイカーを購入するための借入金、クレジットカード、その他の信用と多岐にわたる。またお金は物々交換なしに商品やサービスを購入する手段であり、それによって経済成長を促進させる。これまでアメリカ経済は成長を続け、増え続ける商品とサービスの流通に歩調を合わせてお金の供給量も拡大してきた。そしてお金のコストを決定できるFRBは、将来のアメリカ経済の成長をも大きく左右する。お金のコストは住宅や食料品などあらゆる価格に大きな影響を及ぼすが、これについて英ミッドランド銀行のレジナルド・マッケナ元頭取は、「お金と信用を創造・流通した人々は政府の政策を支配し、また国民の運命も左右する」と述べている。

証券市場の歴史として前章では株式市場の歴史を検討したが、以下では元利が保証されている株式の姉妹証券である債券を取り上げる。債券では満期と償還額が決められているが、既発債の価格は金利の動向を反映して大きく変動する。また株式相場を左右するさまざまな材料は、債券市場にも大きな影響を及ぼす。以下では債券と金利に関する基本的な説明のほか、金利の歴史やボラティリティについても検討する。

金利について

債務はアメリカ経済とお金の供給量を大きく左右するので、金利の理解は欠かすことができない。金利はお金の貸し手が借り手から受け取る年間リターンを反映しており、多くの人々は経験から金利の高低を知っている。しかし、本章で検討するのは金利の長期的な性質であり、金利のボラティリティや金利とインフレの関係について、従来のいくつかの常識を打ち破ることになるだろう。シドニー・ホーマーとリチャード・シイラ教授は『ア・ヒストリー・オブ・インタレスト・レート（A History of Interest Rates）』のなかで、金利について次のように述べている。

「金利の歴史を詳しく分析すると、多くの人が考えている金利水準（高い・低い・平均的など）というものはかなりあいまいである。各世代の人々は自分が成長してきた時期の金利水準を平均的なレベルであると思っており、金利が急上昇すると危機、急下降すると意図的でおかしいと考えてしまう。最近の市中金利は長期にわたって安定していることはほとんどないので、こうした人々はこのような金利の変動にショックを受けている。金利が予想外の水準まで上昇・下降することも珍しくない。金利の歴史を学んだ学生であれば、こうした金利のボラティリティにも驚かないだろう。過去の歴史をいくら詳しく調べても将来の金利を予想することはできないが、これらの学生は金利の単なる変動と本当に異常なレベルの違いは区別できるだろう」

金利とは債権者が債務者（お金の使用者）から受け取る補償金である。歴史的に金利はしばしば意図的に固定されてきた。金利とは借入金に対するサービス料、または資金を借りたベンチャー企業に対する参加料である。過去２世紀にわたる証券市場の進化に伴って世界経済は拡大し、金利のコンセプトも広く理解されるようになった。今では金利はインフレに対する保護料、投融資のリスクに対する補償料であると考えられている（インフレとそのリスクについてはあとで分析する。金利の最も重要な要素は期間であり、証券市場と（第７章で検討する）「フィナンシャルフィジックス」を理解するためにもインフレの知識は不可欠である）。

例えば、貸出金利は返済期間によって決まり、一般に10年ローンの金利は１年ローンの金利よりも高い。返済期限の短いローンの金利は短期金利（１年未満）、返済期限の長い金利は長期金利（10年以上）と呼ばれ、その間に中期金利がある。しかし、短期金利は長期金利と独立して変動し、この２つの金利に影響を及ぼす材料も異なる。通常では各国の通貨当局が短期金利を誘導し、アメリカではFRBがそれに当たる。FRBの役割は経済を活発にするため十分なお金を供給することであるが、経済には多くの要因が影響を及ぼすのでその役割はけっして簡単なものではない。お金が過剰に供給されるとインフレと呼ばれる状況が発生し、お金の価値は低下する。その反対にお金の供給量が少ないと、経済成長の足が引っ張られてデフレ経済となる。FRBがこうしたマネーサプライをコントロールするひとつの方法が、短期金利を高めに誘導してお金の価値を引き上げることである。このようにFRBが短期金利を誘導する目的は、安定した経済成長を促進し、適切なマネーサプライを監視することにある。

一方、長期金利は短期金利のように意図的に誘導することはできない。長期金利は金融市場の見えざる手に委ねられており、その大きな変動要因は予想インフレ率と投融資に伴うさまざまなリスクである。インフレは通貨の価値を低下させる元凶であるため、貸し手は金利というインフレ保護料を要求する。借り手の信用度や融資条件などを除けば、長期金利を決定するのは主に金融市場の予想インフレ率である。金融市場では常に短期金利と長期金利がときに同じ方向へ、またはまったく逆の方向に動いている。この２つの金利のこうした性質を理解するには、スペルは同じだがそのニュアンスは大きく異なる英単語を考えると分かりやすいだろう。例えば、英語の「love（愛）」にはさまざまなニュアンスがあり、夫婦間の愛は友だち同士の愛とはまったく違うが、どちらも同じ単語である。皆さんはその使い方によってこの言葉のニュアンスの違いを区別できるだろう。短期金利と長期金利もちょうどこのようなものであり、それらの変動要因はまったく違うが、両者は間接的に影響し合っている。もっとも、短期金利が近代ファイナンスの原則に従って動くようになったのはたかだかこの50年間のことである。金利は通貨の価値や景気におけるマネーサプライとも密接に関連しており、通貨の供給量は（インフレやデフレと呼ばれる）お金の全体的な価値を大きく変化させる。

インフレについて

「インフレとはどこでも、いつでも起きる通貨の現象である」――ミルトン・フリードマン（1968年）

昔、お金は漁夫が自分で取った魚を洋服屋の衣類と交換する手段として発明された。魚と衣類を物々交換するこのシステムはうまく機能していたが、やがて進歩的な役人が商品やサービスを通貨単位で表示する貨幣を使用するよう提案した。その結果、今日取れた魚を翌週に衣類や雨具などの商品やサービスと交換できるようになった。これによって次第に利益と富が蓄積され、そのための投資も活発になっていった。まもなくこの新しいシステム（マネーサプライ）を監督する人が必要になった。すなわち、マネーサプライをコントロールし、インフレを監視するFRB議長のような人である。

インフレはジキルとハイド氏のように2つの顔を持っている。多くの人々はインフレとは物価の上昇であると思っているが、賢明なエコノミストのであるジキル氏は物価の上昇とは需要と供給を調整する経済手法である考えている。供給減や需要増の時期に物価が上昇すれば、それは需給のバランスを取り戻す経済の基本的な法則となる。こうした物価の動きは自動調整機能であり、物価が上昇すれば需要増に対応するため生産者は供給量を増大させる（その反対に、物価が下落すれば過剰生産能力は減少する）。これがマーケットの通常の機能であるが、その国のすべての商品価格に影響を及ぼすことはない。

一方、マキャベリストのハイド氏はその国の通貨当局（今のアメリカ準備銀行）を支配し、マネーサプライをコントロールしている。金融市場が恐れるインフレは、国内に流通している商品の量以上の通貨が発行されたときに発生する。貨幣１枚と魚１匹または衣類１枚が交換されている間は問題はないが、ハイド氏が国民をリッチに思わせるために（もっと多くの商品を買えるように）、貨幣をどんどん造幣すると商品やサービスの価格は上昇する。出回った多くの貨幣が元の貨幣の価値を希薄化したからである。国民がこれまでより２倍のお金を持っても、これまでと同じ商品を買うのに２倍のお金を支払わなければならないので、２倍の金持ちになったとは言えない。経済が発展しなければ、マネーサプライを増やしても国民の富は増えていかない。

歴史を検討すると、ほとんどの文明は人口の増加（働く人々が増えると消費も増大する）と生産性の向上（同じ人数でより多くの商品を生産する）によって経済を発展させてきた。国内の貨幣が商品やサービスと同じペースで増大すればインフレは発生しない。同じ貨幣の価値で同じ量の商品が買えるからである。しかし、商品の伸びを上回るペースで貨幣の発行量が増えると、貨幣の価値が低下してインフレが発生する。金融資産はこうしたマネーサプライの増大による貨幣価値の低下を最も恐れている。魚の供給量が減ってその値段が上がっても、人々はチキンを食べるかもしれないので金融資産には何の影響もない。最も困るのは経済成長を上回る量の貨幣が経済システムに流通することである。以上のように、商品の数量以上のお金が出回って全体的な物価が上昇しなければ、インフレが発生することはない。このように多様な要因がインフレに関係しており、インフレのメカニズムはエコノミストたちが述べているほど単純なものではない。

数量と品質

多くの人々はすべての物の値段は上昇していくものだと思っている。これはおそらく物価の下落よりも物価の上昇に慣れ親しんでいるからであろう。物価は商品の品質向上、需要増と供給減、優れた代替商品の登場などによって上昇する。しかし、金融資産はこうした要因とは無関係であり、もっぱら全体的な物価上昇が引き起こすインフレに大きな影響を受ける。商品の数量や品質、需給動向などとは関係がなく、急激なマネーサプライの伸びが物価の上昇とインフレをもたらす。そして金融資産は常にインフレからの保護を要求する。

一般に平均的な住宅価格はこの数十年間に上昇し、そのサイズも2倍以上になった。立地や築年数などは考慮せずにそのサイズと機能だけを比較して、1980年の同じ住宅ははたして今も買い得だろうか。高いと思われるならば、それはインフレが進行している証拠である。その反対に、この数十年間に同じ平均的な住宅が値段もサイズも両方2倍になっていれば、おそらくインフレにはなっていない。物価の上昇が住宅のサイズと機能の向上に見合っていれば、新築住宅の価格が上昇してもそれは必ずしもインフレの要因とはならない。

一方、この数十年間に自動車の価格も上昇したが、燃費効率や性能も随分良くなった。1980年当時の同じ車を今の車と比較したとき、価格の上昇が性能の向上と見合っていればインフレは起きない。需要と供給、代替品の登場、その他のマクロ経済要因などが、マーケットの効率的なプロセスを促進する価格調整メカニズムとなる。これらの諸要因はコーヒーの価格にも影響を及ぼすが、コーヒーの値上がりをもたらすのはインフレではない。ブラジルの冷害でコーヒー豆の収穫量が減少してその価格が上昇しても、それはマクロ経済要因とは関連するが、インフレとは無関係である。しかし、長期のコーヒー豆の値上がりがほかの多くの物価の上昇を引き起こすならば、それはインフレ要因となる。

金という特殊な商品

インフレの話は金を抜きにしては語れない。多くの投資家と金融市場の専門家にとって、金はインフレの主要な指標である。少なくとも金はインフレのヘッジ手段であると考えられている。ここでは金とインフレ、そして通貨当局の政策などについて詳しく論じることはしないが、金がインフレのセンチメント指標、または実際にインフレ指標であるのかどうかを検討することは無駄ではないだろう。金が実際にインフレからの保護資産であるかどうかは分からないが、投資家やトレーダーがそのように考えているのでそうなっている。かつて金は最終的な通貨とみなされていたが、現在ではマネーサプライと国際貿易の拡大による複雑な経済システムによって、金の役割はかなり後退してしまった。

金は通貨価値を裏付ける手段として、各国当局が通貨との交換レートを決定していた。いわゆる金本位制と呼ばれるシステムでは、通貨の価値を裏付ける実物の金が必要とされ、それはマネーサプライの増大に歯止めをかける有効な手段であった。しかし、今日では金本位制は完全になくなり、ある国の通貨は他国通貨との交換レートで変動したり、または一定レートで基軸通貨とペッグされている。それならば、なぜ金は今でも価値があるのか、そして金の本当の価値とは何なのだろうか。投資家はほとんどの資産についてその本質的価値や再生産価値、すなわちその資産が時間の経緯とともにもたらすキャッシュ（リターン）を問題にする。通常の商品の本質的価値とは、製品を製造するために使われる原材料としての価値である。ところが金については、その本質的価値を市場価格と直接関連付けて決定するのは難しい。金が別格の商品であるかぎり、投資家は金を特別な存在であると見なし続けるだろう。本質的価値がその使用価値を反映するならば、金にはその市場価格を正当化するような本質的価値はない。しかし、少なくとも金がその歴史始まって以来の輝きを失わないかぎり、金は投資家にとってインフレのセンチメント指標であり続けるだろう（金の価格動向は通貨当局の政策決定の参考指標になっているが、これについてはまたあとで検討する）。

金融証券とインフレ

金融証券は国内の商品やサービスの価格に影響を及ぼすような一時的な要因に左右されるわけではない。その主な変動要因は過剰流動性による商品全体の価格上昇である。これはインフレの分析においてしばしば見逃されてきたことである。長期的なインフレの原因があまりはっきりしないことはよくあるが、短期的に見るとマーケットは将来のインフレ予想に基づいて金融資産を評価していく。将来のインフレ率と金融市場のトレンドを予測するときは、こうしたすべての要因を考慮しなければならない。

クレストモント社のリサーチは長期のヒストリカルデータに基づいているので、インフレに関するデータもGDP（国内総生産）デフレーターやCPI（消費者物価指数）といった広く普及している数字を使用している。GDPデフレーターはGDPの実質と名目成長率の違いを調整したインフレ指標である。GDPはすべての商品とサービスの生産額、実質GDP成長率はインフレ率を加味しない経済成長率、名目GDP成長率は実質GDP成長率＋インフレ率である。一方、CPIは関係当局が発表する広範な商品バスケットのインフレ指標である。毎月のCPIを算出するとき、当局のアナリストはさまざまな原因によるバイアスの影響を最小限に抑えるため、一定の手続きに従ってその数値を調整する。こうして発表されたCPIについて、その数字はインフレ率を過小に表示しているという批判がある一方で、多くのエコノミストや権威ある調査結果などによれば、公表CPIはむしろインフレ率を高めに表しているという。

GDPデフレーターやCPI、その他のインフレ指標には一長一短があるが、そうした各指標の数値の違いも時の経緯とともに次第に解消され、ほぼ同じような数値に収斂する。こうしたことは次のようにたとえれば分かりやすいだろう。もしもあなたが２メートル近くもあるガキ大将とけんかしようとしているとき、この巨漢の身長をセンチ単位で正確に分かったとしても、そのパンチ力が変わることはほとんどない。これと同じように、インフレ率が明らかに高い・低い、または上昇・下降しているときに、インフレ指標のわずかな数値の違いなどを問題にしてもあまり意味がないだろう。2004年現在のインフレ率は約１～２％と相対的に低いが、将来のインフレ率となると多くの専門家の予想もまちまちである。

金利とインフレ

金利はインフレ率に直接左右されると広く考えられているが、少なくともこの１世紀の最初の３分の２の時期にはこうした相関関係は認められない（**図4.1**を参照）。金利（特に長期金利）は繁栄の1960年代までは比較的安定し、それ以前のインフレやデフレの影響は受けていない。また短期金利と長期金利も当初は独立した動きを見せていたが、次第にインフレ率と連動するようになった。

20世紀の当初3分の2の時期になぜ金利とインフレ率は相関しなかったのか。その理由はいくつか考えられるが、そのひとつは金利が融資のサービス料とみなされ、通貨の購買力低下の経済的な補償料にはなっていなかったことであろう。インフレが発生するのは、商品の流通量以上のお金が出回ったからである。つまり、お金の価値が低下してそれまでと同じ金額では同じ商品を購入できなくなった。したがって投資家は購買力の低下（インフレ）を補償してもらおうと金利の引き上げを要求する。インフレの進行とともに購買力が低下すれば、債券投資家もインフレ目減り分を埋め合わせるために高い金利を要求する。

歴史を見ると、インフレ期はよく戦争のあとに到来し、長期というよりは短期的な現象であった。しかし現在では、インフレは日常的な経済現象である。一方、デフレはアメリカではここ半世紀以上も起きていない。20世紀前半にはしばしばデフレが顕在化したが、これは景気後退のあとに発生する一時的な短期の経済現象であると考えられていた。もっとも、2003年にはFRBがデフレの可能性（リスク）について強い懸念を表明したが、2004年までにそうした心配は解消した。2004年後半になると一部のエコノミストたちは引き続きデフレ顕在化を心配していたが、多くの専門家はむしろインフレの進行を予想するようになった。

1960年代になると金利の動きは大きく変化し始めた。過去数十年間

図4.1　債券利回りとインフレ率

1年債利回りとインフレ率（1900～2003年）

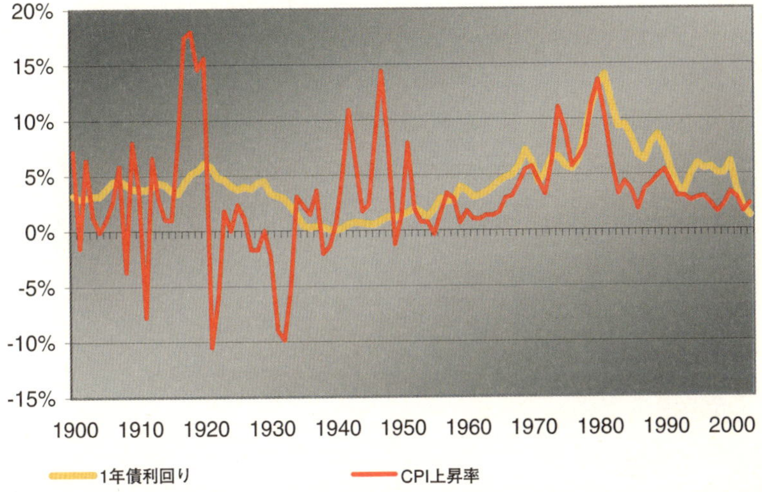

20年債利回りとインフレ率（1900～2003年）

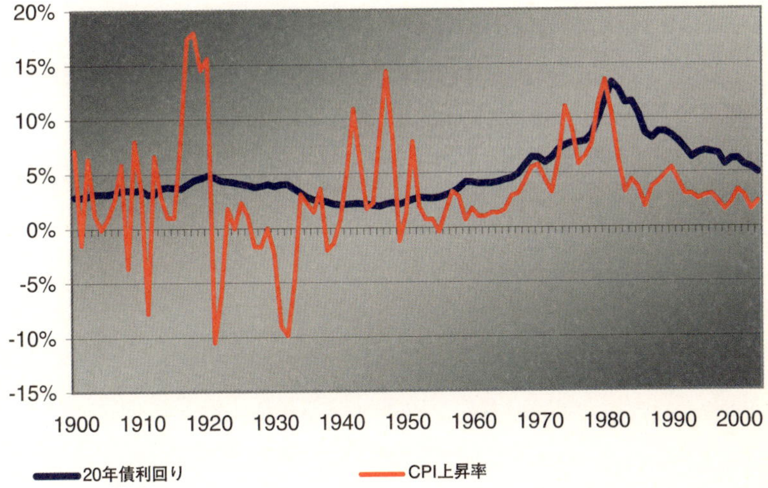

Copyright 2004, Crestmont Research　（www.CrestmontResearch.com）

にわたり３～５％の水準にあった長期金利はそれまでの安定性を崩し、インフレ率と連動して変動するようになった。例えば、長期金利は1980年代初めには13％以上まで上昇したが、それ以降はインフレの沈静化とともに低下し、今世紀初めには約４％にまで落ち込んだ。短期金利の変動はもっと激しく、最高の14％から１％以下に急落したこともあった。2000年代初めにアメリカの通貨政策とFRBの役割は大きく変化した。これについてダラス連邦準備銀行のハーベイ・ローゼンブラム副総裁は、2003年１月号のビジネス・エコノミクス誌で次のように述べている。

「1980～1990年代を通じて、FRBの役割はインフレ率にキャップ（上限）をかぶせることだった。すなわち、FRBはインフレ率を低めに抑えようと努力し、この政策は成功してきた。ところが物価が安定するにしたがって、FRBの役割はインフレ率にフロア（下限）を設けることに変化した。その水準はかなり低めであるが、平均してプラスの水準に設定されている」

FRBに長いキャリアを持つローゼンブラム氏たちの役割は、インフレを押さえ込むことから物価安定の維持に変化した。同氏は続けて次のように述べている。

「インフレは重要なマクロ経済指標であるが、多くのエコノミストたちはインフレというものを十分に理解しておらず、このかなり複雑な経済現象を単純に考えているようだ。……現代の金融システムではもはやマネタリストたちの厳密な原則は通用しない。お金を定義するのは極めて難しく、その増大をコントロールするのはさらに困難である。そしてお金と経済活動との関係も理解できない部分がたくさんある」

ダイナミックな金利の歴史

経済と金利の歴史を振り返ることは極めて有益であろう。クレストモント社のウエブサイト（http://www.CrestmontResearch.com/）にアクセスすると、1900年以降のダイナミックな金利の動きをはじめ、イールドカーブ（利回り曲線）、株式相場、GDPやCPIなどの経済指標の推移などもビジュアルに見ることができる。長短金利の異なる動きや利率の変化のほか、満期までのリターンを表すイールドカーブの変動、インフレ・経済成長・株式相場のヒストリカルな推移を振り返ることは、将来の株式投資のリターンを予想するうえで大きく役立つだろう。

金利の動き

金利とそれに影響を及ぼすすべての要因は複雑である。例えば、社債や国債、それにモーゲージ証券などの利率、条件およびリスクなどは大きく異なるが、専門家はそれらを軍隊の整然とした行進のように一緒くたに論じている。規律正しい軍隊の行動は見ていても気持ちがよいが、現実の金利はなんらの規律もなく変動する。こうした金利の動きを単純化して論じることは大きな間違いである。例えば、長短金利は相関した動きをすると考えられているが、金利の歴史を見るとこの２つの金利は独立して動き、その動き方や変動率も大きく異なる。

多くの人々は、昔の立派な金融家の肖像画が掛けられている会議室で権威ある専門家たちが金利を定めていると想像しているようだ。それらの専門家とはマホガニーのテーブルに座った銀行家のお歴々であり、彼らは善意に満ちたコンセンサスの下に金利を決定している。しかし、こうした想像はまったくの間違いである。現実の世界では最終的な金利の決定者はマーケットのプレーヤーである。確定利付き証券

図4.2　50bp（0.5%）のバンド

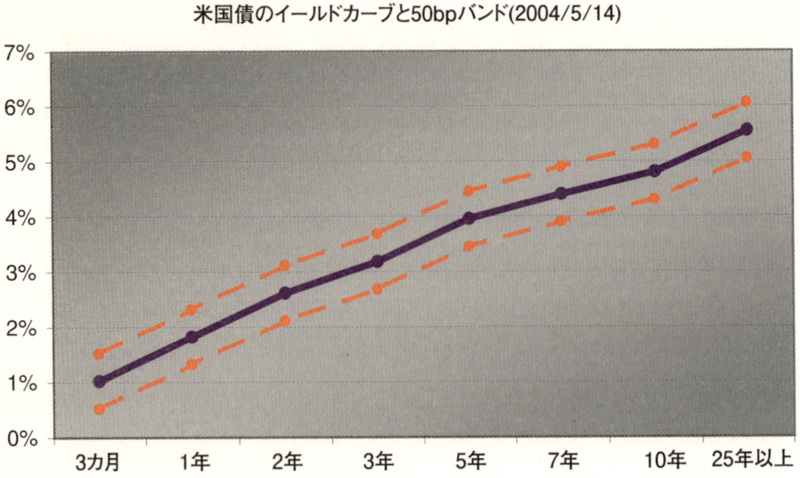

Copyright 2004, Crestmont Research (www.CrestmontResearch.com)

の金利も、西部劇の登場人物が酒場で興じるポーカーゲームの勝敗のように一瞬のうちに決まっていく。金融市場の取引は非情なほどのペースで進んでいく。証券の買い手と売り手の間で決まる価格は刻々と変化し、あらゆる情報や投資家の心理状態が直ちに証券価格に織り込まれていく。このように金融市場は各種証券の最終的な評価と値決めの戦場であり、また資本主義の牙城でもある。

6・50ルール

金利は多くの人々が考えている以上にハイペースで変動するようになってきた。1965〜2003年の35年間（1998年初めや2003年８月のある週などの特定期間は除く）に、金利（ときにイールドカーブ）が連続

図4.3　35年間の金利の変動状況

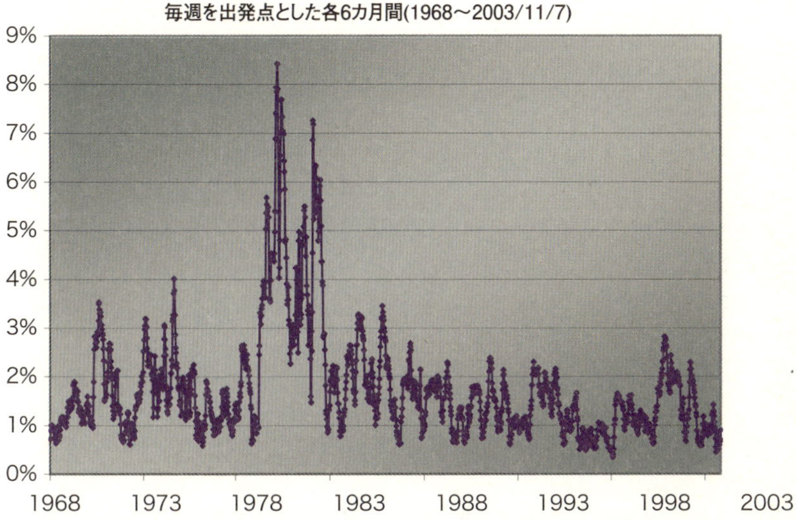

６カ月間に50ベーシスポイント（bp）（100bp＝１％）以上変動しないことはほとんどなかった。逆に言えば、金利のこの6･50ルール（６カ月間に50bp以上も変動すること）とは、1960年代半ばから現在までの各６カ月間の99％の期間で金利は50bp以上変動しているということである。

金利の世界では大きなボラティリティは日常茶飯事であるが、それならば金利のボラティリティの歴史は現在の金利にどのような意味を持つのだろうか。**図4.2**は米国債のイールドカーブを示したもので、上下のバンドは50bpの想像上のラインである。6・50ルールに従えば、今後６カ月以内に金利（イールドカーブ）がこのバンドからはみ出すのは確実である。

図4.4　35年間の金利の変動率

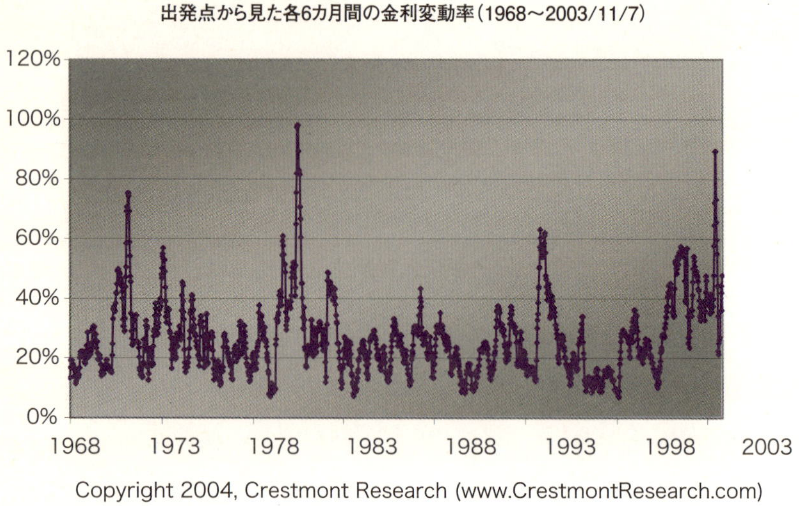

それならば、実際に金利はどれくらい変動しているのだろうか。**図4.3**は1968年以降から毎週を出発点として、ほぼ2000の６カ月間の金利の変動状況をまとめたもので、これを見ると金利は各６カ月間に1.5～2.5％（150～250bp）の幅で変動している。3.5％以上も動いている期間もあるし、ボラティリティが７％以上に達した期間も14回に上る。

一方、金利のボラティリティを出発点からの変動率で表したのが**図4.4**である。これを見ると、金利は各６カ月間に平均して30％も変動している。かつての高金利の時期でも金利はこれほどまでに大きく動いているのである。全体の3分の2の６カ月間で変動率は20％となっているが、これは短期金利で0.2％、長期金利で１％の変動率に相当する。さらに2000年１月以降の低金利期においても、６カ月ごとの平均変動率は何と40％にも達している。

平均的な投資家は金利と債券利回りのこうした激しい変動に気づいていない。その大きな理由はこの20年間に金利低下と債券価格の上昇トレンドが続いたので、金利と債券の大きな動きに鈍感になり、それらの動きは安定していると思い込んでいるようだ。その原因のひとつとして、マスコミも株式市場の動きだけを報道し、債券市場のニュースをあまり流さないこともある。金利のこうした大きなボラティリティは、債券ポートフォリオとその他のマーケットに対する影響という点で極めて重要である。投資家の債券ポートフォリオにとって、債券価格は金利変動から大きな影響を受ける（金利のボラティリティが大きくなれば、債券価格の変動も激しくなる）。債券のバイ・アンド・ホールド投資家はこうした金利の短期的な動きに無関心であるが、債券価格が下落すればポートフォリオに大きな評価損を抱えることになる。過去20年間の債券価格は上昇トレンドにあったので、多くの債券投資家は金利上昇の破壊力にかなり鈍感になっている。

1960年代以降に金利と債券価格は大きく変動するようになったが、それらのボラティリティの大きさに利益のチャンスを見いだそうとする投資家やトレーダーが続々とこのマーケットに参入している。その結果、金利のマーケットでは大きなボラティリティ、レバレッジ、投機活動などを意味する専門用語が飛び交うようになった。レイダー（企業乗っ取り屋）、ポイズンピル（毒薬条項）、ストリップス（国債の元本とクーポン部分を切り離して売買すること）、タイガー（TIGR＝国債の元本とクーポン部分を切り離したゼロクーポン債）、ネイキッドコール（現物株を保有しないコール）などである。金利のボラティリティが大きくなるにつれて、投機家ばかりでなく高度なテクニックを持つ投資家も確定利付き証券市場に参入してきた。新しいトレードツールとリスクマネジメント手法を身につけたこれらの投資家たちは、ボラティリティのリスクをヘッジしながら利益のチャンスを狙っている。今ではこうしたボラティリティリスクのヘッジ手法を知る投資家はそれほど珍しい存在ではない。祖父の世代のバンカーたちが生きていたのんびりとした金融市場の時代は、はるかかなたに過ぎ去ってしまった。

要約

1960年代までは金利とインフレは比較的ばらばらに存在していた。しかし、金融市場の進化に伴って両者は緊密な相関関係を持つようになった（こうしたことは現代ファイナンス理論では常識になっている)。多くの投資家は短期金利は安定していると考えているが、実際には1960年代以降から大きく変動するようになった。しかし、新しい投資ツールや投資テクニックが続々と登場していることから、投資家はこうした金利のボラティリティを利用して大きな利益を追求できるようになった。

第2部のキーポイント

1．異なる期間の株式投資の平均リターンが同じということはあり得ない。低いPER（株価収益率）が次第に高くなっていく期間のリターンは平均以上になるし、高いPERが低くなっていく期間のリターンは平均以下となる。
2．株式市場のボラティリティは多くの投資家が考えているよりもはるかに大きい。実質リターンを低下させる２つの元凶は、マイナスのリターンとリターンのばらつきである。

第Ⅲ部

長期サイクル

Secular Cycles

第5章

長期サイクル

Secular Cycles

株式の長期サイクル

経験豊富な農夫は季節の大切さを知り尽くしており、作物の生育に最も適した時期に種まきや作付けを行う。すなわち、冷害などのリスクを最小限に抑え、最大の収量を確保するために地中に作物の種を保存しておく。農夫にとって季節が最も大切であるのと同じように、株式市場の季節も投資家に利益や損失をもたらす。何年にもわたるこうした株式市場の季節は、長期上昇相場または長期下降相場と呼ばれる。こうしたマーケットの有利な季節や不利な季節を知ることによって、投資家はリスクを抑えて利益を伸ばすことができる。農夫が春に野菜を、晩秋に冬小麦を植えるように、熟練した投資家も株式市場の季節に応じた最適の手法を使い分ける。

債券市場の季節

債券投資家は債券価格が上昇すれば、受取金利（表面利率）と合わせて大きな値上がり益を手にすることができる。この２つを合計したものが債券投資の総リターンである。しかし、実際には債券価格と直接利回りは逆相関の関係にあり、金利が上昇すれば債券価格は下落するので総リターンは低下またはマイナスとなる。こうした金利の上昇（低下）・債券価格の下落（上昇）が起こるのは、多くの債券が確定利付き証券であるからだ。金利が上昇すれば、既発債は新発債の高い利率に見合う分だけ下落する。例えば、額面1000ドルで表面利率が５％（50ドル）の債券を保有しているとき、市中金利が６％に上昇すれば、債券価格は元本の直接利回りが６％になる水準まで下落する。このように、金利（利回り）の上昇が債券価格の下落で帳消しされるので総リターンは低下する。一方、金利が低下すると債券価格は上昇するので、元本の値上がり＋受取金利で総リターンは向上する。

一般に債券価格の上昇は投資家にとって好材料であるが、額面以上に上昇した債券も満期には額面償還されるので注意しなければならない。値上がりした債券を売却すべきか、それとも満期まで保有したほうがよいのかは投資家が自分で判断し、債券市場の動向を見極めて決定すべきである。多くの債券は確定利付き証券と呼ばれ、将来の一定期日までに元利を返済する債務証券である。利率は満期まで一定のもの、または市況に応じて変動するものもあるが、いずれの場合も債券投資家の最終利回りは一定である。一般に金利の上昇期は債券にとって下降相場、金利の下降期は上昇相場となる。こうした債券の季節は株式市場の季節と同じであり、下降相場では好材料が相殺されたり、または不利に働いて総リターンは低下、逆に上昇相場では有利に働いて総リターンは上昇する。以下では株式市場の季節の特徴について検討したあと、そのカタリスト（触媒）となる主要な要因について分析する。

株式市場の季節

株式市場の季節は何年間にもわたり、ひとつの季節が４年ほどで終了するのは珍しく、平均で約12年、ときに20年に及ぶこともある。もっとも、下降の季節であってもすべての生物が死んだように動かず、何も成長しない氷河期のようなものではない。むしろ1年を形成する四季のようなもので、それぞれの季節には特有の動きがある。農夫にとって春は暖かさと雨をもたらし、自然の豊かな実りを告げる季節である。また冬は自然の成長をストップさせ、作物の収穫もできない厳しい季節である。

1900年以降に株式市場では4回の長期上昇相場と4回の長期下降相場があり、現在は来る長期下降相場の初期に当たる。残念なことに、多くの投資家は大きな下降局面がほとんどなかった1982～1999年の大相場の酔いからまだ抜け切っておらず、2000年春～2002年秋の下降局面で弱気相場は底を打ったと勘違いしている。確かにこの下降局面で1990年代後半の上昇分をかなり帳消ししたが、それでも歴史的に見て底値と呼べるような水準には届いていない。投資家は長期下降相場というものがかなり長く続く（ときに16～20年間に及ぶ）ことを知らなければならない。株式市場の歴史を振り返ると、長期上昇相場は最長で24年（1942～1965年）、最短で4年（1933～1936年）である（平均では13.5年）。これに対し、長期下降相場は最長で20年（1901～1920年）、最短で4年（1929～1932年）となっている（平均では11.3年）。

長期相場の特徴

季節の温度の変化が農夫の作付けサイクルを決めるように、金利の変化が債券市場のサイクルを決定し、そしてPER（株価収益率）の上昇・低下が株式市場の長期サイクルを決定する。**図5.1**に示した「株式の長期上昇・下降相場のプロフィル」を見ると、PERはかなり長期にわたってボトムからピーク（またはその反対）に移行する。例えば、最近の長期上昇相場を見るとPERは7倍で始まったあと、この1世紀の最高水準である42倍まで上昇した。今回の大相場はバブルが弾けて終了したが、この株式バブルがなかったとすれば、PERは歴史的な平均水準である20倍前半でピークを打ったであろう。一方、1966～1981年の長期下降相場では21倍で始まったPERは最終的には９倍まで低下した。この期間中に上場企業の利益成長率は急上昇したが、眠りから覚めない多くの投資家はS&P500が16年にもわたって下げ続けたあとでようやく目を覚ましたようだ。PERの低下は企業の利益成長分をすべて吹き飛ばし、さらに株価を押し下げた。

従来のバイ・アンド・ホールド手法に固執する長期投資家も、2004年後半に20倍前半にあるPERの水準から判断して、株式投資の将来のリターンがどれくらいになるかを予想すべきである。一般にPERの上昇は企業の利益成長と株式投資の総リターンの増大に拍車をかけるが、PERの低下は企業の利益成長という好材料を帳消しにして総リターンを奪ってしまう。サイクルとはセンターラインを上下に変動することを意味するため、歴史的に見て高い水準にある現在のPERから判断すると、今後PERがさらに上昇するよりは下降する可能性のほうがはるかに高い。株式市場の歴史を見ると、相対的に高い株価が平均的な水準で底入れすることはほとんどなく、さらに一段下げて底値を打ってから平均水準に戻るものである。相場の推移から言えば、株価は安値→平均水準→高値→平均水準→安値という順序をたどるので、2000年代初めから始まった株式相場はPERの長期低下か、安定局面に入ったと見るべきであろう。

ブル（上昇相場）はベア（下降相場）とは違う

図5.1の長期上昇相場を見ると緑色が多いのが分かるだろう。緑はプラスのリターンを表しているが、緑色の時期にはPERが上昇している。全般にこの時期には企業収益も増加基調にあり、PERの上昇と利益成長の相乗効果が長期の株高とハイリターンをもたらす。たとえこ

図5.1　株式の長期上昇・下降相場のプロフィル

マーケットのサイクル				PER		インフレ率										
期初	期末	期間(年)	局面	期初	期末	期初	期末	上昇年	下降年	上昇率(%)	下降率(%)	最長連続上昇期間(年)	最長連続下降期間(年)	上昇期間の平均リターン	下降期間の平均損失率	期初から期末までの上昇・下降率
1901	1920	20	下降	23	5	-2%	16%	9	11	45%	55%	2	3	30%	-17%	2%
1921	1928	8	上昇	5	22	-11%	-2%	7	1	88%	13%	5	1	24%	-3%	317%
1929	1932	4	下降	28	8	0%	-10%	0	4	0%	100%	0	4	n/a	-32%	-80%
1933	1936	4	上昇	11	19	-5%	1%	4	0	100%	0%	4	0	34%	n/a	200%
1937	1941	5	下降	19	12	4%	5%	1	4	20%	80%	1	3	28%	-16%	-38%
1942	1965	24	上昇	9	23	11%	2%	18	6	75%	25%	4	1	16%	-8%	774%
1966	1981	16	下降	21	9	3%	10%	9	7	56%	44%	3	2	13%	-15%	-10%
1982	1999	18	上昇	7	42	6%	2%	16	2	89%	11%	9	1	18%	-4%	1214%
2000	????		下降	42		3%		1	3	25%	75%	1	3	25%	-10%	-3%
加重平均下降期間(2000年は除く)										42%	58%	2.1	2.7	21%	-18%	-14%
加重平均上昇期間										83%	17%	5.8	0.9	19%	-5%	810%

注＝上昇・下降率とリターン・損失率は年末のダウ平均株価で算出。PERは『投機バブル　根拠なき熱狂』の著者であるロバート・シラー・エール大学経済学部教授が開発した方法論に基づいてS&P500で算出。上昇・下降相場はクレストモント社の株価サイクル評価法に基づき、PERのピークとボトム、インフレ率、その他の要因を分析して分類した。表の数字(リターン)には配当・税金・取引コストは含まれず、またインフレ調整も加味されていない。

リターンのパターン(赤＝下降年、緑＝上昇年、%＝インデックスの年間騰落率、左右の数字は期初・期末のダウ平均株価)

1901～1920年—下降期	71	-9%	0%	-24%	42%	38%	-2%	-38%	47%	15%	-18%	0%	8%	-10%	-31%	82%	-4%	-22%	11%	30%	-33%					72
PER		23	22	18	16	19	19	13	13	15	14	14	14	12	11	12	12	9	6	7	5					
CPI(インフレ率)		-2%	6%	1%	0%	1%	3%	6%	-4%	8%	4%	-8%	7%	3%	1%	1%	8%	17%	18%	15%	16%					
1921～1928年—上昇期	72	13%	22%	-3%	26%	30%	0%	29%	48%																	300
PER		5	8	8	8	10	12	16	22																	
CPI		-11%	-6%	2%	0%	2%	1%	-2%	-2%																	
1929～1932年—下降期	300	-17%	-34%	-53%	-23%																					60
PER		28	22	15	8																					
CPI		0%	-2%	-9%	-10%																					
1933～1936年—上昇期	60	67%	4%	39%	25%																					180
PER		11	12	13	19																					
CPI		-5%	3%	2%	1%																					
1937～1941年—下降期	180	-33%	28%	-3%	-13%	-15%																				111
PER		19	14	16	15	12																				
CPI		4%	-2%	-1%	1%	5%																				
1942～1965年—上昇期	111	8%	14%	12%	27%	-8%	2%	-2%	13%	18%	14%	8%	-4%	44%	21%	2%	-13%	34%	16%	-9%	19%	-11%	17%	15%	11%	969
PER		9	11	11	13	14	11	11	10	11	12	13	12	14	18	18	16	15	18	17	21	19	20	23	23	
CPI		11%	6%	2%	2%	8%	14%	8%	-1%	1%	8%	2%	1%	1%	0%	1%	3%	3%	1%	2%	1%	1%	1%	1%	2%	
1966～1981年—下降期	969	-19%	15%	4%	-15%	5%	6%	15%	-17%	-28%	38%	18%	-17%	-3%	4%	15%	-9%									875
PER		21	22	22	19	15	17	18	16	11	10	12	10	9	9	9	9									
CPI		3%	3%	4%	5%	6%	4%	3%	6%	11%	9%	6%	7%	8%	11%	13%	10%									
1982～1999年—上昇期	875	20%	20%	-4%	28%	23%	2%	12%	27%	-4%	20%	4%	14%	2%	33%	26%	23%	16%	25%							11497
PER		7	10	9	11	13	16	14	17	17	18	20	21	21	23	26	31	36	42							
CPI		6%	3%	4%	4%	2%	4%	4%	5%	5%	4%	3%	3%	3%	3%	3%	2%	2%	2%							
2000～?年—下降期™	11497	-6%	-7%	-17%	25%																					
PER		42	32	26	24																					
CPI		3%	3%	2%	2%																					

の時期に下降局面があったとして、その下げ幅はわずか４％程度とかなり浅い押しにとどまる。こうした長期の上昇相場は投資家に大きな利益をもたらす。例えば、1982〜1999年の大強気相場を見ると、ダウ工業株平均は出発時点の875ドルから終了時点では１万1497ドルと1200％以上の上昇率となった。1982年にダウ平均に10万ドルを投資した投資家は1999年には120万ドル（配当・税金・取引コストは含めない）を手にしたことになる。慧眼の投資家であれば、今がどちらの局面にあるのかは容易に分かるだろう。長期上昇相場ではPERが上昇トレンドにあるからだ。これについて、エドウィン・ルフェーブルはその著『欲望と幻想の市場――伝説の投機王リバモア』（東洋経済新報社）のなかで次のように述べている。

「トレンドがかなり進んだ段階では、今が上昇・下降相場のどちらであるのかが分からない人はほとんどいないだろう。偏見を持たないで物を見る人にとって株価のトレンドははっきりしているからだ。賢明な投機家は自分の論理に照らして現実を見るようなことはしない」

PERがかなりの高水準に達していれば、そこからさらに上昇して利益が得られると考えるのはあまり現実的ではない。

ベア（下降相場）はブル（上昇相場）とは違う

長期の上昇相場ではほぼ一本調子の上向きトレンドが続くのに対し、長期下降相場ではボラティリティの大きい激しい動きとなり、急上昇したかと思えば、次には急落するといった一貫性のない相場となる。スリルを求める人にとってこうした激しい動きはジェットコースターに乗ったようでたまらなくおもしろいだろうが、一般投資家にとってこうした局面は不安と恐怖に駆られ、いわば笑いながら出口を見つけようとするお化け屋敷のようなものである。長期の下降相場では出発時点と終了時点の株価がほぼ同じであることも珍しくないが、この期間中の動きを見ると激しい下降と急反発の局面が繰り返されている。

しかし、多くの長期下降相場の株価は出発時点の水準よりもかなり安く終わるのが普通である。つまり、投資時点の多額の投資資金は下降相場が終わったときは手元にいくらも残っていない。例えば、1929～1932年の弱気相場では300ドルで始まったダウ工業株平均は1932年には60ドルまで暴落した。10万ドルの投資資金はこの４年間にわずか２万ドル（配当・取引コストは含めない）にまで減少したことになる。こうした現実を見ると、多くの人々はマーク・トウェィンの次のような言葉にうなずくだろう。「株式投資にとって10月は特に危険な月である。それから７月、１月、９月、４月、11月、５月、３月、６月、12月、８月、２月もそうだ」

長期相場の特徴

図5.2は株式の長期上昇・下降相場をボラティリティ別に分類したものである。これを見ると、－10％～＋10％と－16％～＋16％の比率はどの期間も近似しているが、それ以外の範囲のボラティリティはまちまちである。例えば、103年間の平均を見ると－16％～＋16％の比率が全体の半分を占めており、その他の期間でもほぼ同じ比率になっている（上昇期の54年間では50％、下降期の49年間では49％）。これに対し、103年間における－10％～＋10％の比率は30％である。一般に長期の上昇（下降）相場ではPERは上昇（低下）するが、このボラティリティ範囲の比率も上昇・下降期を通じてほぼ一定である（上昇期の54年間では30％、下降期の49年間では29％）。

これ以外のボラティリティの比率にはかなりばらつきが見られる。例えば、103年間では＋16％以上の比率（35％）は－16％以上（16％）の２倍以上に達しており、超長期で見ると高リターンの期間はマイナスのリターンの期間よりかなり長い。これを上昇期・下降期について

図5.2　長期相場のボラティリティ分布

ダウ工業株平均のボラティリティ（8回の長期相場、1901〜2003年）

ボラティリティの範囲	103年間の平均	上昇相場（54年間）	下降相場（49年間）
<-10%	21%	4%	42%
-10% to +10%	30%	30%	29%
>+10%	49%	67%	29%

ボラティリティの範囲	103年間の平均	上昇相場（54年間）	下降相場（49年間）
<-16%	16%	0%	33%
-16% to +16%	50%	50%	49%
>+16%	35%	50%	18%

比較すると、PERが上昇する強気相場の54年間にはボラティリティが−16％以上の期間はゼロ、PERが低下する弱気相場の49年間では−16％以上の期間（33％）が＋16％以上の期間（18％）のほぼ２倍になっている。

1980〜1990年代の長期上昇相場を見ると、（年間変動率で計測した）高いボラティリティの期間では上昇トレンドと高リターンの年が続いている。長期の下降相場に突入した現在では、ボラティリティは−16％〜＋16％の範囲で推移すると予想される。しかし、注意しなければならないのは、ボラティリティのトレンドは上向きというよりは下向きの可能性が高いことである。多くの投資家とマーケットウオッチャーにとって、今後数十年の株式市場はこれまでの20年間の状況とはかなり異なるだろう。したがって長期下降相場の初期に当たる現在、株式投資のアプローチもこれまでとは違うものにならざるを得ない。

図5.2によれば、長期上昇相場ではボラティリティが＋10％以上の期間は半分以上を占めるが、－10％以下の期間はわずか４％にすぎない。一方、長期下降相場ではボラティリティが－16％以上の期間は33％、＋10％以上の期間は29％であり、投資家が長期上昇相場で大きな利益を手にするのは明らかである。その反対に、長期下降相場ではバイ・アンド・ホールドで臨む投資家は大きな打撃を受けるだろう。

要約

長期の上昇・下降相場を決めるのはPERのトレンドである。長期上昇相場ではボラティリティは上向きのトレンドをたどり、下方に向かうことはほとんどない。これに対し、長期下降相場では上下の変動がかなり大きく、ボラティリティのトレンドは下向きとなる。

インフレ・デフレと株式市場の季節

椅子取りゲームでは音楽が鳴り始めると、参加者は椅子の周りを回り始める。これを経済にたとえると、参加者はお金、椅子は商品・サービスに当たる。だんだん椅子が減っていくと、音楽がストップしたときに椅子に座れない人が出てくる。このように商品よりもお金のほうが多い状態がインフレである。そこで椅子を追加するとこれと反対のことが起こる（お金が商品よりも少ない状態）。こうしたインフレやデフレのトレンドは、株式市場の季節を有利または不利なものにする。具体的に言えば、PERの上昇・低下が株式投資の有利・不利さを決定し、インフレやデフレのトレンドがPERの方向を決定する。PER

が上昇するときはインフレが低位安定に向かい、PERが低下するときはインフレが低位安定の状態から高進したり、デフレ基調が強まるときである。例えば、1966～1982年の長期下降相場ではインフレが低位安定から急上昇した。一方、1982～1999年の大強気相場ではインフレが低下して物価は安定していった。アメリカでは最近60年以上も長いデフレ期を経験していないが、1921～1928年の強気相場ではそれまでの深刻なデフレトレンドは次第に緩和し、物価は安定していった。一方、1929～1932年の弱気相場では物価の安定が次第に崩れてデフレ基調が強まった。

長期の上昇・下降相場のどちらでも企業業績が改善していくことはよくあるが、上昇相場では必ずPERが上昇し、下降相場ではPERは低下していく。株式にとってPERの上昇期は有利、下降期は不利な季節となる。したがって低いPERのときに株式投資を始めれば、それ以降のPERの上昇に伴って投資利益も増えていくだろう。その反対に高いPERの時期に株式を購入すると、その後のPERの低下はEPS（１株当たり利益）の成長という好材料も帳消しにして悲惨な結果をもたらすだろう。

世間の一般常識を捨てよう
――株価は経済どおりには動かない

経済と株式相場は緊密に結び付いているとはよく言われるが、こうした世間一般の常識は現実によって粉々に打ち砕かれてしまう。例えば、1966～1981年には年平均9.6％の経済成長が続いたが、ダウ工業株平均はこの力強い経済成長のなかで伸び悩むどころか、逆に下降していった。さらに1982～1999年には経済成長率は6.2％とそれ以前よりも鈍化したが、ダウ平均は年平均15.4％というペースで上昇していった。だからといって、経済と株式相場はほとんど独立して動くと言っているのではない。長期の上昇相場や下降相場でも、株価のトレンドを形成するのは経済成長よりもPERの動向であることを理解しなければならない。

過去1世紀の歴史を見ても、長期下降相場では名目GDP成長率が平均6.9％にも達したが、株価は年平均4.2％のペースで下降している。一方、長期上昇相場の名目GDPの平均成長率は6.3％であるが、株価の平均上昇率は14.6％にも達する。株価下降期のGDP成長率が上昇期よりも大きいというのはかなり意外である。確かに経済成長がPER（株価÷EPS）の分母（企業収益）を増大させるのは事実であるが、株式投資の実質リターンを決定するのは何といっても投資時点のPERの水準とその後のトレンドである。一般に実質GDPが一貫して上昇する時期にはインフレが進行してPERは低下するので、株式投資のリターンは相対的に低くなる。

Yカーブ効果

図5.4からも分かるように、物価（インフレ率）が低位安定から上昇するときはPERが低下し、その反対にインフレが沈静化して物価が安定するとPERは上昇する。例えば、1940年代にはインフレが進行してPERは低下した。一方、1980年代初めの高インフレは最近までにかなり低い水準に低下したので、1980年初め～2000年の長期にわたりPERは上昇の一途をたどった。20世紀の最初40年間にはときどきデフレトレンドが顕在化したが、このように経済が物価安定からデフレ基調に変化するときもPERは低下する。

図5.4の「Yカーブ効果（Y-Curve Effect）」は1900年以降のPERとインフレ率の関係を示したもので、これを見るとインフレ率が最も高いときと低いとき（デフレ期）のPERは最低水準にある。すなわち、最も極端なインフレやデフレはPERを押し下げる。インフレ率とPER

図5.3　株価上昇率と経済成長率

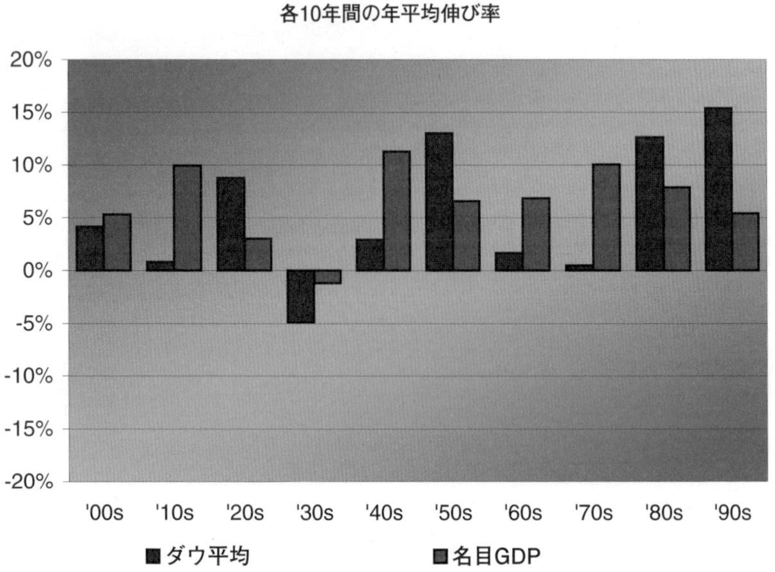

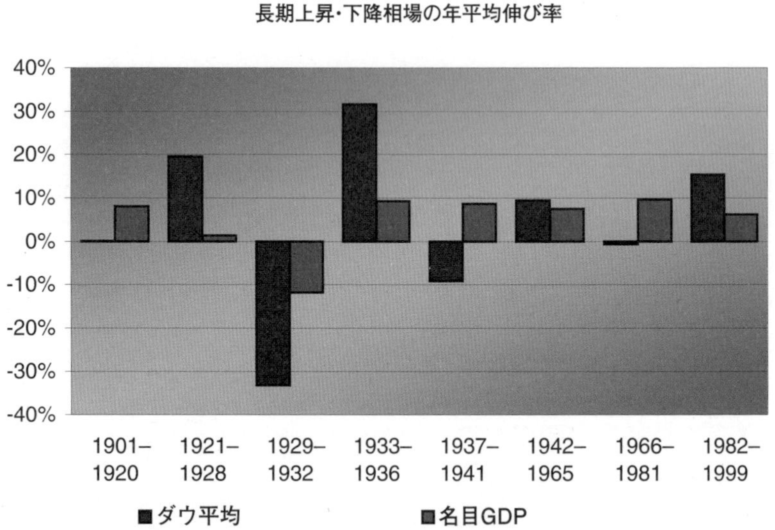

年平均伸び率

各10年間	ダウ平均	名目GDP
1900s	4.1%	5.3%
1910s	0.8%	10.0%
1920s	8.8%	3.0%
1930s	-4.9%	-1.2%
1940s	2.9%	11.3%
1950s	13.0%	6.6%
1960s	1.7%	6.9%
1970s	0.5%	10.0%
1980s	12.6%	7.9%
1990s	15.4%	5.4%

年平均伸び率

長期相場	ダウ平均	名目GDP
1901～1920年(下降)	0.1%	8.0%
1921～1928年(上昇)	19.5%	1.4%
1929～1932年(下降)	-33.1%	-11.8%
1933～1936年(上昇)	31.6%	9.2%
1937～1941年(下降)	-9.2%	8.6%
1942～1965年(上昇)	9.5%	7.5%
1966～1981年(下降)	-0.6%	9.6%
1982～1999年(上昇)	15.4%	6.2%
長期下降相場の平均	-4.2%	6.9%
長期上昇相場の平均	14.6%	6.3%

図5.4　PERとインフレ率

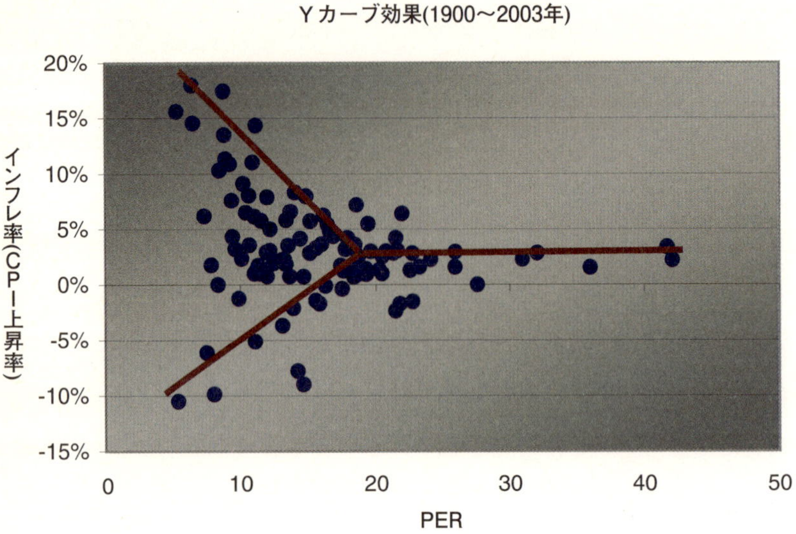

Copyright 2004, Crestmont Research (www.CrestmontResearch.com)

の関係を示したこの図は、ちょうど「Y」の字を横にしたような形になっている。それによれば、デフレ期には金利が下がるが、それでもPERは低下する。このことは配当割引モデルをはじめとする現代ファイナンス理論の有効性を立証している（株式の理論価格は将来に支払われる配当の流列の割引現在価値に等しい)。すなわち、その株式の投資価値とは将来に受け取るすべての配当を現在価値に換算した適正リターンである。したがって低インフレや低金利のときは株式の価格評価（=PER）は上昇する。

一方、デフレ基調が強まると金利は低下する。こうした状況下では株式の価値は上昇すると考えられるが、実際にはデフレ期には企業収益や配当も減少するので、将来の配当の現在価値とPERは低下する。またインフレが進行すれば金利も上昇し、そうなれば債券のリターンに対抗するために株式の期待リターンも高まるので株価は下落する。Ｙカーブの左上の高インフレ期にPERが最低水準にあるのが分かるだろう。この図を見ると、株式投資のベストの時期はインフレ率が低位安定しているときである。

2004年後半現在ではインフレ率が低位安定しているため、PERは相対的に高い水準にある。インフレの低位安定が今後も続くならば、現在の高PERといった状況も変わらないだろうが、PERが今の水準からさらに上昇していく可能性はほとんど考えられない。最近の歴史を見ると、株式バブルの崩壊とそれに続く景気後退、そして企業収益が落ち込んでもPERは20倍前半を維持している。株式バブル期には株価が根拠なき非合理な水準まで急騰したことからPERも上昇したが、その後の景気後退で企業収益は悪化した。しかし、収益の悪化でPER（株価÷EPS）の分母が小さくなったのでPERはあまり低下していない。たとえ株価が下落しても、企業収益の落ち込みのほうが大きいとPERは上昇することもある。しかし、不況期の企業収益の低下でPERが一時的に上昇しても、その後の景気回復で企業収益が通常の水準に戻ればそうした状況は解消するだろう。

（PERが20倍前半の水準を維持している）現在の状況に対する大きな懸念材料は、これまでアメリカでは長期にわたる物価の低位安定期を経験したことがないということである。歴史を振り返っても、インフレ進行期やデフレ期のあとに比較的短い物価安定期が見られる程度である。もしも歴史が繰り返し、長期の物価安定期が持続しなければ、今後PERが低下し始めてヒストリカルな平均水準である16倍に近づいていくだろう。もっとも、FRB（連邦準備制度理事会）が現在の低インフレと物価安定の維持に成功すれば、今の高PERが今後も続く可能性がある。

価格評価

価格評価とはその物の価値と実際の価格の関係を意味する。例えば、ここに１万ドルの値段が付いている自動車と1000ドルの指輪があったとき、どちらの価値が大きいだろうか。もしもその自動車が中古車で1000ドルの価値もないとしたら、１万ドルというのは法外な値段である。一方、指輪には高価な大粒の宝石が使われていたとすれば、1000ドルはかなり割安な価格である。このようにあらゆるものについて、その価値を決めるのは簡単ではない。限られた数の買い手と売り手しかおらず、またはその物がユニークな商品であるとすれば、価格評価はかなり主観的なものとなる。ほとんどの商品とサービスについて、その価値とは買い手が支払う価格に等しい。

金融商品の価格は極めて合理的に決定される。買い手は将来に受け取るキャッシュのリターンを考えてその金融商品を評価する。もしもその商品が将来的に90ドルのリターンしかもたらさないとすれば、100ドルを支払って購入することはないだろう。しかし、将来の90ドルを得るために支払う価格というものも存在する。保有期間とリターンが得られる不確実性に応じて、その適正な投資リターンを反映した現在の価格である。したがって価格とは最終的な投資リターンを得るための現在価値であるとも言える。

例えば、額面１万ドルで利率５％（500ドル）の債券があるとき、投資家は同じ利率の別の債券にも１万ドルを支払うだろう。その類似債券の利率も市中金利を反映した５％であれば、その債券の価格は適正水準にあると言える。しかし、その債券の価格が１万ドル以上に上昇すれば利回りは５％以下になるので、投資家は別の債券を購入するだろう。債券の利回りを低下させる要因は２つある。そのひとつは債券価格が例えば1.1万ドルに上昇することで、そうなればその利回りは５％を割り込んでしまう。もうひとつはその債券は満期に額面（１

万ドル）で償還されるので、そのときの債券価格がこれまでの1.1万ドルから１万ドルに下落することである。このように債券にも価格や利回りの変動があるが、それでも多くの債券の価格はその本来の価値とそれほど大きく乖離することはない。債券を保有していれば一定の利息が入るし、満期には元本が額面償還される。

債券に比べると株式の価値の評価は極めて複雑である。将来に受け取るキャッシュは企業業績や配当などに反映されるとはいっても、それは債券の表面利率に比べてはるかに不確実である。しかし、株式と債券の基本的なコンセプトは類似しており、将来に受け取る予想リターンと比較した株価が上昇すれば、最終的なリターンは低下する。例えば、１株当たり利益が毎年５％のペースで伸びている企業について、投資家やアナリストが将来の予想利益と配当に照らして、適正株価を10ドルまたは20ドルと見積もったとしよう。この２つの株価評価は大きく異なるが、将来の予想利益は同じなのでこの株価評価には企業業績は何の影響も及ぼしていない。この株式を10ドルで買えば、20ドルで購入したときよりも将来のリターンは大きくなるが、それはより少ない投資資金で同じ金額のリターンが得られるからである。その反対に高い金額でその株式を購入すれば、相対的にリターンは小さくなる。

債券の価値は類似債券の利率によって決まる。これに対し、株式の価値を決めるのは現在の利益と株価の関係、すなわちPERである。その企業の利益が長期的に大きく伸びていくと予想されるならば、株価は予想利益成長率が鈍化するときよりも高いPERで買われることになる。一方、予想リターンが小さいときの株価は高く、逆に現在の株価が安ければ将来の予想リターンは相対的に高くなる。このように債券に比べて株価の評価はかなり複雑である。以下ではいくつかの株価評価法について検討するが、第７章では「フィナンシャルフィジックスモデル」による株価評価法を紹介する。

カギとなるのは投資時点のPER

「割安なときに株式を買え」とはサー・ジョン・テンプルトンの言葉であるが、**図5.5**を見るとこのアドバイスの意味がよく分かるだろう。この図には株式投資で成功するカギが示されており、割高（高いPER）な時期に株式を購入すれば、結果的にはマイナスまたはかなり低いリターンしか得られない。その反対に、割安（低いPER）なときに株式を買えば損失となる確率はかなり低く、最終的には大きな利益を手にするだろう。これについて、終了時点のPERは考慮する必要がないのかという質問が出るかもしれない。終了時点のPERも大切なことに変わりはないが、将来のPERがどれくらいの水準にあるのかを現時点で正確に予測することはできない。投資家にできることは、いくつかのシナリオに沿ったPERの予想トレンドから将来のリターンの程度を予想することぐらいである。一般に高いPERで始まった長期相場は低いPER（平均以下のリターン）で終わり、低いPERからスタートした株式相場はその後のPERの上昇を反映して上昇トレンド（平均以上のリターン）をたどる。

こうした重大な事実を知らないで従来の長期スタンスで株式投資に臨めば、PERの低下が投資資金を大きく奪ってしまうだろう。2000年春以降の下降相場では、多くの定年退職間近の投資家がかなりの老後資金を失ってしまった。老若男女を問わずだれでも投資に内在するリスクには常に目を光らせていなければならないが、リタイア間近の人々や長期投資家は特に注意が必要である。相対的に高い水準にある今のPERがこれからさらに上昇していくという希望的観測はあまり現実的ではなく、今後は低下していくか、または現在の高位安定の状態が続くことになるだろう（株式バブル期や一時的な逸脱などの特殊なケースを除いて、株式のPERには20倍前半に合理的な上限があると言われるが、これについては第８章で詳述する）。

図5.5　株式投資の成否を決める出発時点のPER

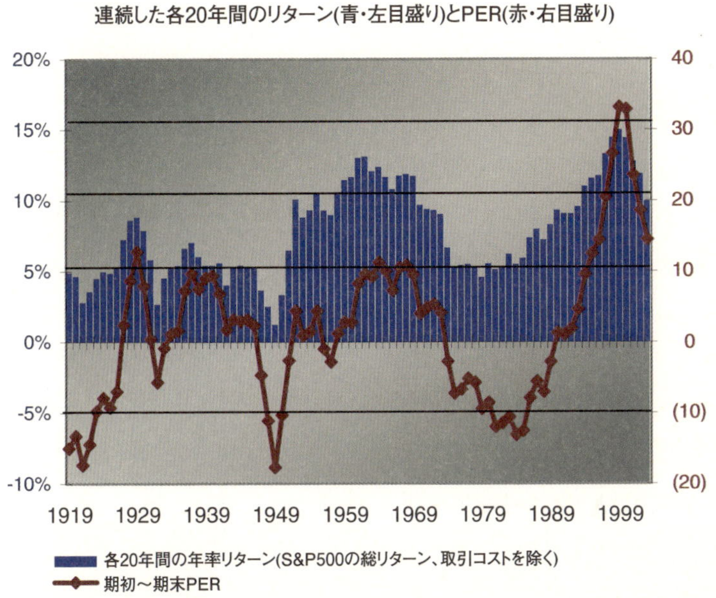

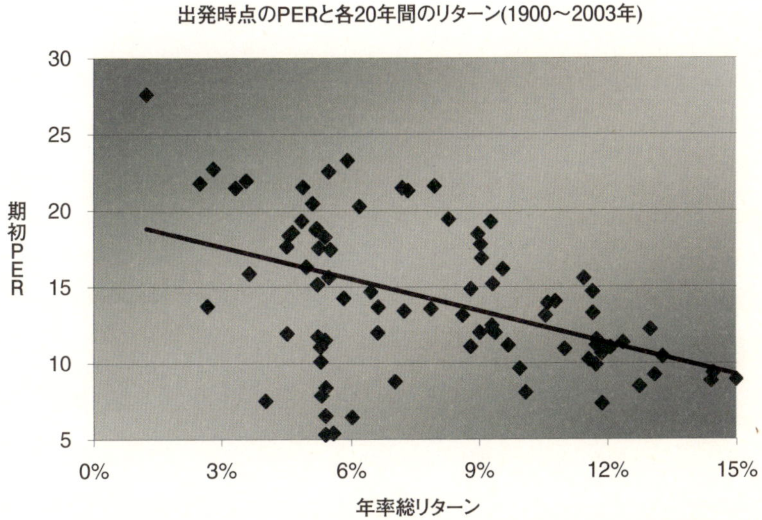

Copyright 2004, Crestmont Research (www.CrestmontResearch.com)

要約

株式の長期サイクルとは季節のようなものである。これらの季節を決めるのはインフレ動向であり、インフレは金融資産のリターンを決定する。長期の上昇・下降相場にはそれぞれの特徴があり、そこでは最終的に得られるリターンや年間のボラティリティも大きく異なる。そのサイクルを決めるのは経済成長ではなく、インフレのトレンドである。そしてそのサイクルの終了時に手にするリターンを決めるのは、投資時点のPERの水準である。すなわち、低いPERで始まった長期相場では平均以上のリターンが得られるが、高いPERでスタートしたサイクルのリターンは平均以下となる。続く第６章では現在の株式サイクルと将来のリターンについて分析する。

第6章

株式のサイクル

The Current Cycle

皆さんはこれまでの株式バブル、特に最近の歴史的な新世紀の株式バブルを覚えておられるだろう。投資家は利益をまったく上げていない企業の株式を競って買ったものである。重要な投資尺度のひとつであるキャッシュフローは将来の利益に取って代わった。カリフォルニア州では大金持ちのシリコンやソフト会社が続々と誕生し、新しいベンチャー起業家たちはそれまでのビジネススーツとネクタイをTシャツに着替えた。株価の上昇は青天井のようであり、新興企業の創業者はもとより、その友人、幹部、そして従業員たちもストックオプションを保有した。株価の成層圏入りでストックオプションの価値も急騰し、わずか数カ月前にビジネスプランを練っていた新興起業家たちは一夜にして莫大な資産を手にした。大金持ちになったのは何もこれらの新興起業家だけではない。IRA（個人積立退職年金）や401k（確定拠出年金）を積み立てていた労働者、そして精肉屋やパン屋の主人たちもみんな大金持ちになった。株式という大型船が快調に帆走しているかぎり、どんな投資法でもうまくいった。

株式のバブル期にはどのような投資法でも利益が出ていたが、非合理的な水準に達した価格がいずれは崩れるように、この株式バブルも突然にして弾けた。2000年にナスダック総合指数は5048.62ドル、ダウ工業株平均は１万1722.98ドル、S&P500は1527.46のピークを付けたが、それ以降の３年間に大きく値下がりした。特にナスダックの暴落ぶりはすさまじく、総合指数は天井までの上げ幅の80％を帳消しした。その結果、ナスダック株の資産は5分の1に急減し、401ｋの積立資産も4分の1以下になった。しかし、2002年４月からの急反発でS＆P500は30％強、ナスダック指数は90％以上も戻した。もっとも、ナスダック株がボトムから90％も急反発したとはいっても、天井からの80％の暴落分を埋めるにはほど遠く、2004年後半には再びピークから半分以下の水準に下げている。ナスダック株の騰落を金額で見ると、100万ドルの資産の80％を失えば手元にはわずか20万ドルしか残らず、その90％（18万ドル）を取り戻したとしてもやっと38万ドルにしかならない。ピークから80％の下落分をすべて取り戻して元の100万ドルにするには、株価がボトムから400％上昇しなければならない。

現在の株式サイクル

株式市場の喧騒から一歩下がって耳を澄ますと、人々のさまざまな声が聞こえてくる。マーケットのチアリーダーたちは新しい強気相場が到来したとはしゃいでいるが、懐疑主義者たちは2003年の株価上昇は長期下降トレンド途上の一時的な反発局面であると反論している。そのほか、2000～2002年の急落は株式バブルで駆け上がった異常な株価水準の修正局面であるという声も聞こえる。後者の人々の見方は、株価はすでに長期下降相場に入ったというものである。

下降相場入りを裏付ける証拠

株価がすでに長期の下降相場に突入したことを裏付ける４つの評価尺度がある。それらは、①高いPER（株価収益率）、②低い配当利回り、③低いインフレ、④低い金利――である。

高いPER

株式バブル期のピークのPERがエベレスト山の頂上（8848m）であるとすれば、現在のPERは少なくともマッターホルンの頂上（4478m）ぐらいはあるだろう。2004年後半現在のS＆P500のPERは20倍半ばにあるが、この水準は1990年代後半や1929年のバブル期を除くと、この100年間ではピーク圏のひとつにあり、この100年間の平均PERよりも50％も高い。さらに不気味なことは、今のPERの水準がアメリカの２つの最長下降相場（1901～1920年と1966～1981年）初期のPERよりも高いことである。もっともこれについては、現在のPERには将来の利益成長が織り込まれているので、今の株価は長期の平均PERに近い水準で評価されているという見方もある。しかし、将来の利益とは確定した数字ではなく、不確定な将来の予想値にすぎない。**図6.1**は実績利益に基づくヒストリカルなPERの推移を示したものであるが、もしも予想利益に基づいて同じチャートを作成したとすれば、その平均PERは15倍以下となるが、これと比較しても現在の予想利益に基づくPERは依然としてかなり高い。以上のことを踏まえて最初の評価尺度（PER）から判断すると、かなり高い水準にある現在のPERがさらに上昇していく可能性は低く、これから低下するか、高位安定する公算が大きい。これは株価が長期の下降相場に入ったことを示唆している。

低い配当利回り

図6.2からも分かるように、現在の配当利回り（１～２％）はこの100年間のボトム水準にある。低い配当利回りが必ずしも弱気相場入りを意味するわけではないが、株価がかなり高い水準にあることだけは確かである。ほとんどの弱気相場が低配当で始まることも、株価の長期下降相場入りを示唆している（強気相場は高配当で始まる）。配

図6.1　1900年以降のPERの推移

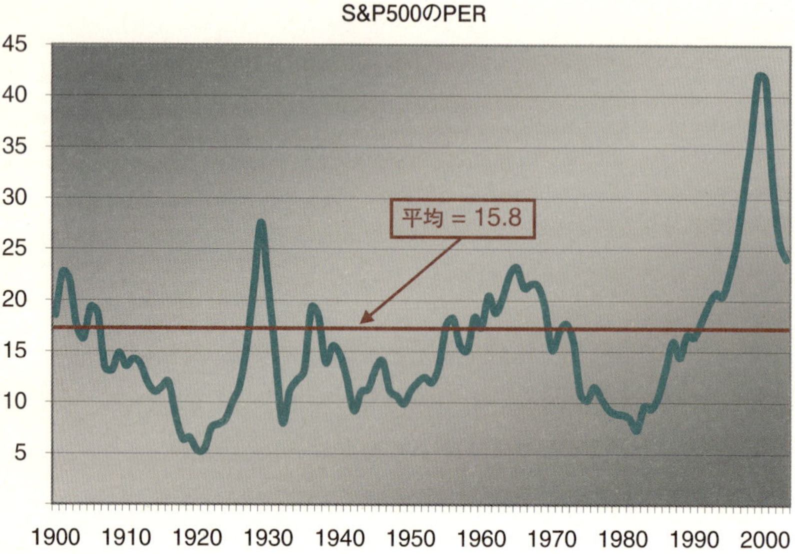

Copyright 2004, Crestmont Research (www.CrestmontResearch.com)

当率とは利益に対する配当の比率を表し、ヒストリカルな配当率はかなり一定している。したがって一般に利益に対する株価が上昇すれば、配当額に対する株価も上昇する。一方、配当利回りは株価と配当額の関係を表しているため、株価が上昇すれば配当利回りは低下する。現在の配当利回りが低いということは、相対的に株価水準が高いことを意味する。この二番目の評価尺度（配当利回り）から読み取れることは、ヒストリカルな平均をかなり下回る今の低い配当利回りは逆に株価が高いことを示しており、これは株価がこれから長期下降相場に入ることを示唆している。

図6.2　1900年以降の配当利回りの推移

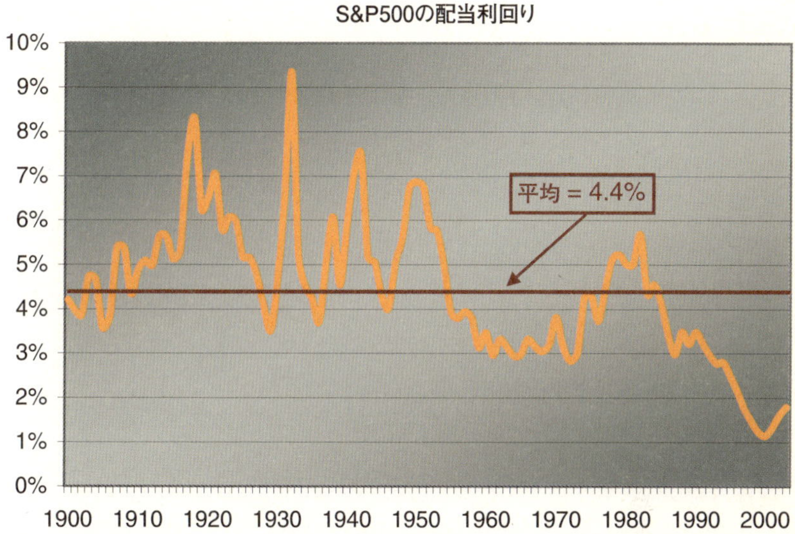

Copyright 2004, Crestmont Research (www.CrestmontResearch.com)

低いインフレ

低いインフレは株式にとって好材料となるが、歴史を振り返るとアメリカでは低インフレの期間が長期にわたって持続したことはなかった。これからインフレ圧力が強まるのか、それともデフレ基調が顕著になるのかは分からないが、いずれにしても株式の長期上昇相場は終わり、長期下降相場がスタートする。アメリカでは長期の物価安定期が続いたことはないので、現在の低インフレ期のあとにはインフレ進行期、またはデフレ期がやって来るだろう。もしも現在の物価安定が今後も続くとすれば、PERも今の20倍前半の水準を維持することになる。しかし、インフレが進行したり、デフレトレンドが強まれば、

図6.3　1900年以降のインフレ率の推移

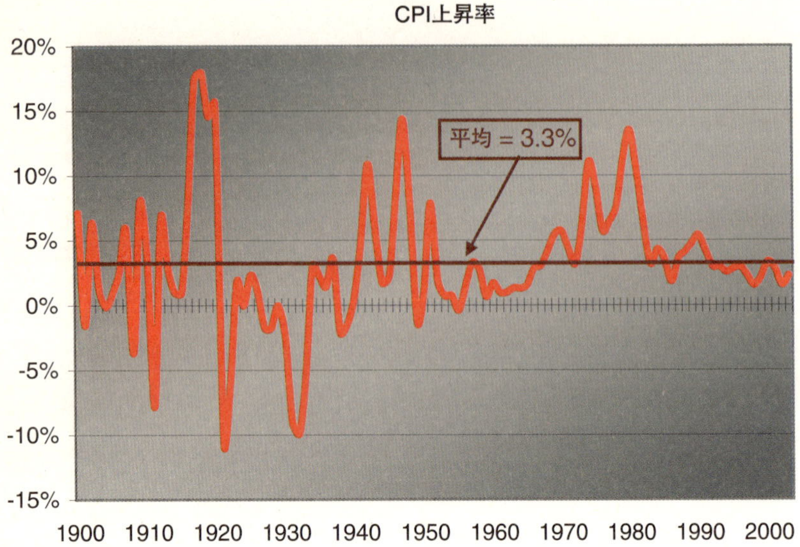

PERは低下するが、これは株式の長期下降相場入りのシグナルとなる。もっとも、主要な評価尺度のひとつであるCPI（消費者物価指数）で測定したインフレ率を見るかぎり、物価は引き続き安定しており、ヒストリカルな平均値の3.3％を下回っている。

インフレは投資家にとって大きな頭痛の種であり、チャールズ・エリスもその著『敗者のゲーム――なぜ資産運用に勝てないのか』（日本経済新聞）のなかで次のように述べている。

「あらゆる投資家はひとつの恐るべき、そしてあまりにも過小評価されている共通の敵を持っている。それはインフレーションという、極めて侮りがたい敵である。インフレの脅威は、ほとんどの投資家を悩ませる。毎日や循環的な相場変動に関連しているからではない。

インフレのじわじわと浸食していく力こそが本当に恐ろしいからだ。……年率５％のインフレが続けば、購買力は15年以内に半減する。次の15年間でさらにその半分になる。年率７％のインフレが続けば、あなたの購買力は21年間に現状の25％まで落ちる。61歳で早めの引退をした場合、平均寿命の82歳まで21年ある。これは明らかに重大問題である。特に引退して、インフレによる購買力の恐るべき減少を埋め合わせるだけの収入の道がない場合にはなおさらである」

インフレの悪影響は多岐にわたり、そのひとつは購買力の低下であるが、インフレの元凶は政府による紙幣の増刷や信用の過剰提供である。これについてある作家は、政府はすぐに紙にインクを塗り付けて紙幣の価値を台なしにすると嘆いている。アメリカ経済が近い将来に高インフレか、デフレのどちらに向かおうとも、そこに待っているのはPERの低下と長期下降相場の始まりである。三番目の評価尺度（インフレ）が示唆しているのは、ヒストリカルな平均水準をかなり下回る現在のインフレ率が上昇・低下のどちらに向かおうとも、そのどちらも株価には悪材料になるということである。現在の物価安定が崩れたときが長期下降相場の本格的な始まりとなる。

低い金利

高所から急下降したジェットコースターは、今度はその反動ともいえるようなスピードで急上昇する。これと同じように、長期にわたる低金利は経済と証券市場にとっては追い風となったが、今後金利が急上昇するとそれは株式と債券を直撃するだろう。現在の金利は過去40年来のボトム圏にあるため、今後の金利上昇で債券価格が急落するリスクはますます高まっている。これについて金融専門家のジム・グラントは自ら発行するニュースレター「グラントの金利オブザーバー」のなかで、無リスク金利の指標債券である米財務省証券も今後はリタ

図6.4　1900年以降の金利の推移

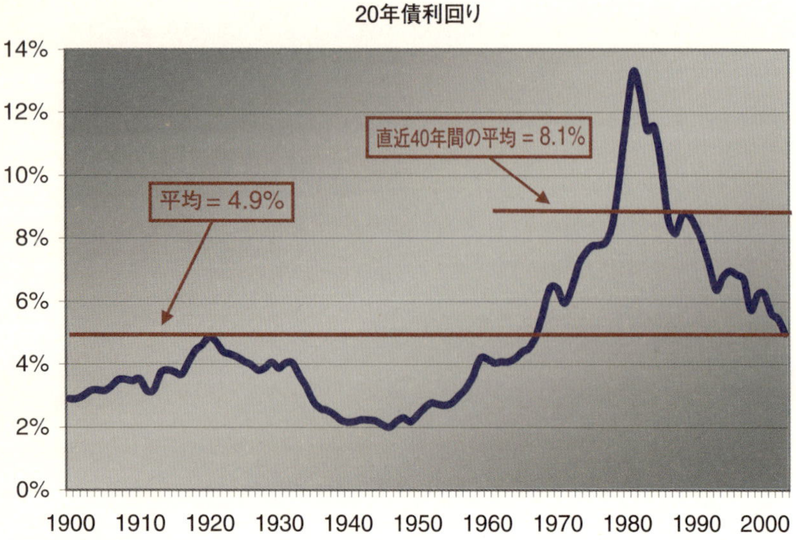

Copyright 2004, Crestmont Research (www.CrestmontResearch.com)

ーンよりも「無金利リスク」のほうが大きくなるかもしれないと述べている。

低金利と低インフレはともに株式にとっては好材料であり、株価上昇の大きな原動力となる。しかし、これまでの低い金利とインフレが上昇に転じれば、PER、株価、そして債券価格も下落するだろう。長期金利は2004年現在で相対的に低い水準にあるが、歴史的なボトム圏というわけではない。長期金利が今後数年間に上昇するか、低下するのかについては見方が分かれているが、多くの専門家は金利の上昇を予想しており、そうなればインフレ圧力も強まるだろう。一方、FRB（連邦準備制度理事会）がインフレ率を（物価が安定している）今の水準に維持し、インフレ進行の押さえ込みに成功すれば、長期金利は今後も緩慢なペースで下げ続けるだろう。以上のことを踏まえて四番目の評価尺度（金利）から将来を予想すると、40年来の相対的に低い金利は株式を高い水準に維持してきたが、今後金利が上昇に転じれば、株式の長期下降相場入りのシグナルとなる。一方、金利がさらに下げ続ければ現在のPER水準を下支えするが、たとえそうなったとしてもPERをさらに押し上げて新たな強気相場が再来することはないだろう。

すべての出来事は最善である

ボルテール（フランスの作家）の哲学小説『カンディード』（岩波書店）に登場する底抜けに楽天的な哲学者のパングロスは、「何でも起こるこの世界においては、すべての出来事は最善である」と主張する。この言葉を心に留めて、株式投資にとって何が最善の条件なのかをちょっと考えてみよう。ベストの条件とは割安な株価、高い配当、低位安定に向かうインフレ、PERの上昇、金利の低下とPERのさらなる上昇――などであろう。しかし、株式にとって有利なこうした条件は現在では存在していない。それどころか、高い株価、低い配当利回り、インフレと金利が上昇する可能性など悪条件ばかりがそろっている。パングロス博士の楽観的な世界観とは正反対に、現在の状況は株式の長期下降相場入りを示唆している。こうしたときには国民的な作家という顔のほかに、ボルテールのもうひとつの顔である冷徹なリアリストという投資スタンスが求められる。リアリストのボルテールはトウモロコシ、ベーコン、その他の投資商品の投機で大儲けした。さらに彼は投資シンジケートに加わり、考えられるすべてのリスクを回避しながら、統計的手法を駆使して宝くじで賞金を稼いでいたと言われる。そのひとつのやり方は、外れくじばかりが続いて最後に当たりくじを引く確率がかなり高くなったときに、残りの宝くじ全部を買い占めるというものだった。

宝くじと同じように、配当も投資家にとっては大きな楽しみであるが、配当は単なる投資家へのプレゼントだけにとどまらず、株式相場の割高度・割安度を判断する重要な評価尺度でもある。多くの投資家にとってPERは依然として主要な株価評価尺度であるが、配当利回り（１株当たり配当額÷株価）もかなり有効で信頼できる評価尺度である。多くの企業は株主に対して、四半期、半年または１年ごとに利益の一定額を配当として支払う。この定期配当を目的にその企業の株式を購入する投資家もかなりおり、減配や無配になるとその企業の株式は一斉に売られるため、企業側は何としても安定配当を維持しようとするからである。

配当とPERの関係

図6.5は1900〜2003年の配当利回りとPERに関係を示したものである。これを見ると、配当利回りが低いときは株価は高く（PERも高い）、配当利回りがかなり高いときは株式がバーゲン価格になっているのが分かるだろう（PERも低い）。すなわち、株価が安いときは配当利回りが上昇し、株価が割高になったときは配当利回りが低下する。配当とPERのこうした逆相関の関係は偶然のように見えるが、実際には必然の結果である。配当利回りとは年間の配当額から見た株式投資のリターンであり、個別株式またはインデックスの株価と配当水準を比較したものである。一方、PERとは株価とEPS（１株当たり利益）を比較したもので、PERを逆にすると益回り（EPS÷株価）となる。ヒストリカルな平均配当率は利益の50％となっているため、平均配当利回りは益回りの2分の1となる。配当利回りと益回りは順相関、PERと配当利回りは逆相関の関係となる。すなわち、PERが上昇すれば配当利回りは下がり、PERが低下すれば配当利回りは上昇する。

配当額は営業利益や内部資本に基づいて決められるが、株価を決定

図6.5　配当利回りとPER

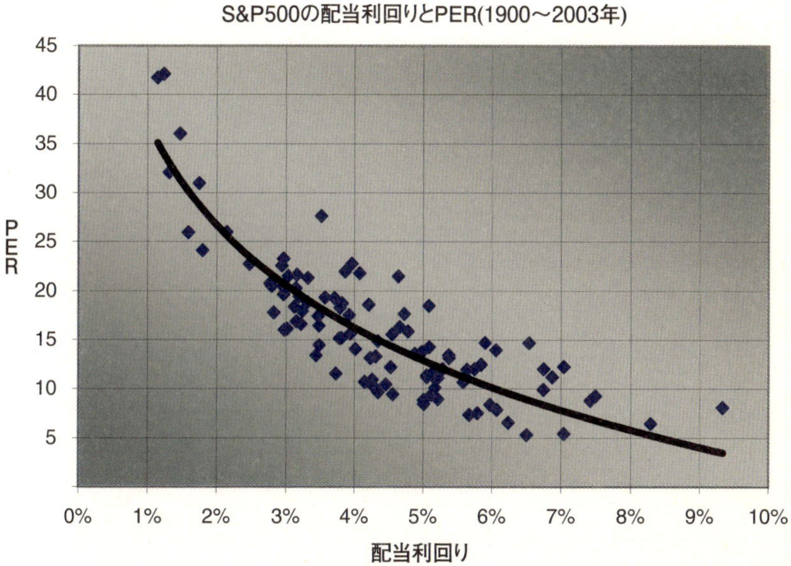

Copyright 2004, Crestmont Research (www.CrestmontResearch.com)

するのはマーケットであり、それは投資家一人ひとりの決断を反映している。このように配当利回りは配当額と株価によって決定される。例えば、ある株式の年間配当額が１株当たり２ドル、株価が40ドルであるとすれば配当利回りは５％となる。株価が67ドルに上昇すれば、配当利回りは３％に低下する。１株当たり配当額はその株式の買値とは何の関係もなく（配当額は利益と内部資本に照らして決まる）、投資家が割高な価格（高いPER）でその株式を購入すれば、低い配当利回りに甘んじなければならない（その反対に割安な値段で買えば、配当利回りは高くなる）。今でもまだ高い配当利回りを期待する投資家も少なくないが、現在の株高の時期に平均並みか、それ以上の配当利回りを望むのは非現実的である。

株価評価尺度としての配当

配当利回りは株価評価の有効な尺度として利用できる。多くの投資家はPERを株価評価の主な尺度としているが、PERは利益が大きく落ち込む不況期などにはかなり歪められる。一方、配当は利益よりも安定しており、PERのベースとなる利益に比べて一時的な調整や会計費用の増減などの操作が加えられることはない。こうした理由から、配当利回りは株価評価の有効な尺度のひとつとなる。かなり低い現在の配当利回りは株価が相対的に高い水準にあるというPERのシグナルを裏付けている。2004年までの数年間の低い配当利回りは高い株価と大きい投資リスクを示唆しており、これらの評価尺度のシグナルを総合的に判断すると、今後数年間には株式市場から満足すべきリターンは得られないだろう。これについて、著名な投資顧問として有力なニュースレターを発行しているリチャード・ラッセルは次のように述べている。

「利益はいろいろな方法で表示されるうえ、何かと操作されることが多い。２人のアナリストの間でも現在のS&P500の水準を前年度の実績利益、将来の予想利益またはコア収益のどれで評価すべきかについては意見が分かれる。配当はこれとはまったく別だ。配当については議論の余地がないし、それが何であるのかはだれでも知っている。つまり、配当については調整、虚偽の表示、会計操作などを加えることはできない。チャールズ・ダウは配当利回りを使ってダウ平均株価の割高度・割安度を判断していた」

現在の配当利回り

それでは現在のS&P500の配当利回りを見てみよう。今のその水準は２％以下と歴史的なボトム圏にあり、どう考えても株価が歴史的にも魅力的な水準にあるとは言えない。もっとも株式市場には、「確かに今の配当利回りは低いが、まもなくヒストリカルな平均水準の3.5％以上に戻るだろう」と予想する楽観的な人々もいる。株価がまったく動かないで利益と配当が増加したり、または株価だけが下落すれば、そうしたこともあり得ないではない。しかし、配当利回りが歴史的な平均水準に戻るためには、株価は今よりも30％以上も下げなければならない。抜け目のない投資家は野球の大バッターと同じように、ボール（現実）をよく見ている。一方、配当利回りの上昇を期待するような投資家は、手前のボールに神経を集中させてヒットを打たなければならないときでも、ホームランを打つことばかり考えているバッターのようなものである。おそらく両者は三振となるだろう。バッターと投資家にとって成功するカギは現実を直視することである。

将来のリターンの予測

将来のリターンについてはいろいろな推測が出ているが、経済と利益の成長、インフレ率、金利そして株価（PERの水準）などを総合的に考えて行う予測はほとんどない。株式と債券のリターンを比較した**図6.6～図6.8**では、1982～1999年の歴史的な大相場の株式と債券のリターン比較のほか、2010年までの予想リターンについても詳しく分析している。株式の総リターンは利益成長、配当およびPERの上昇・低下によって決まり、債券のリターンは表面利率と金利変動による債券価格の上昇分・下落分の２つで構成されている。

図6.6は1982～1999年の長期上昇相場における株式と債券のリターンを比較したもので、この期間の株式リターンに対する利益成長の寄与率は5.9％、これに平均配当利回りの3.1％を加えると９％のリターンとなる。しかし、何といってもこの期間中の最大の貢献者はPERの上昇であり、10％以下から20％以上に上昇したPERの寄与率を８％と

図6.6　株式と債券のリターン比較（1982～1999年）

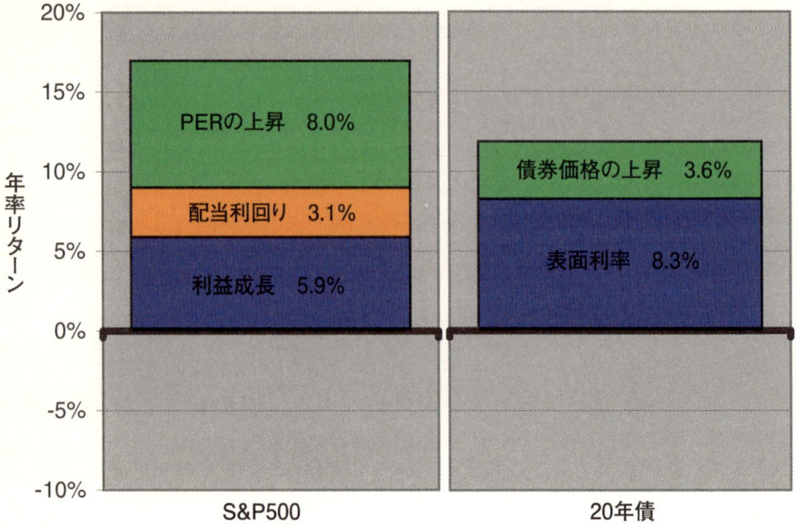

実績 1982–1999		実績 1982–1999
17%	年総リターン（取引コスト・税金を除く）	12%
3%	平均インフレ率	3%
14%	実質リターン（取引コスト・税金を除く）	9%

図6.7　株式と債券の予想リターンの比較（低インフレの場合、2004～2010年）

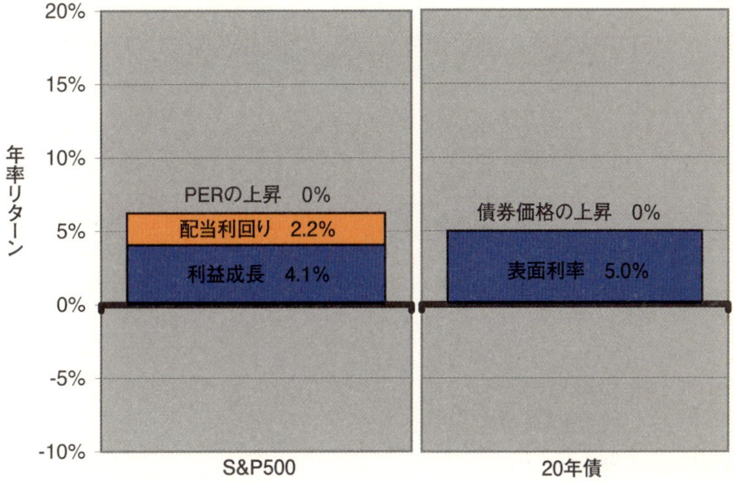

予想 2004–2010		予想 2004–2010
6.3%	年総リターン（取引コスト・税金を除く）	5.0%
1.5%	平均インフレ率	1.5%
4.8%	実質リターン（取引コスト・税金を除く）	3.5%

すると、この18年間の株式投資の総リターンは17％となる。一方、同じ期間中の債券のリターンを試算すると、出発時点の10％以上の金利を反映した平均利率の寄与率が8.3％、それにこの期間中の金利低下に伴う債券価格の上昇分3.6％を加えると債券投資の総リターンは約12％となる。金融商品の投資家にとって、この最後の大相場は本当に報われた約20年間であった。

図6.7は低いインフレが続くと仮定した2004～2010年の楽観的なシナリオであり、ここでは物価安定と高い株価の持続が前提になっている。この予想によれば、（取引コストなどを除く）株式の年総リターンは6.3％、そこから低位安定の予想インフレ率1.5％を差し引くと平均実質リターンは4.8％となる。一方、債券の実質リターンは表面利率の5.0％から予想インフレ率1.5％を差し引くと3.5％となる。株式についてはインフレ率が平均1.5％の低水準で推移し、名目利益成長率を平均以下の約4.5％と予想すると、約４％の利益成長が株式のリターンに寄与する。これに現在の株価水準に基づく予想配当利回りの2.2％を加えると、諸経費・インフレ未調整の株式の総リターンは6.3％となる。これに対し、20年債の2004年後半現在の表面利率は約５％、今後６年間に金利が安定またはわずかに低下すると仮定した場合、債券価格の変動は加味されないので債券の総リターンはクーポン利率だけの5.0％となる。

図6.8は平均的なインフレ率（３％）になると仮定したときのシナリオであり、ここでは金利の上昇率も穏やかなもので、PERは低下すると予想している。予想平均インフレ率を３％としたのは、約1.5％という現在のインフレが緩慢なペースで上昇し、2010年には4.5％になるという予想に基づいている。PERとインフレ率とのヒストリカルな関係に照らして試算すると、インフレ率が（歴史的な平均水準をわずかに上回る）4.5％に上昇すると仮定すれば、PERは（歴史的な平均水準をわずかに下回る）約13.5倍となる。このインフレ率と金利上

図6.8　株式と債券の予想リターンの比較
（平均インフレの場合、2004～2010年）

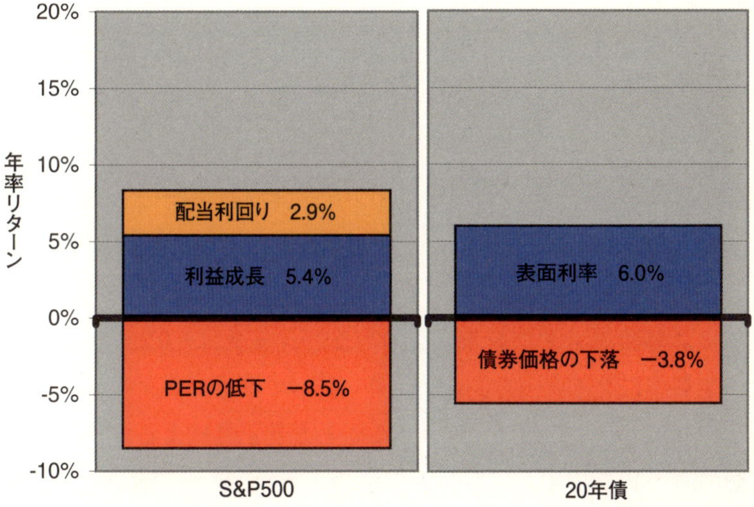

予想 2004–2010		予想 2004–2010
- 0.2%	年総リターン（取引コスト・税金を除く）	2.2%
3.0%	平均インフレ率	3.0%
- 3.2%	実質リターン（取引コスト・税金を除く）	- 0.8%

昇によるPERの低下分（－8.5％）を差し引くと、2004～2010年の株式投資の総リターンは－0.2％となる。

株式リターンの予測ではこの期間中の平均インフレ率を３％、期末のインフレ率を4.5％と仮定している。アメリカが今後も約６％の名目平均経済成長率を維持するとすれば、株式リターンに対する利益成長の寄与率は約5.4％となる。これに株価低下で上昇する平均配当利回りの2.9％を加える。一方、インフレの緩やかな進行でPERは低下するが、インフレ率を平均以上の4.5％と予想するとPERは平均以下の13.5倍となる。PER低下による差し引き分が－8.5％となるので、株式の（諸経費・インフレ未調整の）総リターンは－0.2％という失望すべき数字になる。一方、金利上昇に伴って債券の表面利率も上昇するとの予想から平均６％とし、ここから金利上昇による債券価格の下落分3.8％を差し引くと、債券の総リターンもわずか2.2％にとどまる。

今後の投資スタンス

以上述べた過去と将来の株式と債券のリターン比較は、今後の株式投資を考えるうえで大きな参考になるだろう。長期下降相場の初期に当たる現在では、株式市場には大きなリスクとともに相応のチャンスも存在する。続く各章では今の相場環境に適した実現可能な投資アプローチについて検討する。さらに株式投資のリターンや株式の長期サイクルをもたらす要因などについても分析する。まずフィナンシャルフィジックスモデルについて説明したあと、これに基づいて10年後の株式投資のリターンを予測する。

第３部のキーポイント

1．PERのトレンドによって株式の長期上昇・下降相場が形成されるが、そのPERのトレンドを決定するのはインフレ動向である。

２.「Ｙカーブ効果」とは、PERとインフレ（またはデフレ）の緊密な関係を表したものである。

３. 現在の株式と債券市場からは、相対的に低いか、マイナスのリターンしか期待できない。

第Ⅵ部

フィナンシャルフィジックス

Financial Physics

第7章

フィナンシャルフィジックス

Financial Physics

物理の法則を使えば宇宙に突進する宇宙船のスピードや方向が予測できるが、それならば将来の株式相場の方向を予想できるような法則は存在するのだろうか。また株価の中期的な予想を可能にする信頼できる原則はあるのだろうか。今後５年、10年または20年間に株式市場から得られるリターンを知りたいと思う投資家のために、クレストモント社は「フィナンシャルフィジックス（Financial Physics）」モデルを開発した。それは株式市場の将来を見通し、それに見合った合理的な投資スタンスを決定し、さらにマーケットに流布するのが有益な情報か、有害な情報なのかを選別するためのものである。

将来の株式相場の予測

株式相場とは個別企業の株価を集合したものであり、そこで使われる個別株式の評価尺度は株式市場全体にも当てはまる。一般に金融資産の主な価値評価尺度は将来の期待キャッシュフローであり、期待キャッシュフローが大きいほどその資産の価値は高くなる。期待キャッシュフローに影響を及ぼす要因としては、生み出されるキャッシュの時期（近い将来に得られるキャッシュのほうが遠い将来に手にするキャッシュよりも価値がある）、キャッシュの発生スピード（速いペースでキャッシュを手にしたほうがよい)、キャッシュが得られる確実さ（安定してキャッシュを生み出す資産のほうが価値がある）――などがある。株式のキャッシュフロートとは値上がり益と配当である。

投資家が資産価値に影響を及ぼすすべての要因を評価するように、株式市場も全体の株価水準を総合的に決定する。株式の主な評価尺度はPER（株価収益率）である。PERには投資家がお金を出してもよいというその企業の利益水準が反映されている。株価はEPS（１株当たり利益）×PERで決定される。これを逆に言えば、株式市場全体または個別株式の株価は、EPSとPERという２つの変数で説明できるということである。株式市場全体の代理指数としてはよくS&P500が使われるので、以下の分析で使うEPSはS&P500構成企業の１株利益とする。もうひとつの変数であるPERもS&P500構成企業の株価をEPSで割ったものとし、株式市場全体の株価はこの２つの変数を掛けたものとなる。

S&P500の株価　=　EPS　x　PER

例えば、S&P500のEPSが50ドル、PERが20倍であるとすれば、株式市場全体の株価は1000ドルとなる。

S&P500の株価　=　EPS　x　EPS

1,000　=　$50　x　20

PERは株価の割高・割安度を評価する主な目安となるが、投資家が知りたいのは将来のある時点での予想株価であろう。というのは、投資家がお金を出してその株式を購入するのは現在であるが、その買い物の善し悪しが決まるのは将来であるからだ。将来の妥当な株価を予想するには、将来の予想EPSとPERを算出して、この２つの変数を掛ければよい。

将来の予想株価 ＝ 将来の予想EPS x PER

それならば、５年先や20年先の妥当なEPSとPERを予想することははたして可能なのだろうか。その答えは「イエス」である。クレストモント社のフィナンシャルフィジックスモデルを使えば、将来の予想EPS、PERおよび株価を合理的に予測することができる。このモデルの実用的なメリットは、数十年先の株式投資のリターンも予想できることである。将来の予想リターンを算出したら、それをヒストリカルなリターンの数値と比較してそれが妥当な数字かどうかを評価する。2004年後半現在の合理的な予想によれば、今は株式投資にとって有利な時期ではない。

以下ではフィナンシャルフィジックスモデルについて説明したあと、この大局的またはマクロ株価予想モデルの役割、さらにこのモデルを使って将来の株価をどのように予想するのかなどについて述べる。一般投資家にとってさまざまな経済と株式の変数を分析するのは難しいため、以下ではこのフィナンシャルフィジックスモデルを通してそれらについて順を追って説明していく。それによって経済と株式の長期的な関係を大きく左右するのはインフレであることが分かる。一見すると経済と株式には直接的な関係は存在しないように思われるが、このモデルを使えばインフレが株価に極めて大きな影響を及ぼしているのが理解できるだろう。フィナンシャルフィジックスモデルによれば、インフレが経済と株式に及ぼすファンダメンタルな影響という相関関係がよく分かるので、マーケットに流布している玉石混淆の情報を選別し、信頼できる投資アドバイスなどをうまく活用して株式投資のリターンを高めることができるだろう。

フィナンシャルフィジックスモデル

フィナンシャルフィジックスモデルとは、株価の大きな方向を決定する経済と株式の主な変数の相関関係をマクロ的に表したものである。具体的には経済と利益成長、PERと株価などの関係をひとつの図にまとめたもので、これを見ればインフレ（またはデフレ）が経済成長、企業収益およびPERの方向に及ぼす影響とその理由、さらに株式投資のリターンは経済成長よりもPERのトレンドによって決まることなどがよく分かる。このモデルを詳しく説明する前に、その概要と構成変数などについて概説しよう。

フィナンシャルフィジックスモデルの経済変数は実質GDP（国内総生産）成長率、インフレ率、名目GDP成長率の３つである。そして株価に直接影響を及ぼすPERとEPSの２つが株式変数である。それではこれらの変数は相互にどのような関係にあるのだろうか。まず最初の変数である実質GDP成長率は、（インフレを考慮しない）経済成長率がこの１世紀（特にこの35年間）にほぼ一定（年率平均でほぼ３%）で推移しているため、約３%を確定値とする。次にほかの変数に大きな影響を及ぼす将来のインフレ率は不確定の変数である。三番目の名目GDP成長率は将来の予想利益のベースとなる変動変数であるが、それ以上に重要なのはPERのトレンドと株価を大きく左右するインフレ率であり、この不確定変数の将来の動向が株価とリターンを決

図7.1　フィナンシャルフィジックスモデル

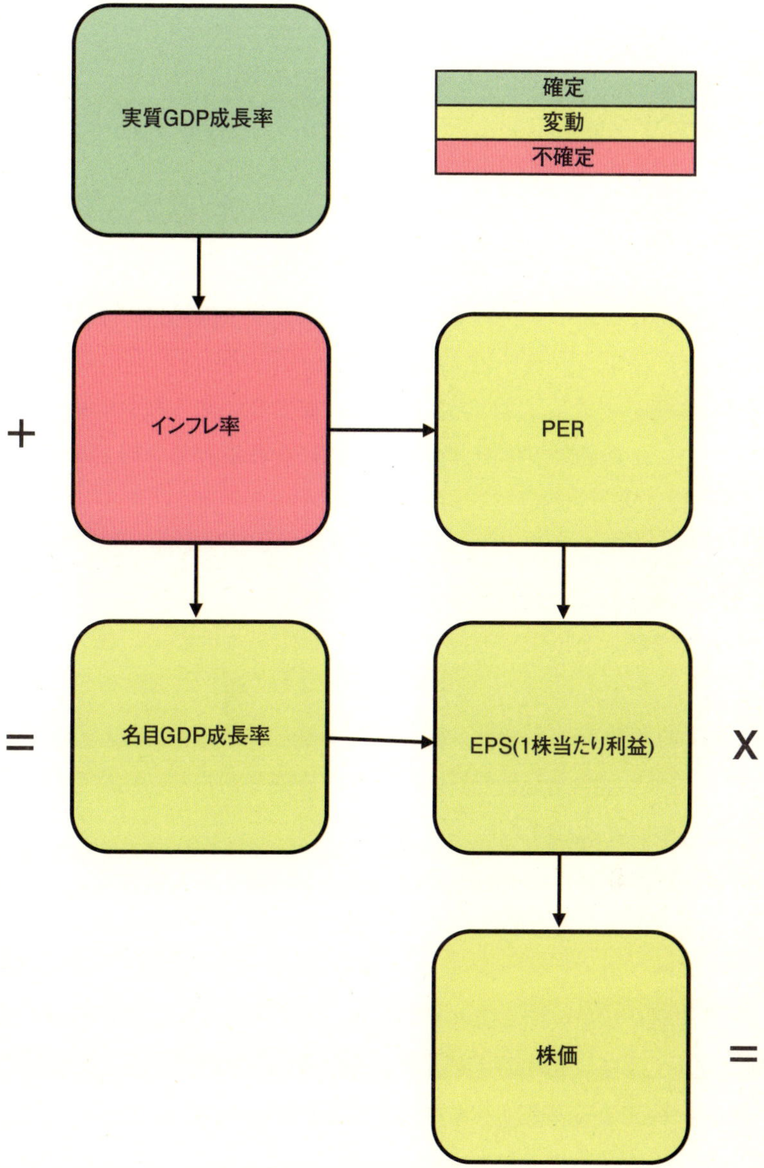

Copyright 2004, Crestmont Research (www.CrestmontResearch.com)

定する。以上の構成変数を念頭に置きながら、フィナンシャルフィジックスモデルについて具体的に説明していこう。

フィナンシャルフィジックスモデルの主要な変数

まずこのモデルの３つの経済変数について説明する。

1．実質GDPとはインフレを考慮しない財・サービスの生産高で、企業がそれらを多く販売すれば実質GDPは上昇する。
2．一般にインフレとは財・サービスの需要を上回るお金が流通したときに起こる物価の上昇で、過剰流動性による購買力の低下がインフレと呼ばれる。
3．名目GDP成長率とは実質GDP成長率＋インフレ率、すなわち実質GDP成長率に物価上昇率を加えたものである。これはすべての企業の総販売額を表す。

これら３つの経済変数はエコノミストなどには常識であろうが、一般投資家にとってはあまり馴染みのないものであろう。次に２つの株式変数について説明する。

1．EPS（１株当たり利益）とは企業の純利益を発行済み株式数で割ったもので、フィナンシャルフィジックスモデルではS＆P500のEPSを株式市場全体の代理変数として使っている。
2．PER（株価収益率）とは株価をEPSで割ったもので、投資家がS＆P500の株式を買えるすべての期間の利益水準を表している。

これらの株式変数は一般投資家でもよく知っている株価評価尺度であり、フィナンシャルフィジックスモデルにとっても将来の株価を予測するうえで不可欠の変数である。次にヒストリカルな経済成長率について説明するが、意外なことにこの１世紀のアメリカの実質経済成長率はほぼ３％前後で安定的に推移している。

実質GDP成長率

実質GDP成長率とはインフレ（またはデフレ）を加味しない経済成長率で、全企業の生産単位の総売上額を指す。例えば、鉛筆というひとつの商品だけを生産する経済を考えると、毎年の販売本数が変わらなければ、実質GDPも変化しない。もしも販売本数が前年比３％増加すれば、実質GDPの成長率は３％となる。実質GDP成長率は政府が四半期ごとの推計を発表したあと、メディアを通じて伝えられる。実質GDP成長率はその国の生産伸び率を表している。

図7.2は実質GDP成長率のヒストリカルな推移を示したもので、これを見るとアメリカのこの100年間の実質GDP成長率はほぼ一定であることが分かる。この期間中に人口が着実に増加し、それらの人々と機械設備の生産伸び率が安定的に推移してきたことを示している。ときにその成長率が大幅に上昇したり、または大きく低下したこともあったが、この数十年間ではほぼ平均的な伸び率で安定推移している。この１世紀の年実質GDP成長率は平均3.5％であり、ほとんどの各10年間では３～4.5％の成長率となっている。（大きな下降・上昇相場と歴史的な株式バブルがあった）この30年間の実質GDP平均伸び率は、1970年代が3.3％、1980～1990年代が３％となっている。

実質GDP成長率はこの30年間のほぼ一定で推移してきたが、それでは2000年以降の成長率はどのようになっているのだろうか。新世紀の当初４年間の成長率は３％以下にとどまっているので、この10年間の成長率をヒストリカルな平均値に近づけるには、今後６年間の平均成長率を３％以上にしなければならない（2003～2004年の実質GDP

図7.2　実質GDP成長率

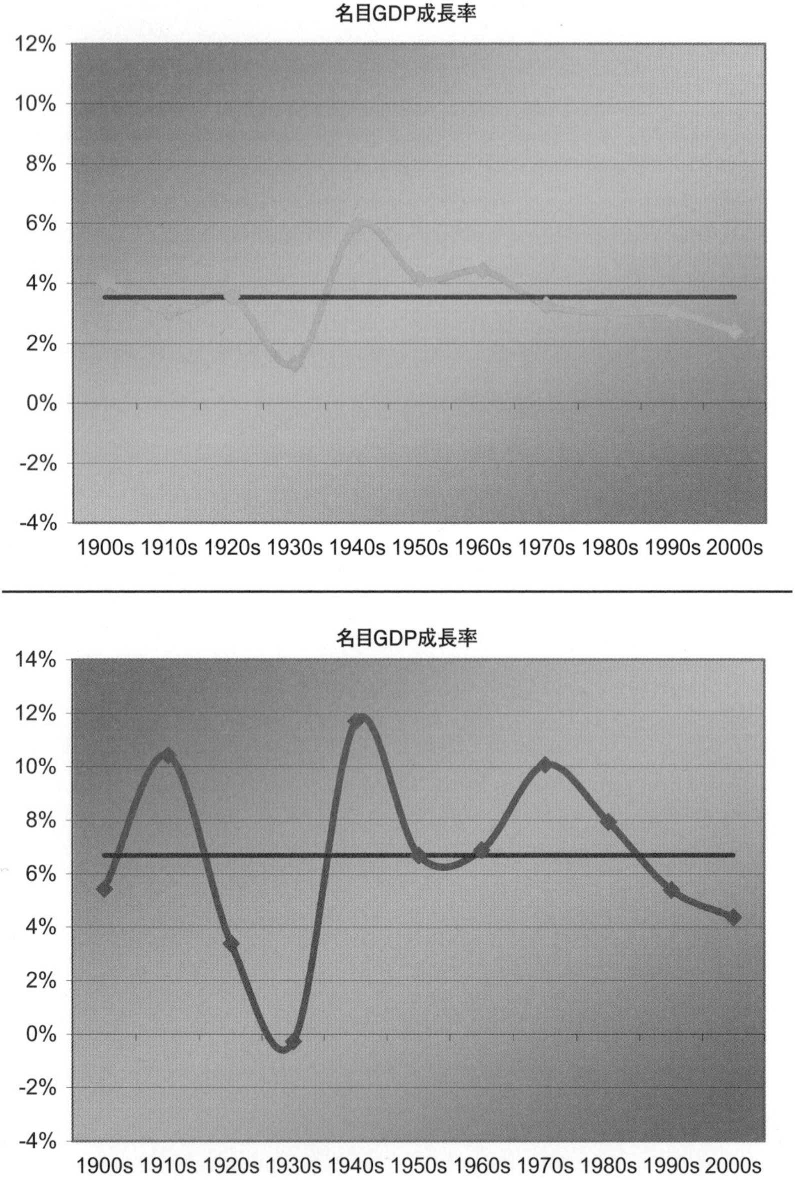

Copyright 2004, Crestmont Research (www.CrestmontResearch.com)

インフレ率

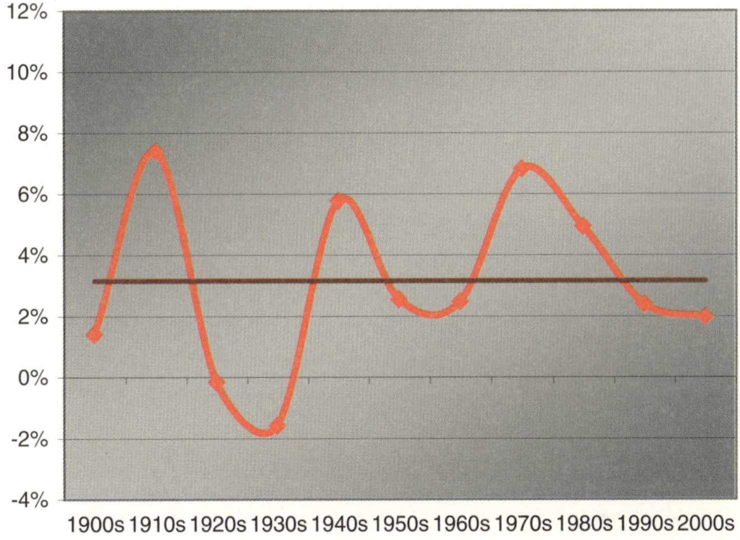

年単純平均

各10年間	名目GDP成長率	実質GDP成長率	インフレ率
1900s	5.4%	4.1%	1.4%
1910s	10.4%	3.0%	7.4%
1920s	3.4%	3.6%	-0.2%
1930s	-0.3%	1.3%	-1.6%
1940s	11.7%	6.0%	5.7%
1950s	6.7%	4.2%	2.5%
1960s	6.9%	4.4%	2.5%
1970s	10.1%	3.3%	6.8%
1980s	7.9%	3.0%	4.9%
1990s	5.4%	3.0%	2.4%
2000–2003	4.4%	2.4%	2.0%
1900–2003	6.7%	3.5%	3.1%

成長率は３％を上回った）。この１世紀の実質GDP成長率が平均３％で安定推移してきたことから、フィナンシャルフィジックスモデルの最初の変数である実質GDP成長率は３％の確定値とした。次の変数はEPSと経済成長を大きく左右するインフレ率である。

売上高と利益を反映する名目GDP

既述したように、名目GDP成長率とは実質GDP成長率＋インフレ率であり、例えば実質GDP成長率が３％、インフレ率が２％であるとすれば名目GDP成長率は５％となる。前述の鉛筆の例によれば、鉛筆の販売本数が３％増加し、その価格が２％上昇すれば、名目GDP成長率は５％となる。実質GDP平均成長率は約３％だったが、各期間のインフレ率にばらつきがあることから、名目GDP成長率は実質GDP成長率ほどは安定していない。しかし、この１世紀の名目GDPの年平均成長率を算出すると6.7％になる（実質GDP成長率3.5％＋インフレ率3.2％）。

それでは名目GDPと企業活動の間にはどのような関係があるのだろうか。一般に名目GDPとはすべての企業の公表収益（または売上高）と見られる。したがって経済全体の成長率を検討するときは、企業の商品・サービスの総販売高に影響を及ぼす２つの要因を考慮しなければならない。そのひとつは販売する商品・サービスの数量そのものであり、もうひとつはそれらの価格を左右するインフレの影響である。米企業全体の総売上高はこの１世紀に平均6.7％のペースで増加しており、この経済成長率にインフレ率を加えたものがアメリカ経済全体の成長率（名目GDP成長率）となる。

三番目の焦点は経済成長と利益の関係である。フィナンシャルフィジックスモデルでは、利益は売上高から生まれ、この２つはほぼ同じペースで伸びるという前提に立っている。大手企業で構成するS

＆P500の利益成長率は、米企業全体の利益成長率をわずかに下回る。企業のなかにはスタートアップ企業や急成長を続ける新興企業も含まれるので、これらの高成長がアメリカ企業全体の利益成長率を押し上げている。企業の売上高と利益の関係は、ちょうど気丈な祖母と弱虫の男児の関係に似ている。この２人が散歩に行くと最初は男児が祖母の前を元気に走っていくが、そのうち疲れて祖母に追い抜かれ、最後には祖母のあとをついていくといった具合である。

企業経営者や投資家は経験上から、利益は販売高よりもばらつきが大きいことを知っている。不況になれば利益もかなり落ち込むが、その影響は一時的である。不況やその他の景気停滞期が終わると、利益は再び売上高に見合った水準まで戻っていく。**図7.3**を見れば分かるように、この１世紀のS＆P500企業の利益成長率は年平均で5.9％だった。この伸び率は全企業の販売伸び率をわずかに下回っているが、それは企業全体のなかに急成長の新興企業などが含まれているからである。利益は売上高から生まれるというのは当たり前の事実であるが、この２つの関係はかなり誤解されているようだ。この１世紀の２つの伸び率を見ても、利益が売上高の伸び率を上回ったことは一度もない。こうした厳然たる事実があるにもかかわらず、長期にわたり利益が売上高よりも速いペースで伸び続けることもあると主張する専門家もいる。しかし、そうしたことは現実にはあり得ない。長期にわたって利益が売上高よりも大きく伸び続けるならば、そのうち利益が売上高の伸び率を上回ってしまう。そんなことが起こるはずはなく、利益成長率が売り上げ伸び率を追い越すことは絶対にない。

一方、全体として売り上げ伸び率が大幅に鈍化しても、利益成長率はそれほど大きく落ち込まないものである。売上高が減少するたびに利益がそれ以上も落ち込んでいたら、そのうち利益などはなくなってしまうだろう。以上のことをまとめると、フィナンシャルフィジックスモデルの三番目のポイントとして、利益成長率と売り上げ伸び率（名

図7.3　経済成長率とEPS伸び率

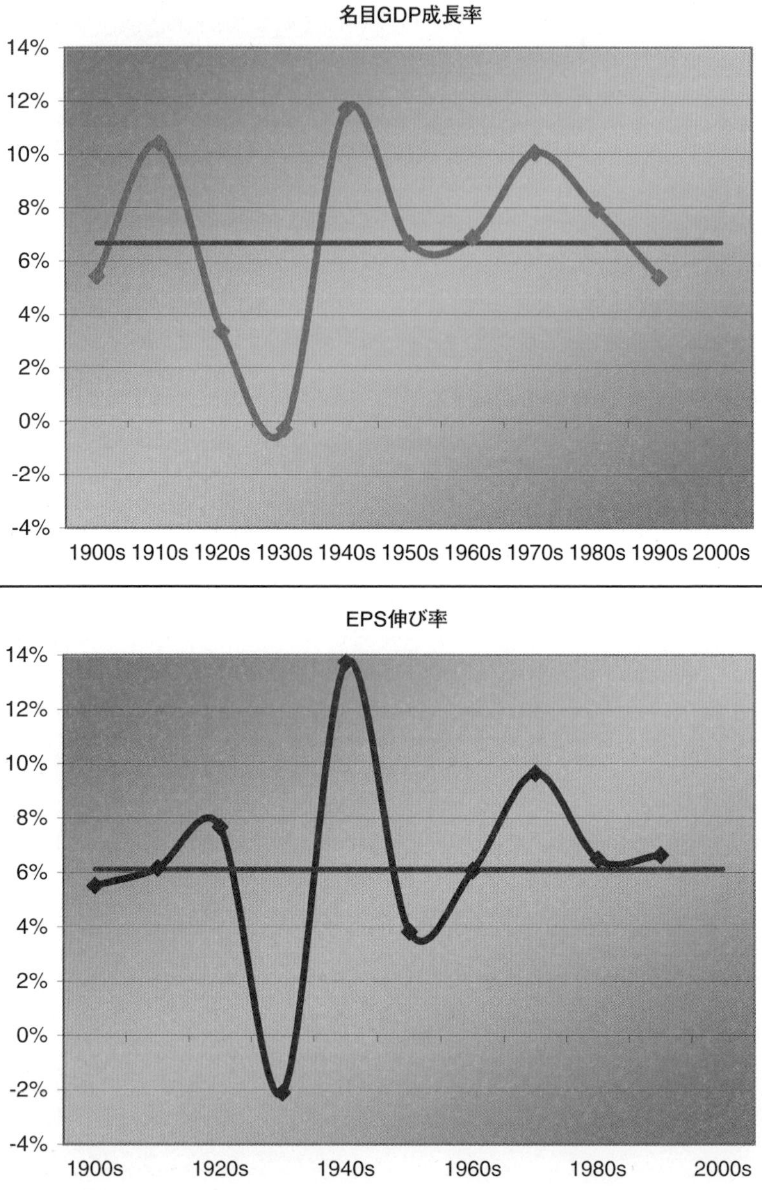

Copyright 2004, Crestmont Research (www.CrestmontResearch.com)

名目GDP成長率(緑・左目盛り)とEPS伸び率(青・右目盛り)

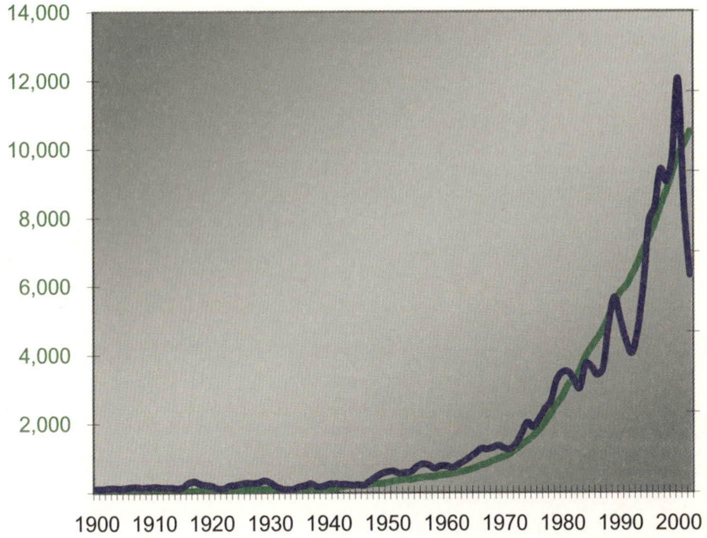

	年単純平均	
各10年間	名目GDP成長率	EPS伸び率
1900s	5.4%	5.5%
1910s	10.4%	6.2%
1920s	3.4%	7.7%
1930s	-0.3%	-2.1%
1940s	11.7%	13.7%
1950s	6.7%	3.8%
1960s	6.9%	6.1%
1970s	10.1%	9.7%
1980s	7.9%	6.5%
1990s	5.4%	6.7%
2000–2003	4.4%	0.3%
1900–2003	6.7%	6.1%

目GDP成長率）の間にはファンダメンタルな関係が存在する。この1世紀のアメリカの名目GDP成長率（実質GDP成長率＋インフレ率）は年平均6.7％であり、そこから算出された利益成長率は5.9％となる。

将来の予想EPS

図7.4は名目GDP成長率とS＆P500構成企業の利益成長率を示したもので、ここから将来のEPSが予想できる。

1．ヒストリカルな実質GDP成長率は約３％と比較的安定しているため、今後５～20年間の同成長率もほぼこの水準で推移すると予想される。
2．ヒストリカルな平均インフレ率の3.2％を加味すれば、将来の予想名目GDP成長率は6.2％となる。
3．名目GDPとEPSの成長率のファンダメンタルな相関関係に照らせば、将来の予想名目GDP成長率から予想EPSを推計できる。
4．この予想EPSが将来の株価やリターンを予測するときの基準値となる。

以上のプロセスを踏んで算出されたEPSは各年の利益水準や利益成長率を反映しているので、利益水準に一時的なばらつきが出ても、将来の予想利益を推計するときの基本数値となるだろう。フィナンシャルフィジックスモデルの有効性を確認するときも同じ手順に従って、ある時点を出発点として算出された結果をヒストリカルな数値と比較すればよい。

予想EPSの推計例

ここで1975年までのヒストリカルなデータを使って、2007年までの予想EPSを推計してみよう。このアプローチは統計的というよりは経済成長と利益のファンダメンタルな相関関係に基づくもので、フィナンシャルフィジックスの有効性と正確さを検証することがその目的である。1975年という時点を選んだのは、この年が20世紀の4分の3の最終年に当たっているためであり、75年間の経済データはフィナンシャルフィジックスの有効性を検証するには十分なものであろう。

まず最初に通常の統計データとして発表された名目GDP成長率をヒストリカルなトレンドに従って2007年まで延長し、そこから将来の予想EPSを推計する。**図7.5**の最後の図には2003年までの28年間のEPSが表記されているが、例えば2007年の数値も2003年の数値と同様にそれまでのEPSのトレンドを将来にわたって延長した数字である。こうした予想EPSは企業収益と経済成長のファンダメンタルな関係をベースにしており、そのヒストリカルな有効性も十分に確認されている。この分析結果は、経済成長と企業収益のヒストリカルな相関関係から将来の利益も予想できるというフィナンシャルフィジックスの三番目の条件を実証している。

こうして将来の予想EPSが推計できれば、次はそこから将来の株価を予想するというフィナンシャルフィジックスの四番目のプロセスに移る。株価＝EPS×PERという算式についてはすでに述べたが、それでは何がPERを決定するのか。それはフィナンシャルフィジックスにおいて経済と株式の原則を結び付ける変数である。

PERを決定するのはインフレ率

フィナンシャルフィジックスの四番目の条件として、いよいよ株価

図7.4　ヒストリカルなEPSと将来の予想EPS

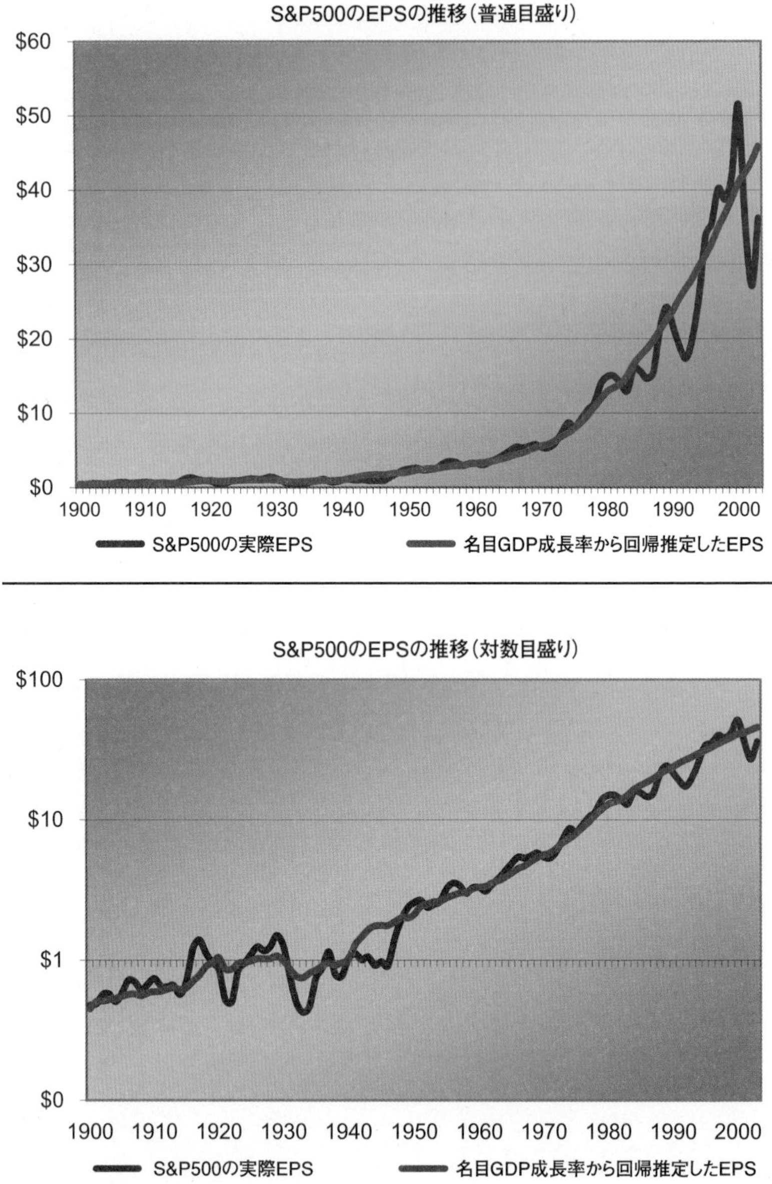

S&P500の予想EPS(名目GDP成長率から回帰推定した予想EPS)

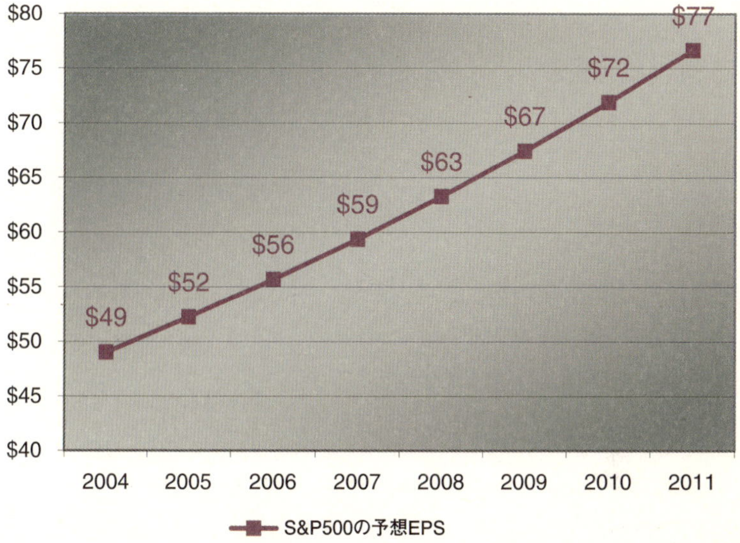

	2004	2005	2006	2007	2008
S&P500の予想EPS	**$49.05**	**$52.28**	**$55.72**	**$59.38**	**$63.30**

図7.5　ヒストリカルなEPSと将来の予想EPS

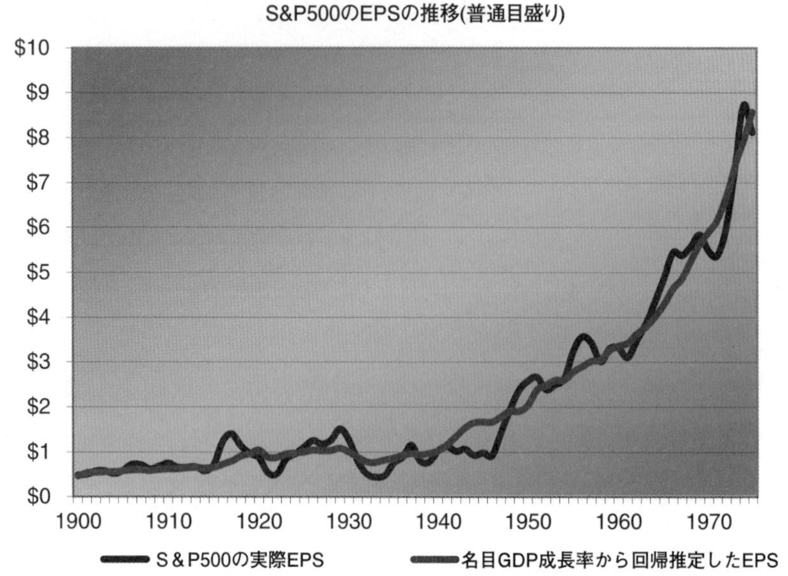

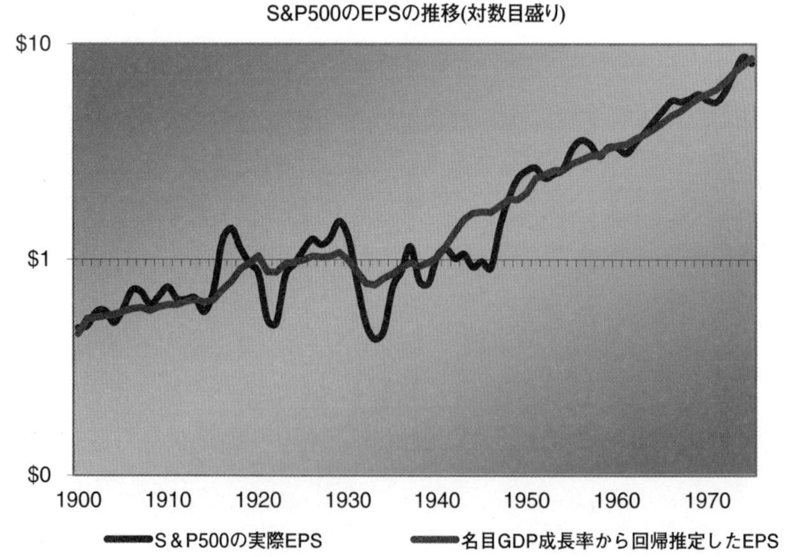

Copyright 2004, Crestmont Research (www.CrestmontResearch.com)

S&P500の予想EPS(名目GDP成長率から回帰推定した予想EPS)

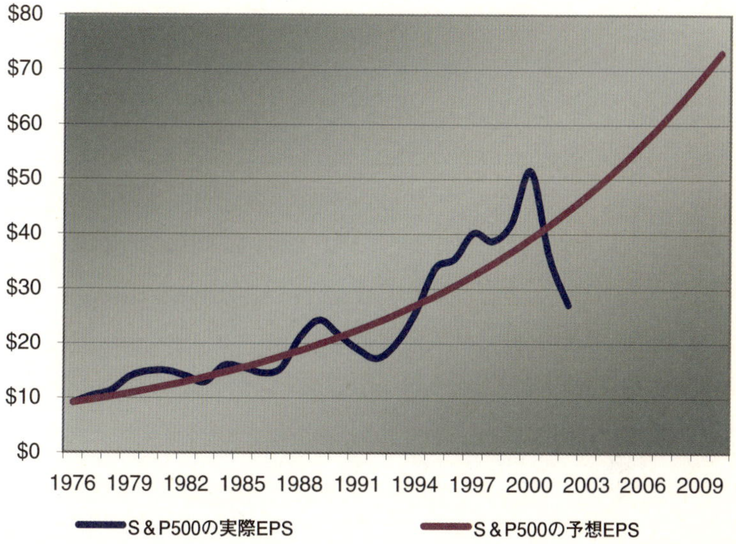

	2004	2005	2006	2007	2008
S&P500の予想EPS (1975年時点の予想値)	**$50.23**	**$53.46**	**$56.91**	**$60.58**	**$64.49**
2003年時点の予想値	$49.05	$52.28	$55.72	$59.38	$63.30

注＝この予想値は1901～1975年のGDPデータに基づいている

図7.6　PERと金利の推移（1900～2003年）

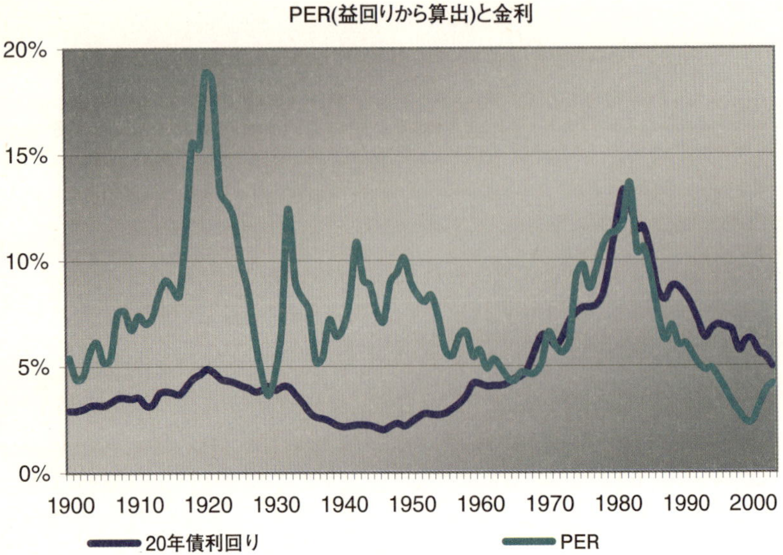

評価という最も重要なプロセスに入るが、その前に先の問いの答えとなる重要なポイントを確認しておこう。それはPERのトレンドを決定するのはインフレであるということである。一般には金利動向がPERのトレンドを大きく左右すると言われるが、この２つの関係をビジュアルに表したのが**図7.6**である。益回り（EPS÷株価）とはPER（株価÷EPS）を逆にしたもので、株式投資から期待される利益を表している（金利は債券の利回りを表す)。それによれば、20世紀の最初の3分の2の期間中には金利とPERはばらばらな動きをしており（これについては第４章でも言及した)、1960年代まで金利は経済動向と無関係なトレンドをたどっていた。しかし、この40年間には金融市場が相関を強めたことから、金利とPERはほぼ連動した動きを見せている。

一方、金利が低下すればPERは上昇するとよく言われるが、それな

図7.7　PERとインフレ率

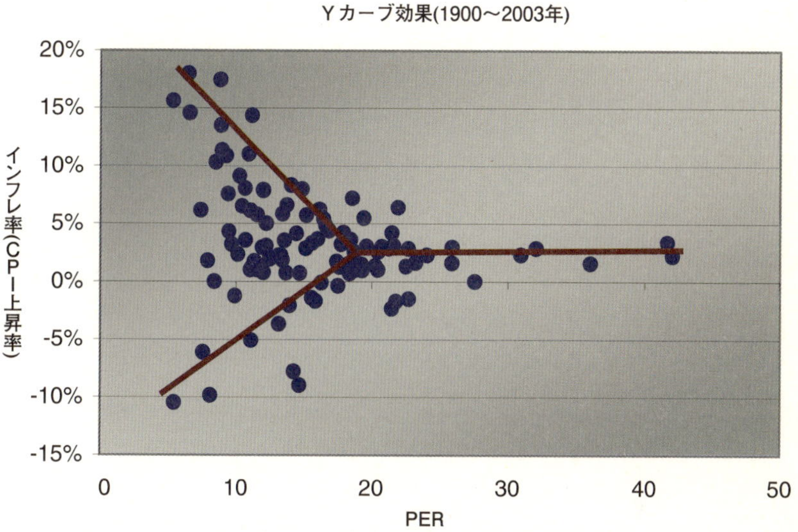

Copyright 2004, Crestmont Research (www.CrestmontResearch.com)

らばデフレ期にはPERはどのような動きをするのだろうか。デフレ期に金利がゼロ水準に低下すれば、実際にはPERは上昇するよりもむしろ低下する。フィナンシャルフィジックスによれば、PERのトレンドを決定するのはインフレであるが、それではインフレがPERの動向にどのような影響を及ぼすのだろうか。**図7.7**はPERとインフレ率の関係を示したもので（両者の関係はＹ字形の格好をしているので「Ｙカーブ効果」と呼ぶ)、インフレが低位安定に向かうとPERは上昇する傾向にある。その反対にインフレが進行したり、低インフレからデフレトレンドになるとPERは低下する。インフレが進行すると投資家はインフレ上昇分を埋め合わせる追加リターンを要求するため、それに見合う水準まで株価は値下がりする。一方、インフレがデフレに転じると将来の利益も減少するので、この場合もやはり株価は下落する。

このように低インフレ（物価の安定）が上昇・低下のどちらに向かっても、株価にとっては悪材料となる。

インフレとPERのこうした関係は毎朝飲むホットコーヒーの温度に似ている。コーヒーがほどよい温度であれば満足するが、熱すぎたり、ぬるいと飲む気がしなくなる。現在のインフレ率はほどよい温度にある（物価は低位安定している）。今のインフレ率がほぼ完璧な状態にあるということは、逆に言えば近い将来にインフレが進行するか、デフレトレンドに移行するということであり、そうなればPERは低下するだろう。こうした今の状況は高インフレと低株価で始まった1980～1990年代とは大きく異なる。現在の株価は相対的に高く、投資家は今のような状況にあまり慣れていない。ここでフィナンシャルフィジックスのキーポイントをまとめておこう。

フィナンシャルフィジックスのキーポイント

●インフレ率を加味しない実質GDP成長率は長期的にほぼ安定している。
●EPS伸び率は名目GDP成長率とほぼ同じ歩調をたどる。
●したがって、予想名目GDP成長率から将来の予想EPSを算出できる。
●予想EPSとインフレ率からPERのトレンドを予測し、そこから今後５年、10年または20年間の株式投資のリターンを推計できる。

このようにフィナンシャルフィジックスモデルは優れた株価予測ツールであるが、それは経済と株式の原則を統合しているからである。経済専門家は主に経済要因に、そして投資家は株式要因だけにしか目を向けないので、この２つの要因を包括的に統合したフィナンシャルフィジックスモデルは投資家にとって便利な株価分析ツールである。

フィナンシャルフィジックスモデルによる株価予測の具体例

フィナンシャルフィジックスモデルは経済と株式変数のファンダメンタルな関係を利用して将来のEPSとPERを予想し、そこから将来の株価とリターンを予測する合理的な株価分析モデルである。これにより、投資家は将来の株式投資に向けたベストの戦略を立てることができるだろう。以下ではフィナンシャルフィジックスモデルを使ったひとつの具体例を紹介する。

砲弾の弾道と株式市場

昔の軍隊のリーダーたちは敵陣に正確に砲弾を撃ち込むために、まず物理学の基礎原理を研究し、ついには弾丸の弾道を正確に計算できるようになった。その結果、大砲の精度は飛躍的に高まり、大いに戦果が上がったという。これと同じように、将来の株価も正確に予測できるのだろうか。株価は短期的には市場参加者の悲観的見方や根拠なき熱狂を反映してかなり大きく変動するので、その正確な予想はかなり難しい。しかし、中期的には経済成長、インフレ率、EPS、PERと株価の間にはファンダメンタルな関係が存在するので、それらを包括的に分析することでかなり正確に将来の株価を予測できる。

将来の予想利益

将来の経済成長率から予想利益が推計してみよう。アメリカ経済はこの１世紀に年平均6.7％（実質GDP成長率3.5％＋インフレ率3.2％）のペースで成長を続けており、それに伴って企業収益もほぼ同じペースで伸びてきた（実際には経済成長率をわずかに下回る）。経済成長

図7.8　経済成長率とEPS伸び率

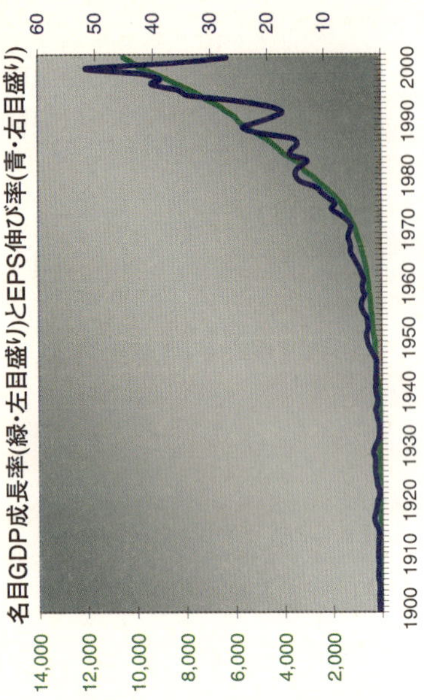

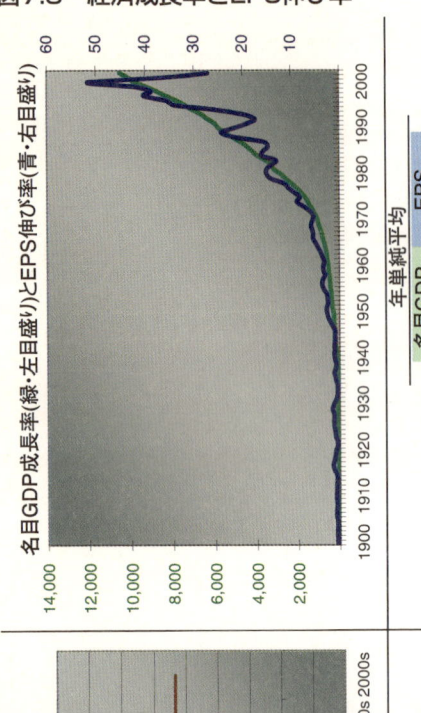

各10年間	年単純平均	
	名目GDP成長率	EPS伸び率
1900s	5.4%	5.5%
1910s	10.4%	6.2%
1920s	3.4%	7.7%
1930s	-0.3%	-2.1%
1940s	11.7%	13.7%
1950s	6.7%	3.8%
1960s	6.9%	6.1%
1970s	10.1%	9.7%
1980s	7.9%	6.5%
1990s	5.4%	6.7%
2000–2003	4.4%	0.3%
1900–2003	6.7%	6.1%

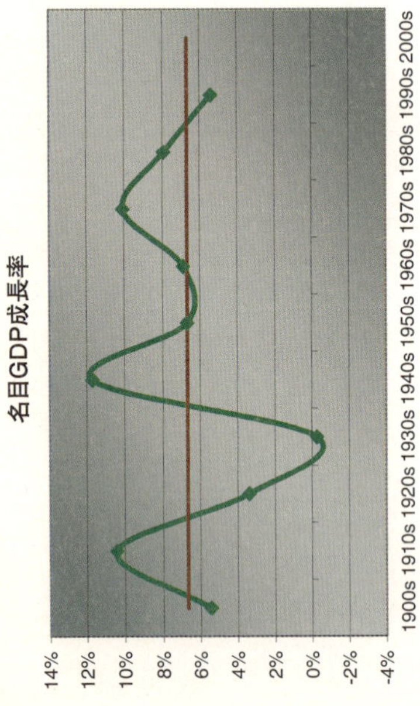

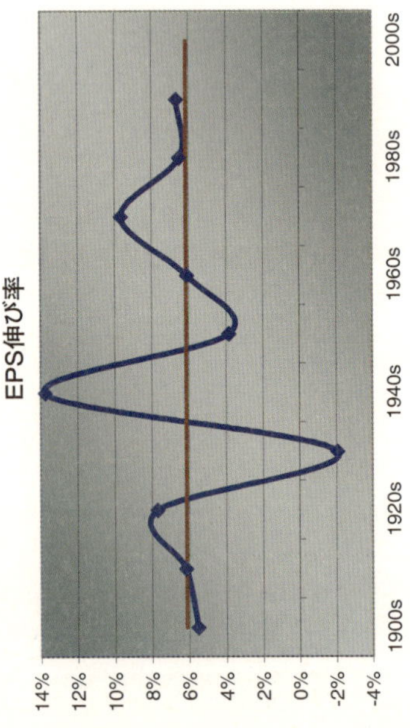

図7.9　ヒストリカルなEPSと将来の予想EPS

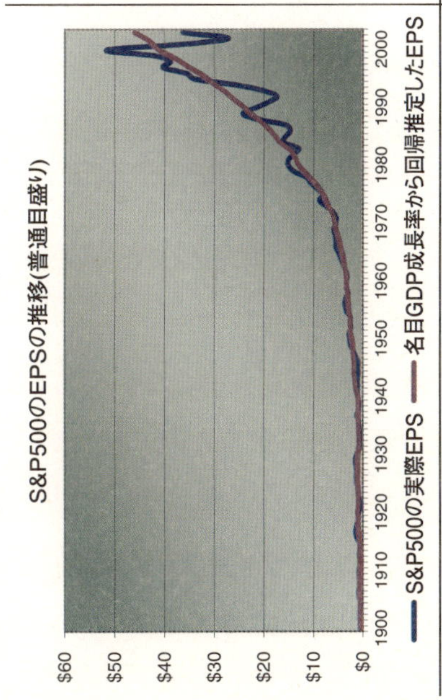

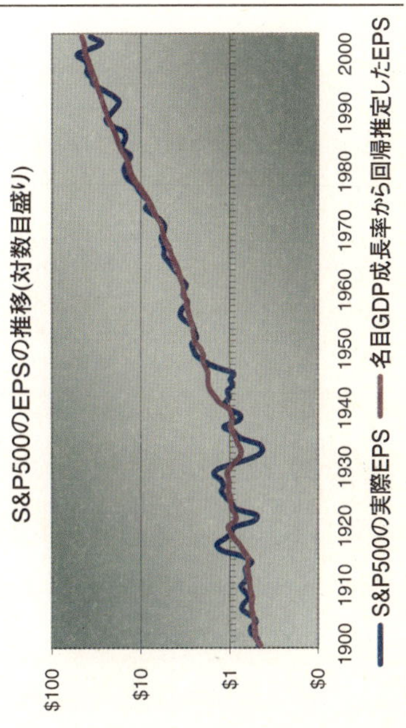

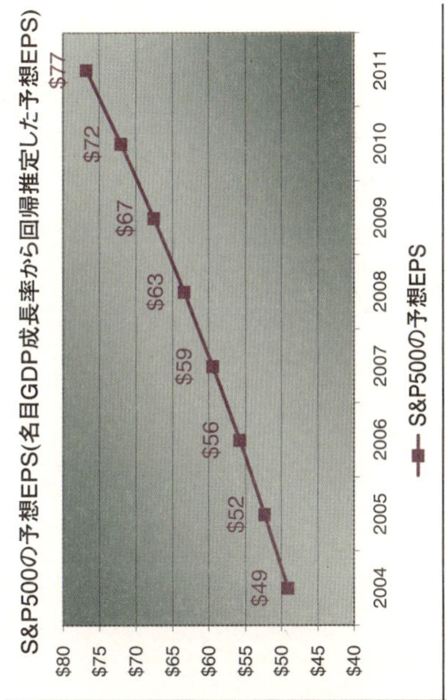

	2004	2005	2006	2007	2008
S&P500の予想EPS	$49.05	$52.28	$55.72	$59.38	$63.30

図7.10　PERとインフレ率

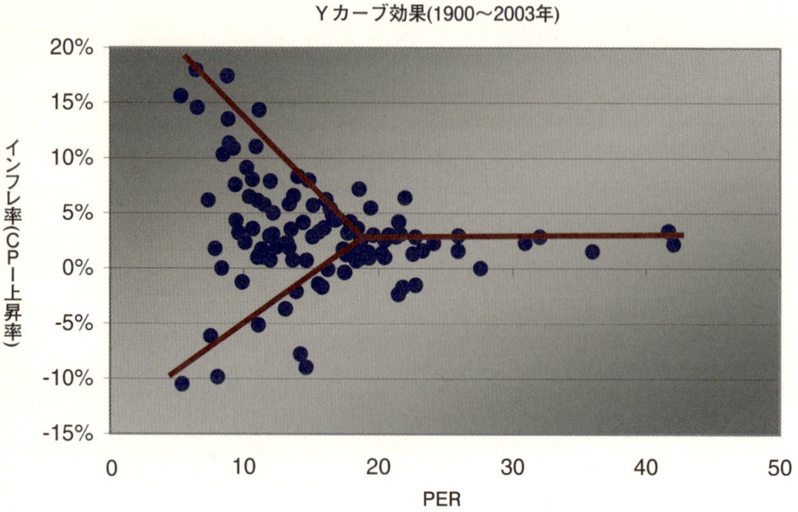

Copyright 2004, Crestmont Research (www.CrestmontResearch.com)

と企業収益のこうした関係は、経済成長→企業の売り上げ増大→利益成長という経済の基本原則に基づくものである（**図7.8**を参照）。米経済はこの十数年間に一貫して成長を続け、経済と企業収益の成長はほぼ並行して進行しているため、ヒストリカルなEPSのトレンドから将来の予想EPSの近似値を合理的に推計できる（**図7.9**を参照）。

将来の予想PER

将来の株価を予想するには、EPSに続いて予想PERを算出しなければならない。**図7.10**はPERとインフレ率の関係を示したもので、これを見るとインフレのトレンドがPERの方向を決定しているのがよく分かる。物価が低位安定（低いインフレ率）から上昇（インフレの進行）またはデフレに向かえばPERは低下する。その反対に、高いインフレが低位安定に向かえばPERは上昇する。したがって、ヒストリカルなインフレのトレンドから将来のPERを推計できる。フィナンシャルフィジックスモデルでは将来のPERだけでなく、インフレや金利のトレンドなども包括的に分析して将来の株価を予想するというフレキシブルな分析ツールである。

将来の予想株価の一例

2004年後半現在のS＆P500は約1150であるが、これまでに説明した手順に従って2008年のS＆P500の妥当な株価を予測してみよう。そのためにはまず、**図7.9**を利用して将来のEPSとPERを予想する。予想EPSのベースとなるのは長期のヒストリカルな経済成長率（実質GDP成長率3.5％＋インフレ率3.2％＝6.7％）で、そこから算出された2008年のS＆P500の予想EPSは約63.30ドルである。次に**図7.10**の「Ｙカーブ効果」を見ると、インフレ率が3.2％のときのPERは16.9倍となっている。こうして推計された予想EPSとPERから2008年のS＆P500の予想株価を推計するが、その算式は次のとおりである。

2008年の S&P500の 予想株価	=	予想EPS	x	PER
1,069.77	=	$63.30	x	16.9

もちろん、実際にはこの数値より前後に幾分振れるであろうが、この予想株価は現在の株価を下回っている。将来的には企業の増益など

好材料が予想されるにもかかわらず、なぜ低い予想株価になっているのだろうか。

企業の増益と株価の下落

今後４年間には企業の増益が予想されるが、1069.77という2008年のS&P500の予想株価は2004年後半現在の株価を約７％下回っている。EPSが増加すれば株価も上昇するというのが多くの投資家の率直な考えであろうが、実際にはPERの低下がこのEPSの増大という好材料を帳消しにする。残念なことに（経済成長、インフレ率、EPS、そしてPERを包括的に分析する）フィナンシャルフィジックスモデルによって算出された現実的な予想株価は、投資家のそうした期待感を無惨にも打ち砕くものである。

この予想株価について

このようにインフレもそれほど進行せず、今後数年間の企業利益も増えると見られるのに、フィナンシャルフィジックスモデルで推計した2008年のS&P500は2004年後半の水準よりも低下する。これは５％の予想インフレ率と13倍の予想PERに基づく数値であるが、13倍というPERは極端に低い予想値ではない。これまでの下降相場のボトム圏ではPERがこの水準をかなり下回ったこともよくあった。**図7.10**のＹカーブ効果に照らせば、今後PERが低下する可能性はかなり高い。多くの指標を見ても現在のインフレ率はほぼベストの水準（物価の低位安定）にあり、これからインフレが進行したり、デフレ基調になってもPERは低下していく。ベストのシナリオは現在の物価の低位安定がこれからも続くことであるが、それでも将来の株式投資のリターンがヒストリカルな平均水準を大きく下回るのは避けられそうにない

（これについては次章で詳述する）。

23倍という今のPERはヒストリカルな平均PER（16倍）よりもかなり高く、これまでの歴史を見ても、PERの低下傾向がこの平均水準でストップすることはほとんどなかった。一度動き始めた相場は往々にして極端にまで進むもので、長期下降相場の末期にPERが10倍近くに落ち込むことも珍しくない。2008年にS&P500のEPSが63ドル、PERが10倍に低下すれば、その予想株価は630となるが、これは2004年後半よりも60％も低い水準である。たとえそのときのPERがヒストリカルな平均の16倍前後にあっても、S&P500は今よりも12％安い1008まで下がるだろう。現在の株価は2000年の株式バブル期からかなり下げたとはいっても、エベレスト山の頂上（8848m）から3000mほど下山した程度であり、海面よりはまだまだ高い水準にある。この高地の空気はまだ薄く、下界ははるか下にある。

歴史に照らして見ると

この１世紀にインフレとPERのトレンドによってもたらされた長期相場は８回を数える。その期間は４～20年強、各４回の長期上昇・下降相場の平均期間は12.5年である。ときに長期上昇相場では目を見張るようなリターンがもたらされたが、下降相場では大きな損失に泣いたバイ・アンド・ホールドの投資家も少なくなかった。長期上昇相場と下降相場に臨む投資戦略はまったく異なる（以下の各章ではこのテーマについて詳しく検討する）。大切なことはそれらの相場局面に見合った正しい投資法を使い分けることであり、そうすれば上昇相場や下降相場のどちらでも利益を上げることができるだろう。次章ではフィナンシャルフィジックスモデルを使って、現況と将来の予想リターンについてさらに詳しく分析する。このモデルから得られたデータを従来の株価分析法に照らして検証すれば、現在の局面と将来のリターンに関するさらに精度の高い手掛かりが得られるだろう。

第8章

フィナンシャルフィジックスから見た株式市場の現況と将来の展望

Implications From Financial Physics

北米大陸を初めて横断したルイスとクラークは旅の途中でとても見晴らしのよい高台に立ち、はるか前方とこれまで自分たちがたどってきた旅路を一望した。本章では彼らと同じように過去と将来の株式市場を一望する。まず第１章〜第７章の内容を再検討したあと、そのキーポイントを踏まえて株式市場の将来を展望する。一方、「株価評価カスケード」によればPER（株価収益率）には一定の上限があり、したがってそれを反映する通常の株価水準にも一定の限度があることなどを検討する。また将来の株式投資のリターンとして、今後10年間の株式市場の長期リターンについて分析する。

これまでの内容の再検討

変動の大きいマーケット

ロッキー山脈の頂上から10キロほど下山するとその中腹にはアスペン空港があるが、それまでの道のりはそそり立つギザギザの山と深い渓谷が相互に現れるかなり厳しいものである。これと同じように、株式と債券市場の動きをよく見ると、多くの投資家が考えているよりもはるかに大きく変動している。例えば、この１世紀の株式相場の動き見ると、その半分の期間で年平均変動率は±16％以上にも達する。また債券市場の過去35年間の連続した各６カ月間を見ても、イールドカーブ（利回り曲線）に表れた金利の変動率は99％の期間で0.5％（20ベーシスポイント＝bp)、80％の期間では１％（100bp）以上に達する。

株式と債券は1982～1999年に歴史的な大相場を演じた。この長期上昇相場ではほぼ一本調子の上向きトレンドが続いたので、多くの投資家は（楽しい思い出だけをたくさん積み上げた旅行者のように）株式市場には大きなボラティリティの激しい下降トレンドもあるという現実を忘れてしまった。PERが上昇しているかぎり、株式市場ではほぼ上昇トレンドが続くが、PERが歴史的な高水準から低下すると株価のメジャートレンドは下向きとなる。長期上昇相場では株式をバイ・アンド・ホールドしているだけで大きな利益が得られたが、長期下降相場で利益を確保するにはこうした下げ局面に応じた投資手法が求められる。

経済成長と株式投資のリターン

長期的に見ると経済成長と株式投資のリターンの間には相関関係は存在しないと言えば、多くの投資家は驚くだろう。例えば、1965～1981年と1982～1999年の実質経済とEPS（１株当たり利益）の年平均成長率はほぼ同じだったが、実質経済がこの２つの長期サイクルでも一貫して成長していったのに対し、株式投資のリターンはまったく別の結果となった。先の16年間には実質経済と企業利益は順調に伸びていったが、株価は出発時点とほぼ同じ水準で終わっている。一方、あとの17年間には名目経済とEPSはあまり伸びていかなかったが、株式市場は歴史的な大相場を演じ、株価は10倍以上に急騰した。1982年にS＆P500に10万ドルすれば、1999年末には何と100万ドルになったのである。

フィナンシャルフィジックスから見た株式市場

この１世紀の実質GDP（国内総生産）成長率は年平均３％強とかなり安定したペースで推移し、この30年間の平均成長率もほぼ３％を維持している。また実質GDP成長率＋インフレ率の名目経済成長率は米企業の売り上げ伸び率とほぼ一致している。上場企業の利益成長率は名目GDP成長率をわずかに下回っているが、それはアメリカ全体の経済成長率には非上場企業の高成長分も含まれるからである。一方、もしも今のPERの水準が今後も続くとすれば、株価を決定する要因は名目GDP成長率を反映したEPSの伸び率だけとなる。株式投資のリターンを決定する主な要因はPERのトレンドであり、それはインフレの動向に大きく左右される。物価の安定（１％ほどの低インフレ）が崩れればPERは低下し、物価が低位安定に向かえばPERは上昇する。長期上昇相場ではEPSとPERの上昇が相乗的に株価を押し上げるが、下降相場ではPERの低下がEPSの上昇という好材料を帳消しにする。現在の株式市場はヒストリカルな長期下降相場の初期にあり、その環境（低いインフレ・高いPER・低い配当利回り・低金利）は長期上昇相場の初期とは正反対である。

将来の展望

これまでの帆走に代わる舟漕ぎ戦略

長期下降相場のボラティリティは極めて大きく、株価の急激な下降と上昇が交互に続くので、上昇相場とは異なるスピーディーな投資手法が求められる。これまでの単なるバイ・アンド・ホールドに取って代わるこれからの投資手法をわれわれは（従来の「帆走」に取って代わる）「舟漕ぎ」戦略と呼ぶ。それにはスピーディーな投資マネジメント、ポートフォリオのタイムリーなリバランス、オプションの売り、高利回り証券への投資、さまざまなヘッジ手法、その他のダイナミックなアプローチ――など多様な戦略が含まれる（これについては第10章で詳しく検討する）。

現況の分析

PERで見た現在の株価は歴史的な高水準にある。物価もかなり安定しているため、PERが今の水準から長期にわたってさらに上昇していくことはないだろう。PERの上昇がなければ、株式投資のリターンはEPSの伸び率と配当だけを反映したものとなる。PERの上昇が期待できない来る相場は、長期の下降相場または冬眠中のベア（弱気相場）のいずれかになるだろう。もしもインフレ圧力やデフレ基調が強まれば、これまで繰り返されたような長期下降相場の再来となる。一方、インフレがこれからも長期にわたって低位安定を維持すれば、株式相場は冬眠中のベアのような状態となり、年総リターンは６％（利益成長率＋配当）程度であろう。しかし、ここから約２％の取引コスト分を差し引くと純リターンは４％にとどまる。

今後の局面を休眠中のブル（強気相場）よりも冬眠中のベアと予想するのは、割高な株価で始まる相場はブルではなくベアであるという単純な事実に基づく。そして歴史的な低水準にある今のインフレ率が今後も続けば、引き続きベアがマーケットをうろつくことになる。現在の経済環境がこれからも長期にわたって持続すれば、PERは上昇ではなく低下に向かうだろう（その時期は明確に予想できないが）。投資家はこうした前提に立ってこれからの局面に臨む投資スタンスを決定しなければならない。過去数十年間の実質経済成長率が今後も続くとすれば年平均成長率は３％、それに１～２％のインフレ率を加味すると予想名目経済成長率は４～５％となる。6.5～７％というヒストリカルな平均経済成長率から見ると、こうした低成長は明らかに減速経済である。

絶対リターンの手法

これまでの相対リターンの手法とこれから求められる絶対リターンの手法には大きな違いがある。絶対リターンの手法には幾分リスキーで投機的な面もあるが、それは常に利益を追求し続ける企業のビジネス手法と同じである。これからの株式市場では単に株式をバイ・アンド・ホールドしているだけで、自動的に利益が転がり込んでくることはない。絶対リターンの手法では高度なスキルと、どのような相場局面でも常に利益を上げるという強い決意が求められる。一方、これまでのファンドマネジャーは個別株式のリスクは極力回避しながらも、ある程度のマーケットリスクは許容するという投資スタンスで長期のリターンを追求してきた。その結果、彼らのポートフォリオのパフォーマンスは市場平均と連動してきた。こうした相対リターンの手法では長期をかけて利益を確保するため、マーケットの長期サイクルを耐え抜くという我慢強い忍耐力が求められた（第９章ではこうした相対リターンの手法と絶対リターンの手法の違いについて詳述する）。今の環境は高いリスクと平均以下のリターンしか期待できない難しい局面である。したがって、投資家はこれまでとは違う投資プラン、すなわち来る厳しい相場環境を予想し、そうした状況下でも相応の利益を確保するという投資戦略プラン――を作成しなければならない（第11章～第12章では、来る長期下降相場に対処する具体的な投資戦略と投資マネジメントの進化などについて検討する）。

株価評価カスケード――PERの上限

アメリカの株式相場は2000年初めに、グリーンスパンFRB（連邦準備制度理事会）議長が1996年12月に「根拠なき熱狂」と呼んだ水準まで駆け上がった。株価は投資家の想像と願望、そして貪欲の翼に乗って舞い上がった。一般に株価は企業の業績（ときに粉飾決算）を反映して変動するが、今回の急騰と凋落ぶりはちょうどギリシャ神話のイカロスのようだった。ろう付けの翼で父とクレタ島から脱出したイカロスは、その成功に酔いしれて父の忠告も聞かずに上空に突き進み、ついに太陽に近づきすぎて翼のろうが溶け、海に落ちてしまった。

2000年春の一時的なマーケットの夢に酔いしれた投資家は、まさにこのイカロスのようだった。なかでも最も華々しく急騰したナスダック総合指数は、その後の17カ月間でそれまでの上げ幅の何と80％を帳消しにした。2003年のボトムから大幅に戻したものの、2004年後半現在の株価はピークの３分の１の水準にとどまっている。このように株価は一時的に異常な水準まで買われることもあるが、そうした常軌を逸した高値を長期にわたって維持することはできない。本章ではPERと株価には一定の上限があることを検討していくが、その前にいくつかの補足説明をしておけば理解の助けになるだろう。

合理的な投資と株価の評価

熱狂的な投機家はときに大バカ理論によって、とんでもない価格で株式や債券を買うことがある。その理由は、マーケットには自分の買値よりもさらに高く買ってくれる愚かな投資家がたくさんいるので、そうした不合理な値段で買ってもちゃんと利益が出るというものである。しかし、最後にはさすがにそうした大バカもいなくなり、合理的な売り方がどんどん売ってくるので、株価は適正な水準に落ち着くことになる。合理的な投資家は本質的価値を基準に株式や債券を売買する。証券の本質的価値とは、その証券や企業から将来的に得られるであろう予想キャッシュフローやリターンを反映したものである。すなわち、投資家が付ける値段とは最終的に得られるキャッシュのリターンを期待したもので、そのキャッシュとは証券の保有期間中に得られる利息や配当と、当該証券を売却したときに手にするキャピタルゲインの２つで構成される。そして将来の別の買い手もそうしたリターンを期待して自分なりの合理的な決定を下している。いずれにしても、マーケットには合理的に価値を評価する合理的な投資家と、何の投資戦略も持たずに期待感だけで証券を買う熱狂的な投資家がいる。

債券のリターン

満期まで保有する（デフォルト＝債務不履行のない）債券のリターンは確定している。例えば、満期償還額が1000ドルで７％の利率の債券を1000ドルで購入した投資家は、保有期間中に年７％の利息と満期に1000ドルの元金を受け取る。このように債券投資で７％のリターンを期待しているときは、1000ドルで債券を購入・保有するだけでよい。しかし、もっと高いリターン（例えば８％）を期待するときは1000ドルで債券を買ってはならない。こうした投資家は期待リターンが得られる水準まで、債券価格が下落するのを待つ必要がある。このように、その債券から得られる確定キャッシュと投資家の期待リターンが債券の価格を決定する。こうしたプロセスは合理的な投資家の行動によって進行し、過大評価されたり、過小評価された債券の価格はやがて合理的な水準に収斂していく。

株式のリターン

こうした債券のリターンのプロセスに比べて、株式のリターンははるかに予測が難しい。株式の保有期間中に受け取る配当は比較的安定しているとはいっても、業績や内部留保の都合次第で変動することもよくある。また永続企業の株式に満期はなく、投資家は自分の判断でリターンを確定しなければならない。そのときの市場価格で保有株を売却して利益や損失を確定するが、その価格はそのときの市場の雰囲気（熱狂、失望、あきらめなど）を反映したものとなる。株価の評価にはこうした難しさがあるが、それでも合理的な株価というものは存在する。将来の配当と利益成長が合理的に予測できれば、そこから得られる期待リターンも推計できる。こうした手順を踏んで株式の買値を決定すれば、期待リターンを手にする確率はかなり高くなる。以下では個別株式ではなく株式市場全体からの期待リターンについて検討するが、そのプロセスは個別株式についてもまったく同じである。

将来のキャッシュフローと期待リターン

第７章で言及したように、アメリカの長期の実質経済成長率は年３％前後で安定しており、企業の利益成長率は経済成長率とほぼ連動しているため（実際にはそれよりもわずかに低い）、その数字から将来の利益成長率の信頼できる予想値が得られる。また将来のインフレ率は不確定変数であるとはいっても、ヒストリカルなトレンドから予想インフレ率を推定すれば、将来のキャッシュフローも予測できる。投資の基本的な条件のひとつは、リスクの大きい投資は安全な投資よりも高いリターンが期待できるということである。換言すれば、投資家は高いリターンが期待できなければ、リスクの大きい商品には投資しないということである。株式は債券よりもリスクが大きいので、投資家は債券よりも株式から高いリターンを期待する。これが株式のリスクプレミアムと呼ばれるものである。

短期の確定リターン（短期国債の利息など）と株式の期待リターンの間には一連の序列（カスケード）があり、リスクが大きくなるに従って期待リターンは大きくなる。もちろん、低リスクと高リスク商品の期待リターンの程度は一定に決まっているわけではないが、リスクとリターンの関係はほぼ正比例する。したがって、市場参加者は金融商品のミスプライス（価格の歪み）が適正な関係に戻ることを利用して利益を上げようとする。

以下で検討する「株価評価カスケード」では、最も安全なものから次第にリスクの大きい金融商品が配列され、最後に株式の期待リターンの推定値が表記されている。具体的にはほぼ無リスクの米短期国債（Ｔビル）は最も安全性が高く、インフレ以外の減価要因はないのでリターン（利回り）は最も低い。一方、長期国債（Ｔボンド）は時間リスクがある分だけリスクプレミアムが高くなるのでリターンは高くなる（満期までにインフレと金利が上昇すれば、債券価格の下落というリスクがある)。国債よりもさらにリスクの大きい社債の期待リターンはもっと高くなるが、それは政府ではなく発行企業の保証しか付いていないからである。

一方、株式の保有者には債券保有者に支払われたあとの残余利益が分配される。このように株式のリスクは債券よりも大きいので、株式の期待リターンは長期社債の利回りよりもさらに大きくなる。このように安全度の高い債券からリスクの大きい株式に移行するにつれて期待リターンも大きくなるため、リスク度に応じた各金融商品の予想キャッシュフローと投資家の期待リターンは正比例の関係にある。

学問的な単純化

「学問的な単純化」とはこの言葉自体が矛盾しているかもしれないが、その一例としてファイナンス専門の学者が株価評価の複雑なプロセスを開発し、それを「配当割当モデル」と呼ばれる方程式にまとめたことがある。このモデルによれば、合理的な投資家が期待リターンを得るために支払う価格は、投資時点の配当利回りとその後の配当の平均成長率によって決まる。例えば、EPSが２ドルの株式の平均配当性向が50％であるとすれば、年間配当額は１ドルとなる。このときのインフレ率が１～２％、予想利益成長率が約４％であるとすれば、この株式に対する投資家の期待リターンは約6.5％（取引コスト・税金を除く）となる。その根拠は、①４％の予想利益成長率に2.5％の配当利回りを加えた6.5％を期待総リターンとする、②以下で検討する「株価評価カスケード」によれば、現在の金利水準から算出した株式の適正リターンは6.5％となる――のいずれかである。

図8.1に示した配当割引モデルを使って、この株式の適正価格を算出してみよう。配当が１ドル、期待リターンが6.5％、予想利益（配当）成長率が４％であることから、この株式の適正価格は１÷（0.065－0.04）＝40ドルとなる（この株式のPERは40÷２＝20倍）。株価が40ドルを超えると適正リターンは下がり、その水準を下回るとリターンは上昇する。このようにリターンを決めるのは買値であるが、投資額の大小はリターンとして将来に受け取るキャッシュの大小とは無関係である。この配当割引モデルには３つの変数があり、適正株価とはこの株式を永久に保有し続けたときに期待できる配当総額の割引現在価値と考えられる。

最初の変数は配当であるが、これは株式保有者に配分される１株の年間配当額である。二番目の期待リターンとは、予想インフレ率やリスクプレミアムなどを考慮したこの株式の適正なリターン、三番目の

図8.1　配当割引モデル

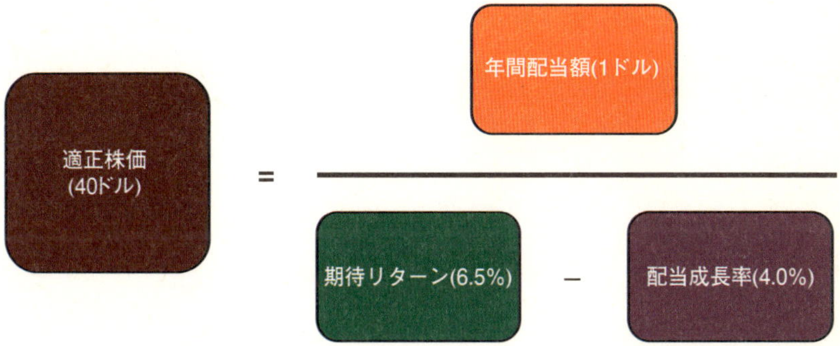

配当の予想成長率とはこの企業の利益成長率を反映した配当の平均伸び率である。この配当割引モデルは個別株式だけでなく、株式市場全体の株価にも当てはまる。従来の株価評価法ではこうした複数の変数を考慮しないで利益成長率だけを重視することが多かったが、株式投資の現実的な期待リターンを算出するには、既述したフィナンシャルフィジックスに加えて、（以下で検討する）「株価評価カスケード」やこの配当割引モデルなども併用すればさらに効果的であろう。

株価評価カスケード

株価評価カスケードにはインフレ率に見合った適正株価はもとより、その株価水準における合理的なPER（PERの上限）も表記されている。それにはインフレ率から始まり、最後の合理的なPERに至るまで一連の数字が列挙されており、これを見ると第７章で検討したインフレ率と適正なPERの関係、またインフレが低位安定しているときのPERの上限などがよく理解できる。投資家はこのカスケードを参照することで、そうしたPERの上限以上に買われている株式はリスクが大きいなど、株価とリターンの合理的な判断ができるだろう。

株価評価カスケードでは、まず最初の変数であるインフレ率と無リスク金利の関係が示されている。短期国債のＴビルは１年以下の満期で政府の保証が付いているほぼ無リスクの金融商品であり、その利回りはインフレによる減価分を埋め合わせるといった程度のものである。Ｔビルにはインフレ以外のリスクは存在しないので、それ以上のリターンを期待することはできない。短期金利は主にFRBによってコントロールされているため、FRBが景気を浮揚したいときはインフレ率を下回る水準まで短期金利を低めに誘導する（その反対に、信用需要を抑制し、インフレを沈静化したいときは短期金利を高めに誘導する)。もっとも、FRBが人為的に短期金利を誘導しなくても、Ｔビルのレートは自然にインフレ率に収斂していく。この40年間のFRBの主な政策目標はインフレの抑制であり、Ｔビルの平均利回りはインフレ率をわずかに上回る水準で推移してきた。そのスプレッドは0.5％強と言われるが、FRBが中立的なスタンスを維持しているときのＴビルのレートは限りなくインフレ率に近づいていくだろう。株価評価カスケードではそのスプレッドを0.1％としている。

次の変数である長期国債（Ｔボンド）には、長期の固定利という時間リスクがある。Ｔボンドにはこのリスクをカバーするためのプレミアム利回りが付いている。**図8.2**によれば、そのプレミアムはＴビル利回りの約１％（100bp）である。しかし、FRBが人為的に短期金利を高めに誘導したときには、一時的にＴビルがＴボンドの利回りを上回ることもある。

企業は社債を発行して金融市場から資金を調達するが、企業には政府よりも大きい信用リスクがあるため、社債の利回りはＴボンドよりも高い。そのスプレッドは金融市場の環境によって異なるが、高インフレで経済が不安定な時期には大きくなる傾向がある。**図8.3**にはさまざまなシナリオのスプレッドが表記されているが、それらは必ずし

図8.2　20年債と1年債のイールドスプレッド（1965～2003年）

平均イールドスプレッド＝1.03%(103bp)

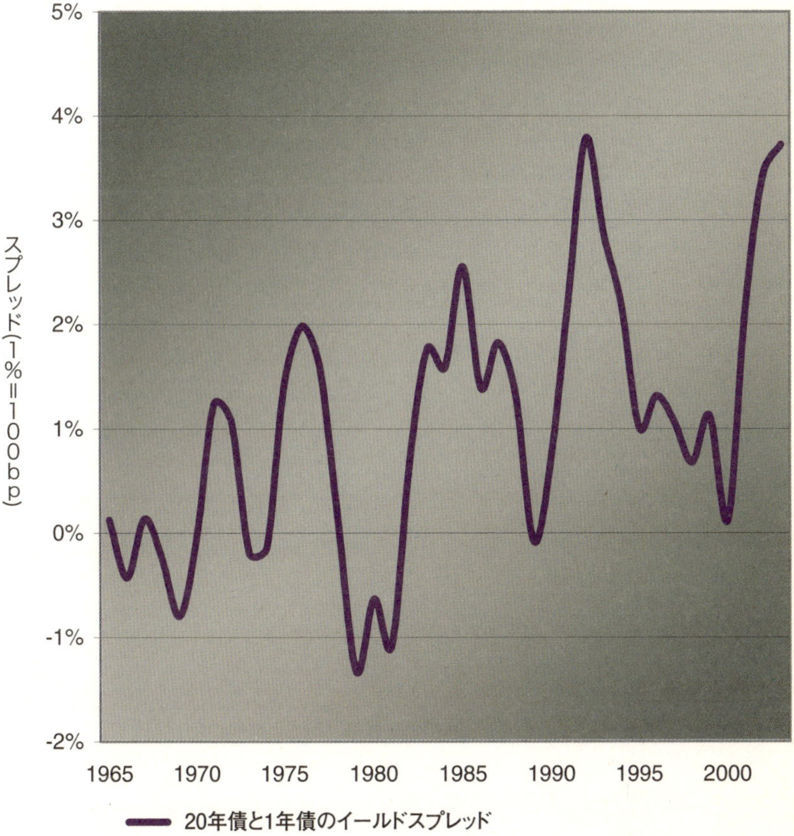

スプレッド	頻度	全体の比率
> 3%	3	8%
2% to 3%	5	13%
0% to 2%	21	54%
-1% to 0%	8	21%
< -1%	2	5%

図8.3　株価評価カスケード（PERに対するインフレの影響）

シナリオ	A	B	C	D	E
インフレ率	**-3.00%**	**1.00%**	**2.00%**	**3.00%**	**5.00%**
Tビル利回り	0.10%	1.10%	2.10%	3.10%	5.10%
Tボンド					
上乗せスプレッド	1.00%	1.00%	1.00%	1.00%	1.00%
利回り	1.10%	2.10%	3.10%	4.10%	6.10%
社債					
上乗せスプレッド	0.75%	0.50%	0.63%	0.75%	1.00%
利回り	1.85%	2.60%	3.73%	4.85%	7.10%
株式					
上乗せスプレッド	3.50%	3.00%	3.25%	3.50%	4.00%
総リターン	**5.35%**	**5.60%**	**6.98%**	**8.35%**	**11.10%**
経済成長率					
実質GDP成長率	3.00%	3.00%	3.00%	3.00%	3.00%
名目GDP成長率	0.00%	4.00%	5.00%	6.00%	8.00%
EPS成長率	**0.00%**	**3.60%**	**4.50%**	**5.40%**	**7.20%**
株価評価					
EPS(一例)	$50	$50	$50	$50	$50
配当性向	50%	50%	50%	50%	50%
1株当たり配当額	$25	$25	$25	$25	$25
期待リターン	5.4%	5.6%	7.0%	8.4%	11.1%
予想配当成長率	0.0%	3.6%	4.5%	5.4%	7.2%
配当割引モデルで算出した適正株価（配当額÷(期待リターン－配当成長率))	$467	$1,250	$1,010	$847	$641
PER	**9**	**25**	**20**	**17**	**13**

もヒストリカルな数値を反映したものではない。例えば、低インフレ期のスプレッドは0.50％としているが、デフレや高インフレ期にはそれよりも少し高めに取ってある。

一方、企業の利益や資産に対する株主の優先順位は債券保有者を含む債権者よりも後順位となるため、株式の期待リターンは債券よりも高くなる。社債に対するそのスプレッドの大きさは環境の違いによって異なるので、**図8.3**ではさまざまなシナリオの変数が記されている。そうした株式のスプレッドにはPERの変動の影響は反映されておらず、ヒストリカルなリターンをベースとしたものである。社債や株式のイールド（利回り）スプレッドは、デフレや高インフレ期にはリスクの増大を反映して拡大する。例えば、ヒストリカルな平均インフレ率が3.2％、利益成長率が5.9％、配当成長率が3.5％のときは、**図8.3**のシナリオＤの状況に近い。このときの株式の期待リターンは8.4％なっており、これはヒストリカルな利益成長率に配当リターンを加えた数字に近似する。

一部の分析ではPERの上昇による株価上昇分を反映して、長期の株式投資のリターンをかなり高めに見積もっているが、実際には長期にわたってPERが上昇し続けることはあり得ない。PERの変動による損益は株式投資の期待リターンに含めるべきではないだろう。例えば、低PERの時期にPERが上昇すればリターンは高くなるが、高PERの時期にさらにPERが上昇していくと仮定するのはあまり現実的ではないからだ。株価評価カスケードからは、PERの適正な水準（上限）とそれに対するインフレの影響が読み取れる。

具体例

図8.3の株価評価カスケードのシナリオＢについて検討してみよう（物価が低位安定しているケース）。インフレ率は１％、Ｔビルの利

回りはそれをわずかに上回る1.1％である。長期のＴボンド利回りは時間リスクが伴うので、Ｔビルの利率にヒストリカルなリスクプレミアム（約１％）を加えた2.1％となる。社債はＴボンドよりもさらにリスクが大きいので、Ｔボンドの利率に0.5％を加えた2.6％の利回りとなる。最後の株式は社債よりもさらにリスキーであり、その大きなリスクを埋め合わせるため、社債の利回りに最低３％を上乗せして5.6％を適正な利回り（リターン）とする。このシナリオの状況下である株式がわずか４％の利回りの株価水準にあったとすれば、それは過大評価された価格であり、投資家の期待リターンをかなり下回っている。その反対に、その株式の利回りが10％にも達するならばそれはかなり割安な株価であり、その株式を購入すれば大きなリターンが期待できるだろう。

シナリオＢの数字を下方に追っていくと、名目GDP成長率は約４％（実質GDP成長率は１％のインフレ率を差し引いた３％）、企業の利益成長率と配当成長率は（実質GDP成長率をわずかに上回る）3.6％、１株当たり配当額は25ドルである。これらの数字を**図8.1**の配当割引モデルの算式に代入すると、25÷（0.056－0.036）＝1250となり、適正株価は1250ドル、PERの適正水準（上限）は25倍となり、このPERは2004年後半現在の水準とほぼ一致している。第５章～第６章でも言及したように、PERのヒストリカルなピークは20倍前半であり、1990年後半～2000年初めの株式バブル期に異常な水準まで上昇したPERも、その後に合理的な水準まで低下した。換言すれば、現在の株価はヒストリカルな平均PERに比べて依然として割高な水準にある。

ここで株式のリターンの算式をもう一度繰り返すと、その予想総リターンは配当利回りと予想利益成長率を加えたものになる。PERの変動を反映した株価の上昇・下降による損益はコア損益ではなく、株式の総リターンとはあくまでも現在の環境下での適正な数値（適正な配当利回り＋利益成長率）を反映したものでなければならない。シナリオＢにおける株式の総リターンを考えると、（第５章で検討したPERと配当利回りの関係に照らした）PER25倍の配当利回りは約２％、（第８章で述べた経済成長と利益成長の関係から引き出された）インフレ率が１％のときの利益（配当）成長率は3.6％であるため（このときの名目GDP成長率は４％）、この２つを加えた5.6％が株式の予想総リターンとなる。この数字は**図8.3**の株価評価カスケードの期待リターンの数字と一致している。

この図には高インフレから低インフレとデフレ期のさまざまなシナリオが示されており、フィナンシャルフィジックスモデルと同じように、ここでも利益成長とインフレの関係がキーポイントとなる。すなわち、インフレが進行すれば、企業の利益が伸びてもインフレによる総リターンの低下分を補うことはできず、その結果PERは低下する。一方、デフレ期でも投資家の期待リターンはゼロ以下とはならず、むしろ不安定な経済環境下での要求リターンは高まるが、企業の利益成長率はマイナスに転じるのでやはりPERは低下する。

適正価格と平均リターン

適正価格はよく平均リターンと混同される。ある金融商品が適正価格で評価されていても、それは必ずしも平均リターンをもたらすことを意味しない。以下では適正価格と平均リターンの違いについて少し詳しく説明するので、一部の専門家の間違った見解に惑わされてはならない。金融商品などの適正価格とはリスクマネジメントと将来のマーケットの予測を適切に行えば、適正なリターンが得られるという値段である。例えば、インフレ率が低く、将来も低位安定で推移すると予想されるならば、４％のリターンが得られるＴボンドの市場価格は適正価格に近いだろう。しかし、この適正価格で得られる４％というリターンはヒストリカルな平均リターンをかなり下回っている（この

100年間のＴボンドの年平均リターンは4.9%）。

このように適正価格とはある時点における適正な値段であるが、平均リターンとは一定期間のばらつきのあるリターンを平均したものである。したがって適正価格とは確定したものではなく、投資環境の変化に伴って適正価格も変化していく。ちょうどハイカーが温度や天気の変化に応じて着ている服を調整するように、投資環境が変化すれば合理的な投資家が要求する将来の期待リターンも変わるし、それに伴って金融商品の適正価格も変わってくる。例えば、インフレが進行すると予想されるならば、投資家はインフレによる減価分を埋め合わせるため、投資する債券には今よりも高いリターンを要求するだろう。こうした状況におけるＴボンドの４％という利回りは、インフレ進行のリスクを補うのに十分なリターンではなくなる。その結果、マーケットは新規の購入者に適正なリターン（例えば５～６％）を保証するために債券価格を引き下げる。このように債券は新しい環境に見合った適正な水準に価格付けされ、適正なリターンを保証するのである。

過大評価されたり、過小評価された価格はまもなく適正価格に戻っていく。例えば、Ｔボンドの利率が４％のとき、５％の利回りが得られる価格で同じ債券を売りたいという人がいれば、その値段は過小評価されている（割安である）。期待リターンよりも高いリターンが得られるからである。その反対に、３％の利回りの価格で売りたいという人がいれば、その債券からは４％の期待リターンよりも低いリターンしか得られないので、その値段は過大評価されている。こうした適正価格の考え方は株式はもとより、ほかの金融商品についても当てはまる。

こうした適正価格の理解はもちろんのこと、投資家は債券価格と金利が逆相関の関係にあることも知っておかなければならない（金利が上昇すれば債券価格は下落し、金利が低下すれば債券価格は上昇する）。一部の専門家の間違った見解が投資家を混乱することもよくあるからだ。その結果、金利が上昇すれば債券価格も上がると勘違いしている投資家もいる。その理由は金利が上昇すれば債券の利回りも高くなるので、その価格も上昇するというものである。しかし、実際にはこれと逆のことが起こる。すなわち、金利が上昇しても既発債の将来のキャッシュフローは変わらないので、高金利の新しい環境に見合った高いリターンを保証するために既発債の価格は下落する。

これと同じように株式においても、インフレと金利が上昇すれば、それに見合った将来の高いリターンを保証するために株価は下落する。インフレが進行すれば企業の利益も幾分増加するかもしれないが、そうしたプラスの影響も将来の高いリターンを保証するための株価下落ですべて帳消しされる。現在の状況下で株価は適正に評価されているとよく言われるが、これを将来的に平均リターンが得られる株価水準であると勘違いしてはならない。またPERが平均水準を上回っているので今の株価は過大評価されているともよく言われるが、これも適正価格と平均リターンのコンセプトを誤解している見解である。株式市場のヒストリカルな平均リターンとは、平均以下または平均以上のばらばらなリターンを合計して平均した数字であり、実際に平均リターンが存在するわけではない。株価がヒストリカルな平均以上にある現在の株式市場では、適正な株価でも平均以下のリターンしか期待できない。将来のいつの日か株価が再び平均以下の水準まで下がれば、適正価格でも平均以上のリターンが期待できるだろう。

株価評価カスケードのまとめ

物価が低位安定（インフレ率が１％程度）しているときにPERがピークとなるように、PERには一定の上限がある。すなわち、長期にわたってその水準を超えていくことはないという一定の限度である。イカロスが限りなく太陽に近づけないように、PERも20倍前半の水準を長期にわたって超えることはない。その理由は実質経済成長率には一定の限度があり、また株式は債券のリターンを上回る水準で価格付けされるというマーケットの条件が存在するからである。1990年代後半の株式バブル期にはPERが一時的にこの上限を超えたこともあったが、この100年間の長期サイクルのピーク期でもPERが20倍台以上に進むことはあまりなかった。一方、株価評価カスケードを見ると、PERが10倍を割り込んだときが株価のボトム圏になっているのが分かる。

リターンの分析――株式投資リターンの予測

株式投資の将来のリターンを知りたいとは思わないだろうか。知りたいのであれば、農業年鑑や星座などを見たり、ダーツ投げなどはやめて、株式市場のロジックに従って合理的な期待リターンを算出しなければならない。その前にひとつだけ言っておきたいことは、株式専門家などがしばしば口にするヒストリカルな平均リターンとは、PERが相対的に割高な水準にある今の環境下での合理的な期待リターンではないということである。実際のリターンは投資時点と終了時点の株価（＝PER）水準によって決まり、2004年後半現在の株式のPERは歴史的にも高い水準にあり、これ以上PERが上昇していく可能性は低いことを理解すべきである。

株式投資の総リターンとは配当と値上がり益を加えたものである。したがって将来のリターンを予想するには、将来の配当利回りと株価の上昇率を合理的に予測しなければならない。まず最初の配当利回りであるが、これはPERの水準と密接に関連している。次の株価の上昇・下降はフィナンシャルフィジックスで予想できるだろう。しかし、将来の株式投資のリターンを予想する前に、これらの言葉の意味について簡単に説明しておこう。

図8.4　配当利回りとPER

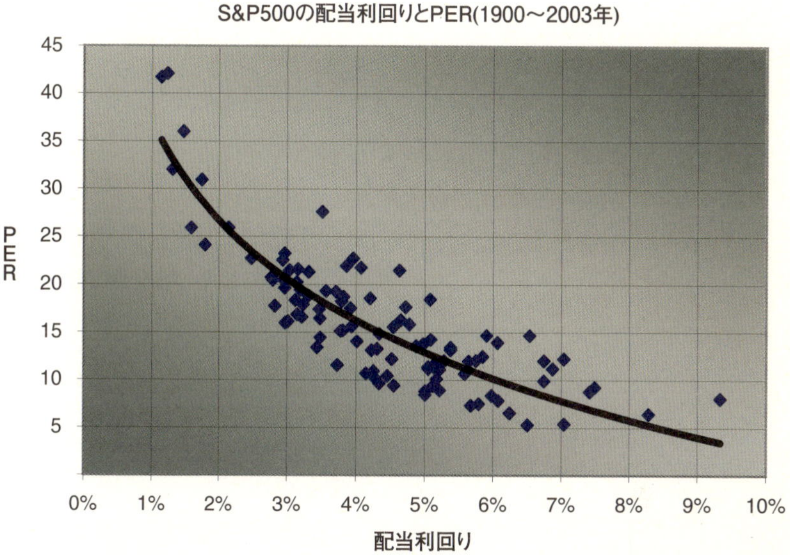

Copyright 2004, Crestmont Research (www.CrestmontResearch.com)

配当利回り

配当利回りはPERと密接に関連しており、PERと株価が上昇すれば、配当利回りは低下する。配当は利益から支払われ、税引き後利益のうち配当金として支払われた割合の比率を配当性向と言う。配当性向は状況によって変動するが、この50年間のS&P500構成企業の平均配当性向は約50%である。一方、PERは株価÷EPS、配当利回りは１株当たり配当額÷株価で表され、この２つの指標にはどちらにも株価が含まれている。配当額とEPSは直結しているため、PERと配当利回りの関係もダイレクトなものとなる。**図8.4**はこの２つの関係を示したもので、PERが上昇すれば配当利回りは低下するという関係がよく分か

図8.5　フィナンシャルフィジックスモデル

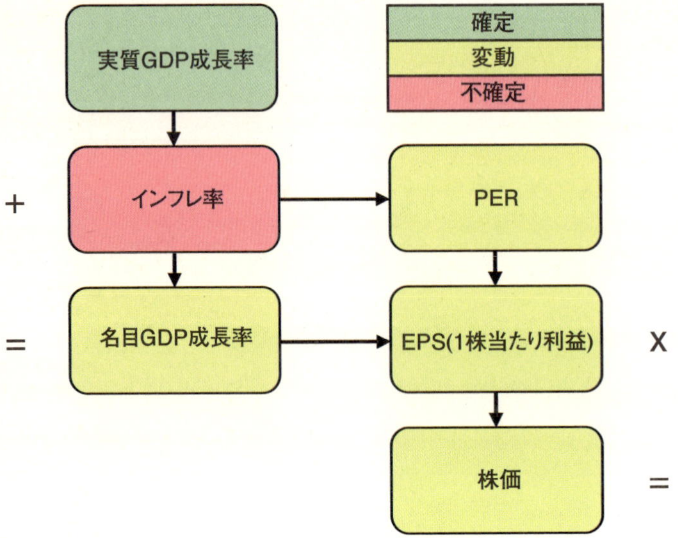

Copyright 2004, Crestmont Research (www.CrestmontResearch.com)

るだろう。そして株式の総リターンを決定する株価と配当利回りも逆相関の関係にある。株式投資の将来のリターンを算出する前に、将来の株価を予測するフィナンシャルフィジックスの基本変数についてもう一度説明しておこう。

フィナンシャルフィジックスの基本変数

図8.5はフィナンシャルフィジックスモデルを再掲したもので、その基本変数は経済成長、利益成長、インフレ率、PERなどである。

1．実質GDP成長率――この100年間（とりわけこの30年間）の年平均成長率は約３％である。

図8.6　株式の総リターンの算式

(A)配当利回り—配当額は確定値であるが、配当利回りは株価(およびPER)の変動によって変化する。配当は税引き後利益から支払われ、大手企業の配当性向は35～60%、平均では約50%となっている。株価が利益成長率よりも大きく上昇すれば、合理的な株価と比較した配当利回りは低下する。
(B)株価上昇率は利益成長率とPER上昇率を加えたものとなる。

2．名目GDP成長率——実質GDP成長率＋インフレ率で表される。

3．EPS成長率——S＆P500を構成する大手企業のヒストリカルなEPSは、アメリカ全体の名目経済成長率をわずかに下回る。将来の名目GDP成長率は6.2％、EPS成長率は5.6％、インフレ率は3.2％と予想される。

4．PER——インフレ（またはデフレ）トレンドと逆相関の関係にあり、インフレの進行に伴ってEPSが上昇すれば、PERは平均並みか、平均以下の水準に低下する。

5．現実的な将来の予想——現在のインフレ率は低位安定しており、今後も今の低インフレの状況が継続する可能性も否定できない。そうなれば、ヒストリカルな実質GDP成長率は約３％、インフレ率は1.5％、この２つを加えた名目GDP成長率は4.5％となり、EPSの平均成長率は４％と予想される。

将来の株式投資のリターン

天文学者は日食や月食の時期、惑星の公転軌道などを正確に予測するが、それは速力・重力や慣性の法則など知り尽くしているからである。将来の株価を正確に予想するのはそれよりもさらに難しいが、賢明な投資家であれば中期（５～20年先）の合理的な株価は予測できるだろう。株価は短期的には群集心理によって大きく変動するが、中期的な株価はある程度合理的に予測することが可能である。**図8.6**は配当利回りと株価上昇率を加えた株式の総リターンの算式であり、リターンの大小は配当とキャピタルゲインの増減によって決まる。

二番目の変数である株価上昇率は、利益成長率＋PER上昇率で表される。例えば、利益とPERに変化がなければ、株価はまったく動かないだろう。投資時点と終了時点のEPSがともに２ドル、PERが15倍と同じであれば、30ドルの株価はまったく変化しない。一方、PERは変化しないが、EPSが10％増加すれば、株価も10％上昇するだろう。すなわち、投資時点のEPSが２ドルでその後に10％伸びれば、終了時点のPERは2.20ドルとなり、株価は33ドル（2.20×15＝33）となる。その反対に、EPSに変化がなければ、株価を動かすのはPERの変化だけである。投資・終了時点のEPSが２ドルで変わらず、その期間中にPERが15倍から18倍に20％上昇したとすれば、株価も20％上昇して36ドルとなる（２×18＝36）。このように株価の上昇率は、利益成長率とPERの上昇率を加えたものとなる（**図8.7**を参照）。

ヒストリカルな考察

2010年までの残り６年間の株式投資の総リターンを予測するには、リターンをもたらす各要因についてヒストリカルに検証する必要がある。**図8.8**は1900年以降の連続した各６年間の年平均総リターンを示

図8.7　株価上昇率の算式

(Y)大手上場企業の利益(EPS)成長率は名目GDP成長率をわずかに下回る。
(Z)PER(および株価)はインフレ動向に大きく左右される。

したもので、最低の－７％から最高の＋25％までかなり大きな変動がある（最初の６年間は1900～1905年、次は1901～1906年、直近の６年間は1998～2003年とする連続した各６年間の年率リターンを示したグラフで、こうしたヒストリカルなリターンのトレンドは将来のリターンを予測するときの大きな手掛かりとなる）。一方、**図8.9**は総リターンを決定するEPS成長率、配当利回り、PERの上昇・低下率をやはり同じ方法で示したもので、特に1930年代の不況期以降には企業の利益成長率は相対的に安定している。一方、配当利回りは低PERのときに高く、高PERの時期に低くなっている（配当利回りとPERの関係については第５章を参照のこと）。

株式投資の総リターンに最も大きな影響を及ぼすのはPERの動向である。PERの上昇は株式の総リターンを押し上げるが、PERが低下すると（EPSなど）ほかの要因の寄与効果も帳消しされる。2010年までの向こう６年間については、EPSや配当利回りが上昇してもPERは低下すると予想されるので総リターンは低下するだろう。もしもPERの

図8.8　1900年以降の総リターンの推移

連続する各6年間のダウ平均の年平均総リターン

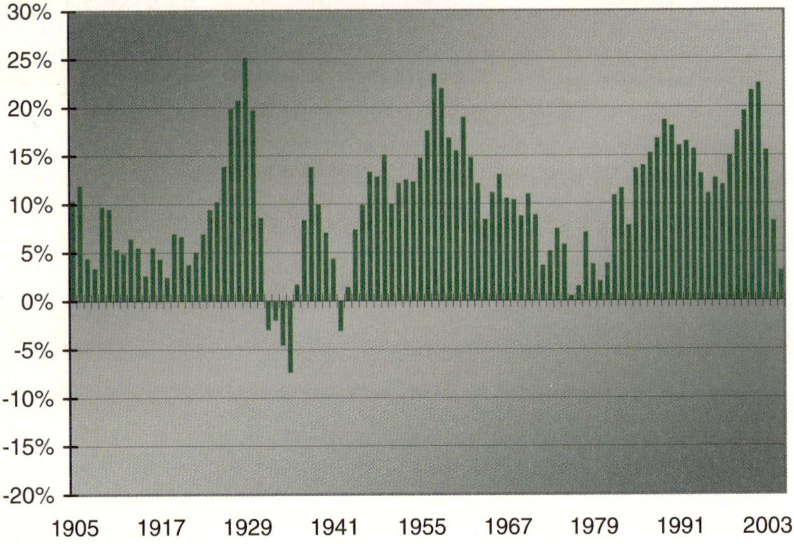

Copyright 2004, Crestmont Research (www.CrestmontResearch.com)

水準が変化がなければ、総リターンを決定するのはEPS成長率と配当利回りになるが、これらのプラス効果はそれほど大きなものではない。現在の高い株価水準から見て、今後のPERが総リターンに寄与することはあまり期待できない。

2010年までの株式リターンの予測

今後６年間の株式投資のリターンはどれくらいになるのだろうか。**図8.10**はそのシナリオを示したもので、これらの予想値はフィナンシャルフィジックスモデルなどをベースとして算出したものである。「－」はほとんどあり得ないケースで、例えば高インフレ期のPERの上昇、または低インフレ期の名目GDP成長率の急上昇などである。

図8.9　総リターンを決定する各要因

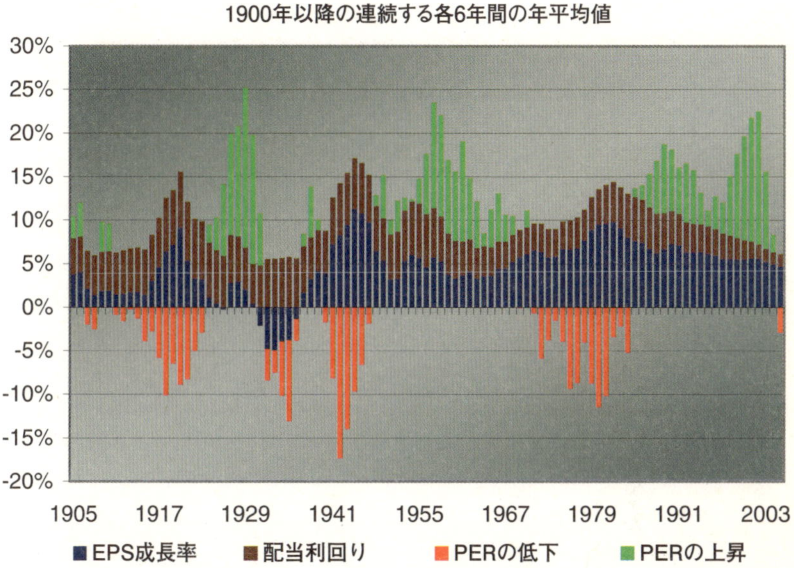

Copyright 2004, Crestmont Research (www.CrestmontResearch.com)

こうした状況は経済とマーケットの基本原則に反するばかりか、歴史を見ても例がないからである。株式の総リターンをもたらすのは株価の上昇と配当利回りで、株価上昇の主な原動力であるPERは左側、もうひとつの原動力であるEPS成長率はトップに、そして配当利回りはPERの左側に表記されている（PERと配当利回りの直接的な関係を示した**図8.4**を見ると、PERの水準が分かれば将来の配当利回りも予想できる）。一方、右側に表記したのは2010年までの仮定インフレ率であり、インフレ率はPERと逆相関の関係にある（第７章で述べた「Ｙカーブ効果」を参照のこと）。したがって予想PERが決まれば、将来の配当利回りだけでなくインフレ率も決まるし、予想インフレ率からEPS成長率も確定する。フィナンシャルフィジックスモデルからも分かるように、EPS成長率を決定するのは名目GDP成長率に含まれるイ

図8.10　将来の株式投資リターンのシナリオ

税引前総リターン(2005～2010年の年率リターン)

平均配当利回り	2010 PER	平均EPS成長率					2010年までのインフレ率
		4.0%	5.0%	6.5%	8.5%	10.0%	
2.0%	27	8.9%	-	-	-	-	1%-2%
2.1%	25	7.6%	-	-	-	-	1%-2%
2.2%	23	6.2%	-	-	-	-	1%-2%
2.3%	20	4.0%	-	-	-	-	1%-2%
2.6%	17	1.5%	2.6%	-	-	-	2%-3%
2.8%	15	-	1.0%	-	-	-	3%-4%
3.0%	13	-	-	0.6%	-	-	4%-5%
3.6%	10	-	-	-	-0.6%	-	7%-8%
4.7%	7	-	-	-	-4.3%	-3.1%	11%-12%

注＝クレストモント社の分析によるS&P500の期初PERは23倍、S&P500株価は1125、直近2004年までのヒストリカルな平均EPSは49ドル。2004～2010年のインフレ率とEPS成長率は一定とする。総リターンには年2%以上に上る取引コストは含まれていない。

ンフレ率である。

図8.10の数字は概算値であり、各要因の変動によって幾分変わってくるが、今後６年間の合理的な予想値にはなるだろう。これについて少し説明すると、2010年までのインフレ率が1.5％で低位安定していれば、PERも20倍前半で推移する。例えば、PERが今の23倍と同じ水準で推移すれば、予想配当利回りは約2.2％となる。一方、実質GDP成長率がヒストリカルな平均水準の３％で推移すれば、名目GDP成長率は4.5％、EPS成長率は約４％となる。その結果、PER23倍とEPS成長率４％が交差したところの年率リターンは6.2％（配当利回り2.2％＋EPS成長率を反映した株価上昇率４％）となっている（この数字には約２％に上る取引コストなどは含まれない）。

限られたリターンとマーケットの不確実さ

2004年後半現在の株価、利益成長率、PER、そしてインフレ率は合理的な適正水準を反映しているが、将来の株式リターンはインフレ動向に大きく左右される。たとえインフレ率が今の低位安定を今後も維持したとしても、将来の株式リターンは利益成長率４％と（20倍前半のPERを反映した）配当利回り2.2％を加えた水準が上限となるだろう。もしもインフレ圧力やデフレ基調が強まればPERは低下し、そうなれば株式の総リターンはマイナスに転落する。こうした状況に直面する個人投資家の影響もさることながら、それよりも長期のスパンで資金を運用する機関投資家の事情はもっと深刻である。機関投資家とは各種基金・財団や年金基金など指すが、これらの基金は投資収益の一部か、すべてを債務の返済に充てている。個人投資家が将来の投資収益で退職後の生活を賄えないときは、労働時間の延長、生活費の切り詰め、子孫に残す財産の減少などを余儀なくされる。しかし、一定の債務と予算を抱える各種基金・財団の機関投資家には労働時間の延長といった選択肢はなく、経費の節減や顧客向け分配金の減少という方法しか残されていない。

農家の生活と類似

各種基金や財団にとって、投資収益が主な債務返済の手段になっているケースは少なくない。例えば、多くの大学は主に寄付金と株式投資収益で大学の運営と学生向け奨学金などを賄っている。したがって低リターンやマイナスのリターンの環境が長期にわたると、その影響を受ける寄付金が減少するだけでなく、自らの投資収益でも年間予算を十分に賄えなくなる。その結果、元金を取り崩して債務の返済に充てるといった事態に追い込まれる。多くの機関投資家はそうした状況にならないように十分な投資資金を準備しているが、それでもそのような厳しい期間が長期化すればスパイラルな悪影響を受ける。これはちょうど農家の生活に似ている。

例えば、ある年のブルーベリーが不作のときは食費を切り詰めたり、それでも生活費が足りないときは農地の一部を売却せざるを得ない。しかし、農地を売却すれば翌年の作付け面積が減るので、例年並みの収穫量は確保できない。大豊作が続かないかぎり、売却した農地を買い戻すことは不可能である。もしも数年連続して不作といった事態になれば、農地の切り売りにはいっそう拍車がかかる。やがて農業を継続することはできなくなり、売る土地すらなくなってしまう。機関投資家の状況もこれと同じであり、厳しい投資環境が長引くと投資資金も枯渇するといった事態に追い込まれる。年を経るごとに元金は減少し、苦しい収支は予想を上回るペースで悪化していく。一方、投資収益で生活費を補足している個人投資家も、投資資金が減少すればやはり苦しい生活に追い込まれる。期待感だけをいくら膨らませても、そんなものは投資戦略でも何でもない。投資戦略に必要なものは現実的な前提に立った具体的な数字である。

現実的な投資プラン

個人投資家と機関投資家の双方にとって最も重要な数字は、株式投資の将来の予想リターンとコストである。将来の株式リターンを予測するときに注意すべきことは、ヒストリカルな平均リターンとは平均以上と平均以下のリターンの合計値を単に平均したものにすぎないということである。ヒストリカルな平均以上のリターンをもたらす経済と株式市場の環境は、平均以下のリターンしか得られない状況とはまったく異なる。平均以上のリターンが得られる時期には、株式だけでなくすべての金融商品が値上がりし、それまでの高インフレは低位安定に向かっていく。一方、平均以下のリターンしか得られない時期には、インフレ圧力やデフレトレンドが強まる。低インフレが続き、株式だけでなくその他の金融商品の価格も相対的に高水準にある現在、それらの投資商品から平均並みか、平均以上のリターンを期待するのは無理である。

一方、金融商品に投資するときの最大のコストとはインフレであり、これはコントロールするのが最も難しい不確定要因である。しかし、合理的な投資プランを作成するときは、一定のインフレ率を前提とした将来の予想リターンとコストを見込むべきである。投資目的を達成する優れた投資プランとは、正確に予測した債務を十分に賄えるほどの期待リターンをもたらすものである。この20年間にインフレと金利はほぼ一貫して低下し、金融商品はこうした好環境を反映して大きく値上がりした。その結果、個人投資家の退職に備えた投資プランは前倒しで達成され、機関投資家も債務を賄って余りある利益を上げてきた。長年こうした状況に慣れ親しんできた多くの投資家は、このように平均以上のリターンが得られるのは当たり前であり、これからも平均並みのリターンは確保できると考えている。しかし、今後はこうした平均並みのリターンを確保することさえもかなり難しくなるだろう。現在の株価水準を見ると、将来手にするリターンが平均以下になるのはほぼ必至である。経済とマーケットの関係に照らしても、株式バブルでも再来しないかぎり、株価のさらなる上昇を期待するのは非現実的である。割高な株価が平均並みの水準に戻れば、株式投資のリターンは低下する。

金利が上昇すれば債券の総リターンが低下するだけでなく、PERもヒストリカルな平均水準に下がるので、株式投資のリターンも平均以下にとどまる。こうした状況はインフレと金利の上昇期に起こるので、コストは予想以上に膨らむだろう。こうしたシナリオは何も特殊な状況ではなく、単にこの20年間の平均以上のリターンが平均並みの水準に戻るだけの話である。それならば、投資家はこうした厳しい状況にどのように対処したらよいのだろうか。次の第９章～第10章では２つの異なる投資アプローチを紹介し、長期に及んだ最近の大強気相場に続く新しい相場環境にどのように対処すべきかについて検討する。今の状況が長期下降相場の初期または冬眠中のベア（弱気相場）のどちらであろうとも、1980～1990年代にうまく機能していた投資法やテクニックが、これからの十数年も同じようにうまく機能すると考えてはならない。

第４部のキーポイント

１．クレストモント社の「フィナンシャルフィジックスモデル」には、株式市場の大きなトレンドを決定する経済と株式のさまざまな要因の相関関係が示されている。
２．インフレが低位安定しているとき、株式市場の持続可能なPERのピーク水準または上限は20～25倍であり、2004年後半現在のPERがまさにこの水準にある。

第V部

投資哲学

Investment Philosophy

第9章

投資哲学

Investment Philosophy

アメリカの大資産家であるロス・ペローは子供のとき、クリスマスカードを売ってお金を稼いだという。彼は利発な少年だったので、翌１月末までには最初の有望なビジネスのこつをマスターしてしまった。クリスマスカード売りはかなり儲かったが、彼は１年を通してできるビジネスをしたかった。季節の善し悪しで収入が左右されるのがいやだった。これと同じように、安定したリターンを得たいと思う投資家は、コンスタントな利益を追求する絶対リターンの手法に目が向くだろう。この戦略は特に長期下降期にはかなり有効である。しかし、このアプローチについて詳しく述べる前に、従来の相対リターンの手法の基本的な考え方について少し説明しておこう。

相対リターンの手法

コンスタントな利益を追求する絶対リターンの手法は合理的で素晴らしいと思われるが、現在でもこの手法を実践・推奨している投資アドバイザー、ファンドマネジャーや一般投資家はそれほど多くはない。彼らが実践しているのは従来の相対リターンの手法、すなわちハリー・マーコビッツ、ユージン・ファーマ、ウィリアム・シャープが提唱した現代ポートフォリオ理論（MPT）、効率的市場仮説（EMH）

および資本資産評価モデル（CAPM）などの理論に基づく投資法である。それは株式や債券やミューチュアルファンドなど広範なアセットクラスに分散投資する方法で、そのリターンはS&P500やリーマン・ブラザーズの債券総合指数などのベンチマークに連動する。ポートフォリオの個別銘柄を入れ替えるときも、株式や債券など広範な金融商品を組み入れる。

経済の長期成長をベースとするこの相対リターンの手法とは、短期的なマーケットのリスクや変動には目をつぶり、あくまでも長期的な利益を追求するものである。ここでは経済の長期的な成長が企業の利益を増大させ、この利益成長が「最終的に」株価の上昇をもたらすという考え方が基本になっている。しかし、現実にはこの「最終的に」が当初の予想よりはるかに長引くことも少なくない。投資家が株式市場から安定した利益を得たいと思っても、従来のこうしたやり方に固執しているかぎりその実現はかなり難しい。この相対リターンの投資のポートフォリオはベンチマークの動きに左右され、マーケットの有利・不利な時期に応じて損益が決まるからである。株式よりもボラティリティが小さく、また株式とあまり相関関係のない広範なアセットクラスに広く分散投資すれば、ポートフォリオ全体のボラティリティのリスクはある程度低減できるだろう。しかし、こうした方法によってもポートフォリオの損益がベンチマークの動きに左右されるという相対リターンの手法の本質的な弱点が克服されることはない。

絶対リターンの手法と相対リターンの手法の違い

皆さんはウサギとカメの有名な寓話はご存じであろう。この２つの投資アプローチはちょうどこのウサギとカメに似ている。カメのゆっくりした着実な歩みは絶対リターンの手法、ウサギの全力疾走と休息のやり方はまさに相対リターンの投資のアプローチそのものである。

この２つの投資法にはいずれもメリットとデメリットがあり、それは株式相場の局面に応じて決まる。相対リターンの手法はこの数十年間に広く実践されてきたので、多くの投資家はこの投資法に慣れ親しんでいる。しかし、これからの株式相場の環境下では絶対リターンの手法こそが特に求められる。

絶対リターンの手法とは投資戦略というよりは、むしろ投資哲学のようなものである。広範なアセットクラスやベンチマークの価格がどのように変動しても常に利益を追求するというこの手法では、単にマーケットのトレンドに乗るというよりは、絶対的なリターンを確保するためのアグレッシブな投資スタンスとスキルが求められる。その考え方はビジネスライクであり、ベンチマークの上昇や配当に頼ったリターンではなく、自分から利益を取りに行くというスタンスである。この絶対リターンの投資ではリスクは潜在的な損失であり、その成否の基準は損益だけである。ここでは株価のトレンドやベンチマークの動きには関係なく、どのような損失リスクも損失として考える。

一方、従来の相対リターンの手法の歴史は比較的新しく、主に学問的な投資理論に基づいている。その考え方は、同じように動くアセットクラスやベンチマークのパフォーマンスから利益を得ようというものである。例えば、株式市場全体が上昇すればポートフォリオの個別銘柄も値上がりするというように、ポートフォリオの損益はベンチマークの動きと完全に一致している。株式と同じように、債券ポートフォリオの損益も債券総合指数の動きと連動している。このように相対リターンの投資の利益はいわばマーケットが持ってきてくれるもので、そのためにはポートフォリオの短期的な評価損や株価の変動には目をつぶるという長期の視野と忍耐力が求められる。

相対リターンの手法にもスキルは必要であるが、それはどのアセットクラスが有望か、またはベンチマークの上昇はどれくらいになるのかなどを見極めるスキルである。そのリターンの程度は投資したアセットクラスのベンチマークの動向によって決まり、そのリスクはベンチマークとの誤差、いわゆる統計学で言う「トラッキングエラー」のことを指す。例えば、自分のポートフォリオのリターンが－10％、ベンチマークのリターンが－12％であれば、＋２％のトラッキングエラーとなる。その反対に、ポートフォリオのリターンが－13％であれば、－１％のトラッキングエラーである。相対リターンの手法のファンドマネジャーは「市場に打ち勝つ」ことを目指しており、そのためにはプラスのトラッキングエラーを累積していかなければならない。しかし、実際には相対リターンの投資のファンドマネジャーが長期にわたって市場平均に打ち勝つことはほとんどない。その結果、頭の良いマネジャーたちはいわゆる「インデックス運用」に投資戦略を変更してしまった。このインデックス運用とはマーケットのインデックス（指標）に連動したパッシブな投資スタンスであり、インデックスのパフォーマンスに依存しながらも、市場平均に打ち勝つことを目指す相対リターンの手法よりもさらに消極的なものである。もっとも、このどちらの投資手法を採用しようとも、その損益がベンチマークの動きに大きく左右されることに変わりはない。

年頭にその年の投資プランを練っているとき、自分が株式市場のトレンド、金利動向やほかのマーケットの動きとは無関係に利益を追求しようとしているのかどうかを考えてみよう。そして投資アドバイザーに「今年は利益を上げることができますか」と聞いたとき、その返答が株式市場のトレンドについてコメントしているならば、あなたは相対リターンを目指している投資家である。その反対に、マーケットの動きとは無関係に安定した利益を追求しようとしているのであれば、あなたは絶対リターンの投資家である。

スキルで勝ち取るリターンとベンチマークがもたらすリターン

絶対リターンの手法とはファンドマネジャーのスキル（腕）によって利益を確保しようとするものであり、そのスキルとは損失リスクを減らしながら、株式市場から安定した利益を上げる能力である。それには過大・過小評価された銘柄の評価、リスク管理やマーケットのトレンドを見極める能力も含まれる。それはちょうど、一般に公表される前に重要な事実をスクープする優れた報道記者の能力のようなものである。そうしたジャーナリストがほかの記者よりも早く特ダネを物にしたり、またホームランバッターが何本もホームランをかっ飛ばすように、絶対リターンを追求するファンドマネジャーは常に安定した利益を上げ続ける。そうしたマネジャーはヘッジ手法や証券の入れ替えなどによって、リスクをうまくコントロールする。総リターンの増大に加えて、常にリターンとリスクの関係にも配慮している。

相対リターンを追求するファンドマネジャーも高い知性と高度なスキルを持っているが、それらはベンチマークと連動した、またはそれをわずかに上回るパフォーマンスを上げることだけを目指したものである。相対リターンの手法では主に株式や債券などのベンチマークのパフォーマンスを基準にしているが、個別のアセットクラスはさらに大型株、グロース株、高利回り債、国債などに細分化される。絶対リターンの手法と相対リターンの手法の違いを、例えばダウ工業株30種平均について説明しよう。相対リターンを目指すファンドマネジャーは、ダウ平均構成企業の長期的な成長から利益を上げるために30銘柄すべてに均等投資する。一方、安定した利益を目指す絶対リターンの手法のマネジャーであればこの30銘柄をリサーチして、最も過小評価されている15銘柄を買い、過大評価されている15銘柄を空売りするだろう（空売りとは高い株式を売り、それが安くなったときに買い戻して利益を上げることで、思惑に反して値上がりすれば損失となる）。

もっとも、こうしたポートフォリオをランダムに組成すれば、多くの銘柄がベンチマークと連動しているので、ポートフォリオの半分の利益は残りの銘柄の損失で相殺されてしまう。つまりポートフォリオはアウトパフォームとアンダーパフォームの銘柄が半々となる。そして株価が上昇すれば、買い持ち銘柄は利益になるが、空売り銘柄は損失となる。しかし、絶対リターンの投資のファンドマネジャーにはアウトパフォームすると思う15銘柄を買い、アンダーパフォームすると思う15銘柄を空売りするという優れた銘柄選択スキルがある。

学問的な研究や経験則によれば、株価はマーケットのトレンドに沿って動く習性があり、それに企業業績やその他の市場要因がさまざまな影響を及ぼす。上記の例のように、買い持ちと空売り銘柄を均等にホールドすれば、そのポートフォリオはマーケットの動きにほぼニュートラルとなるが、そこから利益を出すのが絶対リターンの投資のマネジャーの腕である。その腕とは割高な銘柄よりも大きく上昇しそうな割安株を見つけたり、またはマーケットの動きとは無関係に利益を出すように買いと空売り銘柄をうまく組み合わせる能力である。相対リターンの手法ではマーケットのトレンド次第で損益が決まるが、絶対リターンの投資のポートフォリオはマーケットのトレンドとは無関係であり、ファンドマネジャーの腕が損益を決定する。

チャンスの違い

ベンチマークとの比較でパフォーマンスの成否を決める相対リターンの投資では、戦略と投資の範囲がかなり制限される。例えば、主に大型株に投資する相対リターンの投資のファンドマネジャーは、時価総額の大きい大型株だけでポートフォリオを組成し、小型株やほかのアセットクラスを組み入れる可能性についてはあまり考慮しない。これに対し、絶対リターンを追求するファンドマネジャーは特定のアセットクラスだけにこだわらず、広範な証券やその他のアセット商品にも目を向ける。これについてアレクサンダー・イネイチェンは、その著『アブソルート・リターンズ（Absolute Returns）』のなかで次のように述べている。

「絶対リターンの投資のファンドマネジャーはあらゆる投資チャンスから利益を上げようとするが、相対リターンの投資のマネジャーはそうではない。例えば、絶対リターンの投資のマネジャーはヘッジによるリスク低減はもちろん、状況に応じてレバレッジをかけてリスクをチャンスにしたり、売り方が形成した価格の非効率性を利用したり、さらには同じ証券や類似証券との価格差を利用して利益を上げようとする。経験豊富なそうしたマネジャーにとって、投資チャンスが多いほどパフォーマンスも向上していく。一方、この２つの投資手法には投資チャンスの範囲だけでなく、チャンスの程度にも大きな差がある。例えば、相対リターンの投資のファンドマネジャーは大型株価指数をベンチマークとしているため、世界でも有数の効率的なマーケット（大型株市場）で株価の非効率性を探さなければならない。この市場ではミスプライス（価格の歪み）はほとんど起こらず、価格の非効率性を探すコストはかなり高くつく」

成否の基準

相対リターンの手法を取るミューチュアルファンドや機関投資家のファンドマネジャーは、市場平均並みのパフォーマンスを上げていれば顧客を失うことはない。ベンチマークが20％下げたときに－20％のパフォーマンスとなっても、投資家が離れていくことはない。さらにベンチマークが－20％のとき、ポートフォリオのリターンが－15％にとどまれば、既存の顧客は文句を言わないどころか、新規の顧客が入ってくるだろう。一方、市場平均が20％上昇したとき、そのマネジャーのリターンが＋15％であれば、不満を持つ顧客の脱退は避けられないだろう。その反対に、市場平均が20％下落したとき、そのマネジャーが＋15％のリターンを上げたら、おそらくヘッジファンドも運営できるだろう（ヘッジファンドについては第12章で詳しく検討する）。

相対リターンの投資のファンドマネジャーの成否と報酬は、主に運用資産の規模によって決まる。運用資産が増大してもそれは必ずしも市場平均よりアウトパフォームになることを意味しないが（むしろベンチマークに負けることも少なくない）、それでも預かり資産が多くなればなるほどそのマネジャーの評価は高まる。一方、絶対リターンの投資のファンドマネジャーの評価基準はこれとはまったく違う。その成否を決めるのは利益の大きさと安定性である。したがって、預かり資産が増えすぎてパフォーマンスが落ちてくれば、ファンドの募集は打ち切られる。彼らの基本給は相対的に低く、最大の報酬は顧客のために利益を上げたときに得られる成功報酬である。そして損失が続いたときは解雇される可能性もある。その報酬制度は高度な経営手腕を持つ企業経営者の報酬体系に似ている。優秀な経営者に支給される多額のボーナスやストックオプションは、絶対リターンの投資のファンドマネジャーの成功報酬に似ている。

リスクは敵か味方か

バーモント州ブラトルバロのある証券会社支店の店頭に、この100年間の右肩上がりの株価を描いたポスターが張ってある。そのポスターには太文字で「どこにリスクがあるのか」と書かれている。もちろん、これは株式を購入して長期に保有すれば必ず利益になるという意味である。相対リターンの手法は時間をかけて損失のリスクをなくそうというもので、「最後まであきらめるな」「長期の視野に立って長期投資をしよう」などといったスローガンが、個人投資家はもとより機関投資家に対しても毎日・毎年言われ続けてきた。

相対リターンの投資のリスクの考え方

これまで述べてきた平均リターンや長期投資の小さなリスクなどは、全体の話の一部にすぎない。確かに株式を購入して長期にホールドすれば損失の可能性は低くなるかもしれないが、数年（または数十年）の保有期間中の損失リスクは投資時点の株価水準によって大きく異なる。つまり、高株価のときに株式市場に参入すれば損失リスクは大きく、低いか、平均水準のときに株式を買えば損失リスクはかなり小さくなる。長期下降相場の損失はそれに続く長期上昇相場で取り戻すことができるかもしれないが、それほど長期にわたって株式を保有したくない投資家も数多くいるだろう。長期投資の考え方には、多くの投資家の投資スパン（５年、10年、長くても15年）で被った保有株の評価損や資産の目減り分を取り戻すための方法は存在しない。最近の例で言えば、2000年のS&P500に1500ドルを投資した投資家は、５年後の今でもまだその損失を取り戻せていない。

相対リターンの投資の損失が一般投資家とファンドマネジャーに及ぼす影響はかなり異なる。ベンチマークと完全に連動するポートフォリオを運用するファンドマネジャーは、株価が下がってもそれほどその運用手腕が問われることはないが、例えば保有株に35％もの評価損が出た個人投資家は利益目標を達成するのがかなり難しくなる。投資のプロセスには機会コストという問題もある。長期に株式を保有していれば必ずリターンはプラスになると株式専門家は言うかもしれないが、彼らが見落としているのは投資家には別の選択肢もあったという事実である。15年間も株式を保有していればほぼ確実に利益が出ると言われても、15年たってもまだ利益が出なければがっかりするだろう。

その間に進行するインフレが資産の購買力を低下させたり、または株式ではなく債券に投資していれば投資資金が２倍になったかもしれない。株式投資はもとよりすべての投資についても、それによる損益だけでなく、ほかの可能性についてもよく考える必要がある。

相対リターンの手法の成否は投資したアセットクラスの値動きによって決まるが、そうした相場の変動は一本調子で進むわけではない。この投資法は長期の上昇トレンドが続くときに最も適しており、すべての局面で有効なわけではない。それにもかかわらず、多くの投資家や株式専門家は相対リターンの投資は短期的には評価損が出るかもしれないが、長い時間をかければ必ず利益が出るのでリスクは小さいと考えている。

絶対リターンの投資のリスクの考え方

一方、絶対リターンの投資ではリスクとは損失の可能性であり、潜在的な損失そのものであると考える。その根底にあるのは不確実性と損失のコンセプトの違いである。損失が確定されたら、もはやそれはリスクではなく、現実の損失である。リスクとは潜在的な損失、または損失を出す可能性である。リスクにはさまざまな種類と程度があるが、それは損失の不確実性に関係しており、なかでもリスクの不確実性と程度の関係が最も重要である。投資における最も一般的なリスクとは、安定したリターンと損失の程度に関するものであろう。絶対リターンの手法におけるリターンとはベンチマークと比較した相対的なものではなく、絶対的な利益や損失の金額である。絶対リターンの手法の投資家が株式市場のこの100年間のリターン表を見れば、短期的に発生する損失はやはりこのマーケットにも大きなリスク（損失と不満足なパフォーマンスのリスク）が存在すると考えるだろう。

システマティックリスクと非システマティックリスク

この50年間にファイナンス専攻の大学生が習った現代ポートフォリオ理論（MPT）には、システマティックリスクと非システマティックリスクというコンセプトがある。簡単に言うと、システマティックリスクとはすべての投資に共通するマーケットリスク、非システマティックリスクとは個別の企業や銘柄に特有のリスクである。この２つのリスクは株式投資のリターンにそれぞれ違った影響を及ぼす。最初のリスクは市場全体と株価水準に関係するもの、二番目のリスクは事業リスク、経営リスク、競争激化のリスクなど個別の企業が直面するリスクである。ハリー・マーコビッツは非システマティックリスクは分散投資によって取り除くことができると主張し、それまでの投資の考え方を一変させた。実際、完全に分散化されたポートフォリオは個別企業に特有のリスクの影響を大幅に軽減できるだろう。マーコビッツによれば、この種のリスクが分散投資によって取り除かれるならば、効率的な市場はこのリスクに見合ったリターンはもたらさない。マーケットが完全に効率的であれば、株式投資のリターンはシステマティックリスクを取ることによってのみもたらされる。

こうした効率的市場のコンセプトは、1970年にユージン・ファーマが提唱した効率的市場仮説（EMH）の理論のなかで具体的に示された。それによれば、株価にはすべての公開情報が直ちに織り込まれるので、すべての株式はいつでも適正に価格付けされており、割安株や割高株を見つけることはできない。最近の理論ではマーケットには短期的な非効率性やミスプライス（価格の歪み）が存在することを認めているが、それでもこの効率的市場仮説は今でも相対リターンの手法を支える投資理論の基礎になっている。

相対リターンの投資では、（個別企業の業績悪化などの）非システマティックリスクを広範な株式や債券への分散投資によって軽減しようとする。これによって一部企業の悪影響を最小限に食い止めることができるが、株式や債券市場全体のリスク（システマティックリスク）は許容せざるを得ないと考える。そのベースとなっているのは、さまざまな相場のサイクルがあってもそのまま株式（または債券）を保有していれば、長期的にはリターンがもたらされるという考え方である。しかし、そこにはそれらのサイクル（長期上昇または下降相場）がどのような意味を持つのかといった認識はほとんどない。したがって、相場の各サイクルに応じた適切な投資手法を使い分けるということもない。長期のマーケットには常に平均的なリターンとリスクが存在する。相対リターンの手法とはマーケットのリスクは避けることができず、リターンとはそうしたリスクを取る代償であるという考え方に立っている。

　これに対し、絶対リターンの投資では主に個別企業に特有のリスクはある程度許容せざるを得ないが、マーケットのリスクは何としても回避しなければならないと考えている。運用手腕によってコンスタントな利益を上げるには、市場のボラティリティリスクは絶対に許容してはならない。リターンとは投資リスクの程度に見合った代償ではなく、ファンドマネジャーが自らの腕で勝ち取るものである。

　ほぼ半世紀にわたり、相対リターンの投資のプロたちは分散投資によって非システマティックリスクを取り除き、システマティックリスクから利益を上げようとしてきた。一方、絶対リターンの投資のファンドマネジャーはシステマティックリスクをヘッジなどで回避しながら、スキルを駆使してミスプライスの銘柄や非システマティックリスクを利用することで利益を追求してきた。こうした投資家の先覚者であるアルフレッド・ジョーンズは、ハリー・マーコビッツが現代ポートフォリオ理論の論文を発表したほぼ同じ時期に最初のヘッジファンドを設立した。

主要なリスクと二次的なリスク

システマティックリスクと非システマティックリスクは、特定のポートフォリオや投資戦略に内在するリスクの性質と関係している。理論上は相対リターンの投資の目的はマーケットリスクの回避、絶対リターンの投資は個別銘柄に特有のリスクを取り除くことにあるが、実際にはこれら両方の多様なリスクにさらされているポートフォリオがほとんどである。その結果、一方のリスクが主要なリスク、もうひとつのリスクが二次的なものとなる。従来のポートフォリオではマーケットリスクを主要なリスクとしてきたが、絶対リターンの投資では個別銘柄に特有のリスクを主要なリスクと考えている。

伝統的な相対リターンの手法とオルタナティブ投資（株式や債券だけでなく、さまざまなアセットクラスにも代替投資すること）を取り入れた絶対リターンの手法では、リスクマネジメントに対する考え方がまったく異なる。主なリスクマネジメントのひとつである分散投資とはさまざまな証券をポートフォリオに組み入れたり、または多様なアセットクラスに投資してリスク分散を図ることである。多くの証券やアセットクラスに投資するのが分散投資、投資商品を絞るのが集中投資である。

分散投資の役割は投資のアプローチによって異なる。伝統的な相対リターンの投資では、分散投資の主な目的は二次的なリスク（個別銘柄に特有なリスク）を取り除くことであり、主要なリスク（マーケットリスク）はその対象ではない。（リターンを得る代償としての）マーケットリスクは許容しなければならず、したがって相対リターンの手法の分散投資では主要なリスク（マーケットリスク）は増大する。一方、絶対リターンの投資のポートフォリオや投資戦略では、二次的なリスクのマーケットリスクを回避することが大きな目的となる。ここでは有望な投資商品を選別するファンドマネジャーの腕が投資の成否を決定するので、個別証券に内在する特有のリスクが主要なリスクとなる。したがって、絶対リターンの手法の分散投資ではこの主要なリスクを低減することが主な目的となる。この２つの投資手法における主要なリスクと二次的なリスクのこうした考え方の違いは、基本的な投資アプローチの違いを反映しており、また投資対象のリスクと性質が異なることを意味している。一般投資家にとってその名称はどうであれ、自分は主にどちらのアプローチを取るのかをはっきりさせることが大切である。

ポートフォリオのミスマネジメント

ポートフォリオマネジメントの最初のルールが分散投資であるとしても、なぜ多くの投資家が無意識のうちにリスクを増大させるのだろうか。投資家の多くは広範な株式や債券を組み入れたポートフォリオが分散投資であると思っている。こうした考え方は現代ポートフォリオ理論（MPT）の原則に基づいているが、MPTが間違って実行されると、安全な投資のロードマップ（道案内）にならないばかりか、ポートフォリオを大きなリスクにさらすことになる。1950年代初めにハリー・マーコビッツが提唱したMPTの基本原則は、分散投資の目的はリターンをもたらさないリスクを取り除くことにあるが、リターンを生み出すリスクは許容するというものだった。その後、ウィリアム・シャープがこの原則を資本資産評価モデル（CAPM）に発展させた。シャープはジャナサン・バートン（著名な金融ジャーナリストで、『投資の巨匠たち』［シグマベイスキャピタル］の著者）とのインタビューのなかで次のように述べている。

「CAPMによれば、あらゆる投資には２つの個別のリスクが存在する。そのひとつはマーケットに内在するリスクで、これはシステマティックリスク（その後「ベータ」と呼ばれるようになった）と言われるもので、分散投資でも取り除くことはできない。もうひとつは個別企業に特有の非システマティックリスクで、これは適切な分散投資によって低減できる。したがって、ポートフォリオの期待リターンを決定するのはマーケットリスクのベータである。CAPMは投資家がリスクを取って投資に臨むとき、ポートフォリオのリターンとリスクの評価に役立つだろう」

MPTとCAPMはこの数十年間に投資ポートフォリオを構築するときの基礎原則となってきた。ポートフォリオのリスクを低減するにはさまざまなアセットクラスに分散投資しなければならないが、数十年前の主な投資対象といえば株式と債券だけであり、その意味ではポートフォリオの分散化はかなり限られていた。それでもMPTとCAPMの革新的な原則がそれ以前の集中投資の考え方から、株式と債券の分散投資に投資家の目を向けさせてくれた功績は極めて大きい。シャープによれば、（単純に言えば）個別企業に特有のリスクは分散投資で低減できるため、投資家が直面する唯一のリスクはマーケットリスクであり、このシステマティックリスクこそがリターンをもたらす源泉である。これについて投資家の多くは、「リターンの80～90％はマーケット全体の上昇から、残りが優れた銘柄選択からもたらされる」と考えるだろう。実際、もしも投資家がこれらの理論に基づいて完全な分散投資を実行すれば、すべてのリターンはマーケットからもたらされるはずである。すなわち、MPTとCAPMに従って効果的な分散投資をした投資家は、マーケットと完全に連動したリターンを受け取ることになる。これらの原則はまず株式に、次に債券に当てはまる。マーケットと連動したリターンをもたらす分散化された株式ポートフォリオでは、個別企業のリスクが取り除かれると、残りのリスクはマーケットリスクだけである。

株式のリターンは、企業の利益成長とPER（株価収益率）の上昇によってもたらされる。PERが上昇すれば株式投資のリターンは急増するが、これはPERの上昇が利益成長の効果を倍増させるからである。一方、PERが低下すると株式のリターンは低下またはマイナスとなるが、これはPERの低下が利益成長のプラス効果を帳消しするからである。例えば、ここにEPS（１株当たり利益）が１ドル、株価が15ドルの株式があるとすれば、そのPERは15倍（PER＝株価÷EPS＝15÷1）である。もしもEPSが５％増加して1.05ドルとなり、PERが変わらないとすれば、その株価は15.75ドルとなる（株価＝PER×EPS＝15×1.05）。しかし、この利益成長に15倍→20倍のPERの上昇効果が加わると、株価は何と当初価格（15ドル）より40％も高い21ドルとなる（20×1.05＝21）。５％の利益成長がこの値上がり益に寄与したのはわずか8分の1で、残りのキャピタルゲインはすべてPERの上昇によってもたらされたのである。その反対に、EPSが1.5ドルに増加してもPERが15倍から10倍に低下すれば、株価は10.50ドル（10×1.5＝10.50）となり、利益が５％伸びても投資家はこの株式で30％の損失を被る。このように株価と株式投資のリターンを大きく左右するのはPERの動向である。

これと同じことは債券についても当てはまる。個別企業に特有のリスクが分散投資で取り除かれると、債券価格は（金利動向に大きく左右される）債券市場のトレンドと連動する。多くの投資家が経験しているように、金利が低下すれば債券価格は上昇するので、利回りの低下分を補うことになる（金利が上昇すれば、債券価格の下落が利回りの上昇分を帳消しする）。もしも株式60％、債券30％、残り10％をその他のアセットクラスで構成したポートフォリオを組成したとすれば、このポートフォリオは株式と債券市場のリスクを90％も被ることになる。長期的に見ると、この２つの市場は同じトレンドをたどる傾向があるからである。

そうであっても、MPTとCAPMの原則が間違っているわけではない。問題の原因は金融・証券市場が複雑になって、これらの理論の原則がそれに追い付かないことにある。マーコビッツが1952年にMPTを発表したとき、投資可能な証券のパフォーマンスということが大きな問題だったが、その当時の主な投資対象は株式と債券だけだった。その当時で考えられた分散投資とは、株式と債券への分散投資だけだった。1980年代まではミューチュアルファンド（投資信託）はそれほど一般的ではなく、1960年代のその数はわずか300にすぎなかった（現在では１万以上）。それから20年間に投資対象のアセットクラスや投資可能な証券は飛躍的に増加した。現在ではアセットバック証券、外国証券、不動産、オプション、商品、投資信託、ヘッジファンド、インフレヘッジ条項付き国債など広範な投資商品が存在する。

投資家の多くは、株式と債券が上昇トレンドをたどったこの20年間のマーケットと上昇相場しか知らない。株価が押したところは常の買いのチャンスだった。しかし、1970年代以前の相場の傷跡をいまだに引きずっている人たちは、株式と債券市場のリスクがどれほど怖いものなのかを痛いほど知っている。そして現在では株価上昇の原動力であるPERは再び歴史的な高水準に、債券価格を大きく左右する金利は歴史的な低水準にある。この２つの伝統的なアセットクラスについて見ると、リターンよりもリスクの可能性がかなり高い。

この数十年間に証券業界では、MPTとCAPMの重要な柱であるユージン・ファーマの効率的市場仮説（EMH）を発表された当時ほど厳密に適用しなくてもよいと考えるようになった。金融市場とは効率的な状況というよりは、適正な価格決定の効率的なプロセスである。換言すれば、株式市場では長期的には適正株価に落ち着くが、いつでもすべての情報を反映するわけではない。例えば、オルタナティブ投資を駆使するヘッジファンドなどは、マーケットのミスプライス（価格の歪み）と非効率性を利用して利益を上げ、結果的にマーケットの効率性に寄与している。マーコビッツの理論に戻って言えば、ポートフォリオの分散投資とは投資証券ではなく、投資に伴うさまざまなリスクを対象としている。さまざまな投資対象が数多く存在しているのに、多くの投資家がいまだに（株式と債券という）２つのアセットクラスのリスクだけにポートフォリオをさらしているのは、それ以外の代替投資商品に関する無知以外の何物でもない。

リスクに関する間違った考え

合理的な投資家はリスクの大きい投資商品に対して、リスクの小さい商品よりも大きいリターンを要求する。こうした考え方は今や投資界の常識になっており、それは低格付け債は高格付け債よりも利回りが高いことでも裏付けられている。しかし、こうしたリスクとリターンの関係はすべてのことに当てはまるわけではない。ゼネラル・エレクトリックの元CEO（最高経営責任者）であるジャック・ウェルチやウォーレン・バフェットが、平均以上のリターンを得るために大きなリスクを取っただろうか。その答えは「ノー」である。ウェルチやバフェットは同業者よりも高度なスキルを駆使して高いリターンを得たのである。換言すれば、彼らが成功したのは超優良企業を投資ポートフォリオに加えることでリスクを低減した結果なのかもしれない。これと同じように、絶対リターンの手法でも投資のリスクを最小限に抑えることで、どのような相場局面でもコンスタントなリターンを確保しようとする。

リスクとリターンの関係におけるもうひとつの誤解は、高いリスクが自動的に高いリターンをもたらすという考えである。しかし、現実には高いリスクの割には相対的に低いリターンしか得られない投資商品もある。高いリスクは高いリターンを得るための絶対条件ではない。リスクとは合理的な投資家が適正に評価し、その投資商品の期待リターンに上乗せするプレミアムである。低格付け債が高格付け債よりも利回りが高いのは、投資家がリスクの大きい債券により大きなリターンを要求するからである。もっとも、合理的な投資家が評価する低格付け債の価格とは、その高いリスクを埋め合わせる価格ではない。投資商品の価格と条件を決定するのは、リスクと損失の程度が認識されたあとの期待リターンであり、それこそがマーケットの機能である。

リターンの源泉――リスクと行動（またはスキル）

金融証券に投資してリターンを得るにはある程度のリスクを取らなければならないが、行動によってリターンを上げる投資分野もある。例えば、一般に高リスクの債券は大きなリターンをもたらすが、これはマーコビッツの現代ポートフォリオ理論（MPT）の原則にかなっている。一方、農業投資はリスクを取るというよりは、作物の生育を通じて利益を得ることである。既述したゼネラル・エレクトリックやウォーレン・バフェットのバークシャー・ハサウェイなどは、リスクを取る投資というよりは主に行動やスキルに基づく投資を行っている。

リスクを許容する投資でも、リターンをもたらさないようなリスクはできるだけ回避しようとする。これは資本資産評価モデル（CAPM）の基本原則であり、伝統的な株式投資法である分散投資の基礎になっている。一方、行動によって利益を追求する投資ではスキルをフルに駆使して、リターンの極大化とリスクの極小化を図っている。その好例のひとつはアービトラージ（裁定取引）であり、証券の売りと買いを同時に行って無リスクで利益を上げようというものである。投資家は自分が行う投資のリターンの源泉がどちらにあるのかを知らなければならない。リスクを許容する投資であれば、そのリターンはリスクの大きさにほぼ比例する。行動によって利益を追求する投資であれば、リターンを得るための高度なスキルが必要である。どちらの投資法を選択しようとも、それぞれの特徴をよく理解しておくことが大切である。

期待リターンと予想リターン

投資界で使われる「期待リターン」という言葉は、その投資商品のリスクの程度に見合ったリターンを指している。1952年にハリー・マーコビッツがジャーナル・オブ・ファイナンス誌にMPTの論文を発表したとき、彼は「期待リターン――リターンの大きさのルール」のなかで、期待リターンとは「リスク引当金の一部である」との見解を表明した。無リスクの短期国債（Ｔビル）などを除くすべての金融証券には、リスクプレミアム（損失のリスクに見合った上乗せリターン）が付加されている。例えば、低格付け債はリスクが大きい分だけ高格付け債よりも利回りが高くなっている。高格付け債のひとつである長期国債（Ｔボンド）の利回りが５％のとき、リスキーな会社が発行する社債は損失リスクが大きい分だけ、例えば10％の利回りとなる。

損失リスクがないＴボンドの５％という期待リターンは現実のリターンである。しかし、リスキーな社債の10％という期待リターンはうまくいけば10％の実現リターンとなるが、信用損失などがあればそれ以下になるかもしれない。10％の期待リターンの社債を数多く組み入れているポートフォリオでは、実際のリターンが10％に達しないこともある。リスクの高い社債の一部で損失が出る確率はかなり大きい。このように「リスク調整前の期待リターン」と「リスク調整後の予想リターン」は大きく異なる。リスク調整後の予想リターンを考慮しないで、高利回りの投資商品を購入する投資家は少なくない。すべての金融商品はリスクの度合いに応じた期待リターンを反映して価格付けされているが、リスクを考慮しない予想リターンは期待リターンではない。

マーケットの効率性――状況とプロセス

マーケットの効率性を物語る有名なエピソードがある。効率的市場仮説を教える教授と若い学生がキャンパスを歩いていたとき、その学生が教授が歩く歩道の前に１ドル札が落ちているのを見つけた。教授が１ドル札を拾おうともせずに通り過ぎたので、不思議に思ったその学生はなぜ教授はそれを拾わないのですかと尋ねた。それに対する教授の返答はこうだった。「１ドル札はおそらく錯覚であり、拾う価値はないと思う。本当に歩道に１ドル札が落ちていれば、すでにだれかが拾っているはずだ」

マーケットとは効率的な状況ではなく、効率的なプロセスである。ユージン・ファーマの効率的市場仮説（EMH）に代表される伝統的な効率的市場仮説の理論では、マーケットはすべての公開情報を直ちに織り込む。その結果、少なくとも理論上では、（違法なインサイダー情報を持たない）一般投資家はマーケットから市場平均を上回る超過リターンを得ることはできない。こうした考え方は現代のファイナンス理論や投資慣行のベースを成している。そこで多くの一般投資家がマーケットに落ちている１ドル札を無視しているとき、抜け目のないプレーヤーがそれをポケットに入れてマーケットの効率性に寄与するのである。

マーケットがすべての情報を織り込むというのは効率的なプロセスである。歩道に落ちていた１ドル札は、マーケットの一部のプレーヤーが入手する新しい情報である。その情報を最初に入手したプレーヤーが、マーケットから最初に利益を得る。これはスキルを使った投資の一例であり、その新しい情報がその株式の価値を大きく左右する。このようにマーケットとは効率的なプロセスである。抜け目のない投資家がその新しい情報の価値を知り、その株式を買い、または売る。そうした買い（または売り）によって新しい情報の好材料（または悪材料）が価格に織り込まれるプロセスが、マーケットの効率的なメカニズムである。その結果、その情報が広く知られることによって起こる価格変動から、最初に情報を入手した投資家が利益を手にする。

もうひとつの例として、例えばあるリサーチ会社がある企業の収益が５％増加すると予想したとしよう。抜け目のない投資家はその会社の店に行き、いつもより10％ほど多い顧客でにぎわっているのを確かめる。さらに荷積み場所を訪れ、平常よりも10％ほど多い配送トラックがその店に商品を運び込んでいるのを確認する。インサイダー情報を入手できない投資家の武器は洞察力と現場観察である。そうした投資家がその株式を買うと、少しだけ値が上がる。それに気づいたほかの投資家が買いを入れると、さらに株価は上がっていく。四半期報告が発表されるまでに株価はかなりの水準まで上昇しており、そこで抜け目のない投資家は利益を確定する。このようにマーケットとは市場参加者がその株式を買ったり、売ったりすることよって、新しい情報を価格に織り込んでいく効率的なプロセスである。

こうしたマーケットの効率性に対して、相対リターンの投資と絶対リターンの投資では異なるアプローチを取る。相対リターンの投資家はマーケットの多くのサイクルを泳ぎ切ることで長期の平均リターンを目指す。上昇相場では利益が出るが、下降相場では損失となる。株式のこれまでの長期トレンドは上向きだったので、相対リターンの投資家は長期にわたりほぼいつでも利益を手にしてきた。一方、絶対リターンの投資家はあらゆる相場の局面で利益を得ようとしており、上げ相場には乗り、下げ相場は避けながらスキルを駆使して利益を追求する。このようにこの２つの投資手法のアプローチは大きく異なっている。

図9.1　相対リターンの手法のリターン

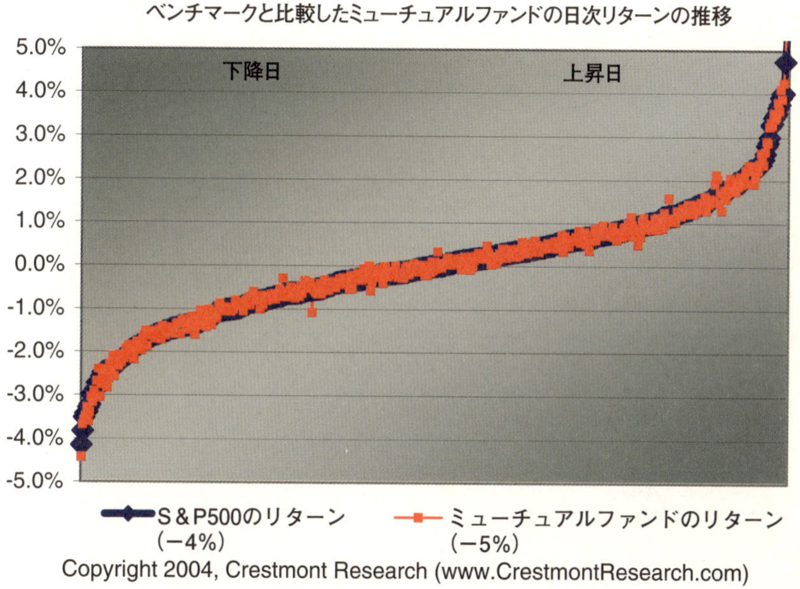

リターンについて

相対リターンの手法と絶対リターンの手法の違いは、この２つの投資アプローチのリターンを市場平均のリターンと比較すれば一目瞭然である。とりわけ上昇相場と下降相場のリターンを比較するとその違いがよく分かる。株式の上昇日と下降日のそれぞれのリターンを比較してこのことを確認してみよう（S＆P500をベンチマークとする）。2002〜2003年の上昇日（プラスのリターン日）と下降日（マイナスのリターン日）を集計し、最安値日から最高値日までの毎日のリターンを図にプロットする（**図9.1〜図9.2**を参照）。濃い青の上向きラインは最も低いリターンから最も高いリターンに至る曲線で、０％のリ

図9.2　絶対リターン手法のリターン

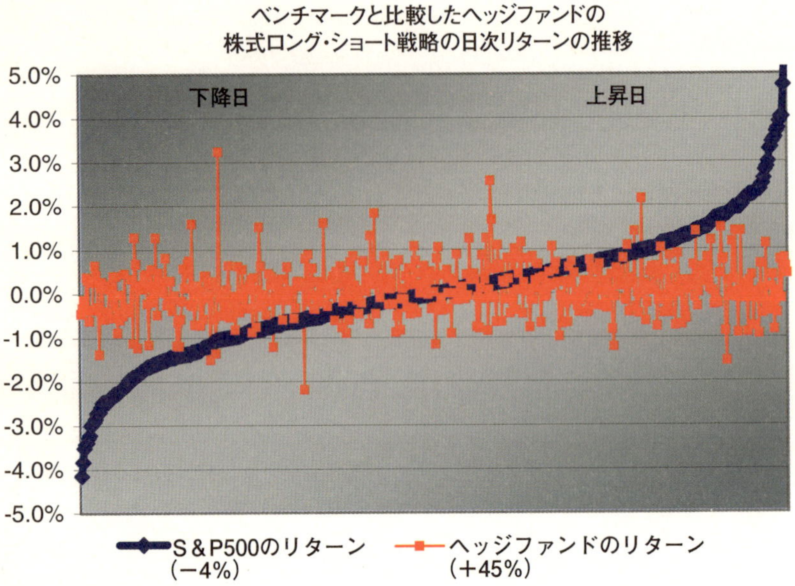

Copyright 2004, Crestmont Research (www.CrestmontResearch.com)

ターンラインは下降日と上昇日を分ける境界線である。赤のドットはそれぞれの投資手法のリターンを表したもので、相対リターンは一般的なミューチュアルファンド（投資信託）のリターン、絶対リターンはヘッジファンドの株式ロング・ショート戦略のリターンである。

図9.1は相対リターンの投資の代表であるミューチュアルファンドの2002〜2003年のリターンを示したもので、これを見るとそのリターンはベンチマーク（S&P500）のリターンとほぼ連動している。ミューチュアルファンドのポートフォリオとベンチマークのリターンの差は「トラッキングエラー」と呼ばれ、相対リターンの手法のリスク度を表す。これを見ると、図左側のベンチマークのリターンがマイナスのときはミューチュアルファンドのリターンもマイナス、図右側のプラスのときはファンドのリターンもプラスになっている。

一方、**図9.2**の赤のドットは絶対リターンの投資の代表であるヘッジファンドのリターンを示したもので、そのリターンのパターンは市場平均のリターンラインとはまったく関連がない。そのリターンの程度は下降日でも上昇日でもほとんど同じである。ヘッジファンドの投資スタンスはベンチマークに対してニュートラルであり、有望銘柄の優れた発掘スキルなどによってリターンをたたき出している。すなわち、絶対リターンの投資を行うヘッジファンドのリターンのパターンは市場平均のリターンとは完全に独立している。このように、相対リターンの手法と絶対リターンの手法のリターンのパターンやそのスタイルはほぼ正反対である。これはリターンとリスクマネジメントに関するそれぞれの投資スタンスの違いを反映したもので、どちらが良い悪いといった性質のものではない。この２つの異なる投資スタイルは、さまざまな投資ポートフォリオにおいてそれぞれ違う役割を担っているからである。

２つの投資手法の異なる前提

相対リターンの投資の考え方は主にハリー・マーコビッツの現代ポートフォリオ理論（MPT)、ユージン・ファーマの効率的市場仮説（EMH)、ウィリアム・シャープの資本資産評価モデル（CAPM）という３つの理論に基づいている。簡単に言えば、MPTとは「リスクを嫌う投資家が一定のマーケットリスクの見返りとして最大の期待リターンを上げるために、どのようなポートフォリオを構築すべきか」という問題を追究したものである。一方、EMHの趣旨は証券価格にはすべての公開情報が織り込まれるので、投資家がミスプライスされた証券を見つけることはできないというものである。さらにCAPMは最適なリスクとリターンのバランスを保つポートフォリオの構築という問題にひとつの考え方を示した。

この３つの投資理論は多くの大手機関投資家に大きな影響を及ぼした。リスク、マーケットの効率性、投資の考え方、ポートフォリオの構築などについて貴重な洞察を与えたからである。投資マネジメントとポートフォリオの構築に深く関連するMPTとCAPMでは、投資家は極めて合理的に行動すること、そしてマーケットの効率性という２つの考え方が大きな前提になっている。そこではまた、将来の期待リターンに関する前提を決めるのは投資家自身であるというのが基本的な考え方になっている。マーコビッツは1952年にジャーナル・オブ・ファイナンス誌に発表した「ポートフォリオの選択」と題するMPT論文の冒頭で次のように述べている。

「ポートフォリオの選択プロセスは２つの段階に分けられる。最初の段階は観察と経験に始まり、投資可能な証券の将来のパフォーマンスに関する確信で終了する。二番目の段階は将来のパフォーマンスに関する適切な確信で始まり、ポートフォリオの選択で終了する。この論文は二番目の段階について論じたものである」

ここで強調されているのは、投資可能な証券を選別し、それらの将来のパフォーマンスに関する確信を決定するのは投資家自身であるということである。したがって、もしもある証券の価格が相対的に割高な水準にあるときは平均以下のリターンしか期待できず、その証券については平均以下のリターンというのが投資の前提になる。そのときに平均リターンということを投資の前提にするならば、MPTの結論は間違ったものになる。伝統的な投資法の基本的な考え方は、マーケットは効率的であるということである。しかし、絶対リターンの投資のファンドはマーケットの非効率性を見つけ、それを利用して利益を上げている。マーケットが効率性に向かうことを認めながらも、彼らはマーケットの効率性とは常に存在する状況ではなく、効率的なプロセスであると考えている。最近の調査報告や学問的研究でも、ヘッジファンドをはじめとする絶対リターンの投資のファンドは、マーケットの効率性を「促進または向上させている」としてその役割を認めている。

一方、投資家は極めて合理的に行動するというもうひとつの前提については、毎日の大きな価格変動から見てそれを疑問視する見方もある。多くの専門家によれば、マーケットの大きな変動は投資家がすべての公開情報を合理的に分析して行動した結果の表れというよりは、群衆心理を反映したものである。このような新しいファイナンス学問分野は「行動ファイナンス」と呼ばれ、投資家はなぜ、どのように投資決定を行うのかを研究している。ファイナンスと人間心理を統合して研究するこの学問は、人間の心理と非合理的な行動が株式市場にどのような影響を及ぼすのかについてさまざまな洞察を与えている。

本書では超長期のタイムスパンの取り方をはじめ、その期間の予想リターンを推計するときに不適切な前提に基づいていることの問題点を再三にわたって指摘してきた。将来のリターンの予想というのは大きなチャレンジであるが、多くの投資家は現在の株価水準に基づいた将来のリターン予測というよりは、ヒストリカルな平均リターンをベースとした予想を行っている。

一方、（株式と債券という）異なるアセットクラスの値動きに相関関係はないと言われてきたが、現実の動きを見ると必ずしもそうとは言えないようだ。先の章でも言及したように、株式と債券の長期下降相場はほぼ並行して起きている。この２つのアセットクラスの価格が短期的には同じ方向に向かわなくても、長期的には広範な経済要因から同じような影響を受けているようだ。

相対リターンの投資が人気のある理由

伝統的な相対リターンの投資が絶対リターンの投資よりもなぜ人気が高いのだろうか。それにはさまざまな理由があるが、なかでも大きく関係しているのがウォール街の証券会社の収入体系、新入社員の訓練、株式専門家の考え方、証券関連法、1980年代初めから続いた長期の上昇相場などである。

証券会社の主な収入は売買手数料とマネジメントフィー（運用資産をベースとした基本報酬）であるため、証券会社にとっては長期のバイ・アンド・ホールド投資法はかなり都合がよい。したがって、投資家がいつでも株式を保有するようにPRし、またセクターローテーションやポートフォリオの入れ替えを勧めて顧客に回転売買をさせる。さらに、証券会社に入社した新人研修のときも長期投資をベースとした学問的資料を使って訓練する。その結果、彼らが顧客の投資家にアドバイスをするときは、MPT、EMHやCAPMなどに基づいた考え方が基本となる。こうした投資理論が広く普及すると、マスコミも株式市場や投資に関する記事のなかに専門家（証券会社の幹部や学者たち）の意見を掲載するようになる。

一方、証券関連法も平均的な投資家にウォール街の伝統的な金融商品への投資を勧め、ファンドマネジャーのスキルで利益を上げるような商品への投資を避けるように示唆している。なかでも最も大きな影響を及ぼしているのは、1980～1990年代の歴史的な大相場であろう。この長期上昇相場では単に株式を保有しているだけでおもしろいように儲かったので、スキルに基づく投資手法はまったく出番がなかった。その結果、投資家の目には伝統的な相対リターンの投資のメリットだけが華々しく映る一方で、リスクを回避しながらスキルを駆使してコンスタントな利益を上げようという絶対リターンの手法は影が薄くなってしまった。

大手証券会社のジレンマ

ウォール街の大手証券会社が伝統的な相対リターンの投資を勧める

にはもうひとつの訳がある。それは彼らがあまりにも深く株式市場に関与しているため、相場環境が大きく変化してもアセットアロケーションの再構築などでフレキシブルな対応ができないことである。一般投資家の投資資金が１万ドルか100万ドル程度であれば（たとえ10億ドルであっても）、大手証券会社よりは柔軟にマーケットの変化に対応できるだろう。比較的小規模のポートフォリオであれば、環境の変化に応じた投資決定もそれほど難しくはない。これが多くの顧客から集めた１兆ドル以上の資金運用となれば話はまったく別であり、今や大手証券会社の運用資金はこの水準にまで膨らんでいる。これらの証券会社のジレンマとは、株式相場が長期の調整局面に入ったと見られるときでも、マーケットから退出できないことである。保有株を売却すれば株価の下落に拍車がかかるのは必至で、いわば自分で自分の首を絞めることになる。こうなるともはや大手ファンド自らがマーケットのようなものであり、株式市場にとどまるという選択肢しか残されていない。

このようにバイ・アンド・ホールドの長期投資では、証券業界全体のやり方に反旗を翻せば大きなリスクを抱えることになる。例えば、1980年代に全米の企業にコンピューターが普及していったとき、業界リーダーのIBMのコンピューターを使っていれば安泰だった。コンピューター担当部門のマネジャーはよく、「IBMの機械を使っていればクビになることはないよ」と語っていた。寄らば大樹の陰を心掛けていれば失業のリスクはなかったのである。たとえIBM製コンピューターに不具合が生じたとしても、それはそのコンピューターの導入を決めた担当者の責任ではない。まさにこれを同じように、投資界でも長く続いた伝統に安住していれば安泰であり、また大手証券会社にとってそれ以外の選択肢はなかったのである。

しかし、この数年間の不安定でチョッピーな相場を経験した投資家は、こうした伝統的な投資の考え方を疑問視し始めた。最近ではさまざまな投資ツールやリスクマネジメント手法が簡単に入手できるようになったし、また相次ぐウォール街のスキャンダルや悪しき慣行の暴露で投資家は証券業界との利害対立に気づき、自己責任による投資決定の必要性を痛感し始めている。その結果、コンスタントな利益を上げるという投資手法が注目を集めている。

次章では、さまざまな相場環境に応じた投資手法が求められるという投資の考え方について検討する。すなわち、伝統的な相対リターンの手法が有効なときもあれば、もっと積極的な投資手法が必要なときもある。またコンスタントな利益を上げるポートフォリオを構築するうえで、今の相場環境ではどのような投資アプローチが有効なのかについても焦点を当てる。

第10章

帆走に代わる舟漕ぎを

Row, Not Sail

舟漕ぎの最初の絵は紀元前6000年のエジプトの石に描かれていた。舟漕ぎ人は長い棒を川底に押し込み、または水をかい（櫂）で押して舟を前に進め、時の経緯とともにその技術も向上していった。一方、最初の帆船の絵は紀元前3200年のエジプトの壺に描かれており、風力を利用して帆走するこの船では、船員の大きな役割は風にうまく乗れるように船を操ることだった。しかし、こうした便利な船が出現したあとでも、エジプトを含むすべての文明国の人々はこの帆走と舟漕ぎの２つの技術を使い続けた。風がないと帆船は動かず、手で漕ぐしかなかったからである。現在でも帆船には風が吹かないときのために、かいやその他の自力手段が備えられている。これと同じように、すべての投資家は長期上昇相場が下降トレンドに転じたときに備えて、舟漕ぎの投資テクニックを身につけておくべきである。以下ではこの舟漕ぎと帆走の技術を投資に応用するため、これからの相場環境に見合った投資の考え方や手法について検討する。

帆走と舟漕ぎ

多くの投資家（とりわけ株式と債券に投資する伝統的な投資家）は、相場が上昇すれば利益を上げ、下降すると損失を被る。彼らの投資損益はマーケットのトレンドに左右され、追い風になればポートフォリオの利益は積み上がるが、向かい風になると損失が膨らむ。マーケットという大海のなかで彼らは無抵抗の船乗りにすぎず、大波が来れば船は簡単にひっくり返ってしまう。しかし、第９章でも検討したように、厳しい環境下でもコンスタントに利益を上げる絶対リターンの投資という手法もある。この投資法はマーケットのボラティリティとリスクの悪影響を最小限に抑えながらコンスタントな利益を目指すものである。

帆走

帆を備えた帆船は風を利用して進むので天候の影響をもろに受ける。これはちょうど相対リターンの投資のようなもので、追い風になればポートフォリオの利益はどんどん増えるが、いったん向かい風になると今度は損失が大きく膨らむ。相対リターンの投資家にとって上昇相場は友であり、じっとしているだけで利益が転がり込んでくる。株式と債券のこうした伝統的な投資法は「アセットクラス投資」とも呼ばれる。この場合のアセットクラスとはマーケットのトレンドにしたがって同じ方向に動く証券で、伝統的なアセットクラスといえば株式と債券だった。ハリー・マーコビッツの現代ポートフォリオ理論（MPT）ではポートフォリオが市場全体の動きと連動するように、株式と債券に分散投資することを勧めている。これまでの歴史を見ると、株式と債券のポートフォリオを長期にわたってホールドした投資家は一定の利益を手にしてきた。

しかし、第５章でも言及したように、長期の上昇相場や下降相場が交互に到来する中期スパンで見るとそのリターンは大きく変動している。長期上昇相場では単に株式をバイ・アンド・ホールドしているだけで大きなリターンが得られた。帆船の船員と同じように、投資家は帆を風の方向に張って追い風に乗るだけでよい。もっとも、MPTや伝統的な投資法では分散投資についてわずかなルールしか示しておらず、投資の成否を決めるのは長期の忍耐だけだった。

舟漕ぎ

積極的な行動によって舟を進めるという舟漕ぎは絶対リターンの手法に似ている。舟が前に進むのは舟乗りが一生懸命に舟を漕いでいるからである。これと同じように、絶対リターンの投資ではただ風に乗っているだけでは一銭にもならず、ファンドマネジャーがスキルと行動によって利益をたたき出している。長期上昇相場が下降に転じたとき、投資家は次の上昇相場が来るのを待つ、またはかいを握って自分で舟を漕ぐ――のどちらかを選択しなければならない。かいで漕がなければ、その舟（投資家）のポートフォリオは長期のヒストリカルな方向（平均リターン）に向かう。長期の平均リターンとは長期の上昇相場と下降相場のそれぞれのリターンを合計して平均したものである。しかし、歴史を見ると長期の下降相場は5～10年、ときには20年以上にも及ぶことがある。実際的な投資スパンが10～20年という一般投資家にとって、その相場低迷期にただ帆がパタパタと翻るのを辛抱強く見ているだけでは満足できないだろう。それどころか、そうした長期下降局面では損失が大きく膨らんでしまう。こうした厳しい局面でも損失を出さずに、利益を確保するには自分でかいを漕ぐしかない。舟漕ぎ戦略の一例としては、株式のロング・ショート戦略（割安銘柄を買い・割高銘柄を空売りする）、マーケットの一時的なミスプライス（価格の歪み）や非効率性の利用、オルタナティブ（代替）投資商品への投資、現物株保有のコール売り――などがある。絶対リターンの投資と相対リターンの投資の違いについて、アレクサンダー・イネイチェンは『アブソルート・リターンズ（Absolute Returns）』のなかで次のように述べている。

「絶対リターンの投資のファンドマネジャーは追い風のときはもちろん、風向きが変わって向かい風になっても利益を出さなければならない。そのためにはリスクマネジメントやヘッジなどあらゆる投資テクニックを駆使する必要がある。絶対リターンの投資のファンドマネジャーの目から見ると、相対リターンの投資のファンドマネジャーは単にベンチマークを追いかけているだけで、ポートフォリオマネジメントやリスクマネジメントも実践していない。……伝統的なファイナンス理論によれば、投資家は長期投資を心掛けるべきであり、株式を購入して長期にわたって保有していれば、満足するリターンを手にすることができる」

このように伝統的な投資理論では長期投資が大前提になっている。こうした相対リターンの投資の大きな問題点のひとつは、投資家がそうした長期のリターンを手にできるほど長生きできるのかということである。これに対し、絶対リターンの投資家はあらゆる相場局面でコンスタントな利益を追求し、投資資金が純増していくことを目指している。

今必要とされるのは舟漕ぎ、それとも帆走戦略か

第１章～第８章では長期上昇相場と長期下降相場についていろいろな角度から論じてきたが、長期上昇相場では追い風が吹き、株式と債券の価格は上昇する。株価はPER（株価収益率）の上昇を受けて利益成長率を上回るスピードで値上がりし、また債券価格も上昇して大きなリターンをもたらす。こうした時期にはインフレは沈静化し、金利も低下するので、帆をいっぱいに広げて最も大きなリターンをもたらすアセットクラスに投資して帆走すればよい。1980～1990年代はこうした長期上昇相場の典型例であり、PERが約７倍という低水準から上

昇していったので、レバレッジをかけて株式に集中投資すれば大きな利益が得られた。**図10.1**を見ると、1980～1990年代のほぼ20年間には７倍でスタートしたPERは25倍以上まで上昇し、株価はほぼ毎年高値を更新していった。

しかし、この100年間の株式相場を見ると投資家がいつも追い風を受けていたわけではなく、株価が低迷や横ばいで推移したときもあり、そうした時期に損失を防ぎ、利益を確保するには舟漕ぎのような投資戦略が必要となる。今回の大相場に先立つ15年間では、逆に20倍以上でスタートしたPERは７倍にまで低下し、株価は長期にわたって変動の大きいチョッピーな相場を繰り返した（**図10.2**を参照）。1965～1981年のこの時期の年間変動率はかなり大きかったが、出発時点と終了時点の株価はほぼ同じ水準となった。この時期の債券価格もほぼ一本調子で下落し、金利上昇による利回り向上のプラス効果をすべて帳消しにした。こうした相場の低迷や横ばい期でも利益を上げるには、スキルを駆使した積極的な行動が必要である。インフレが低位安定し、株価も高水準にあるという現在の状況がこれからも続く可能性もあるが、歴史を見ると低インフレと高PERの時期が長期にわたって持続したことはこれまで一度もなかった。

今どうすべきか

歴史を振り返ることは有益であるが、投資家にとって切実な問題は「今どうすべきか」ということである。かいを握って舟を漕ぐ準備をしたらよいのか、それとも帆を広げて再び追い風が吹くのを待つべきなのか。そのどちらのスタンスを取ろうとも、今の相場環境を詳しく分析し、将来の状況が有利か、不利になるのかを見極めなければならない。それでは今の状況はどのようなものなのか。**図10.3～図10.4**には２つの参考指標（PERと配当利回り）を掲載したが、それ

図10.1　長期上昇相場

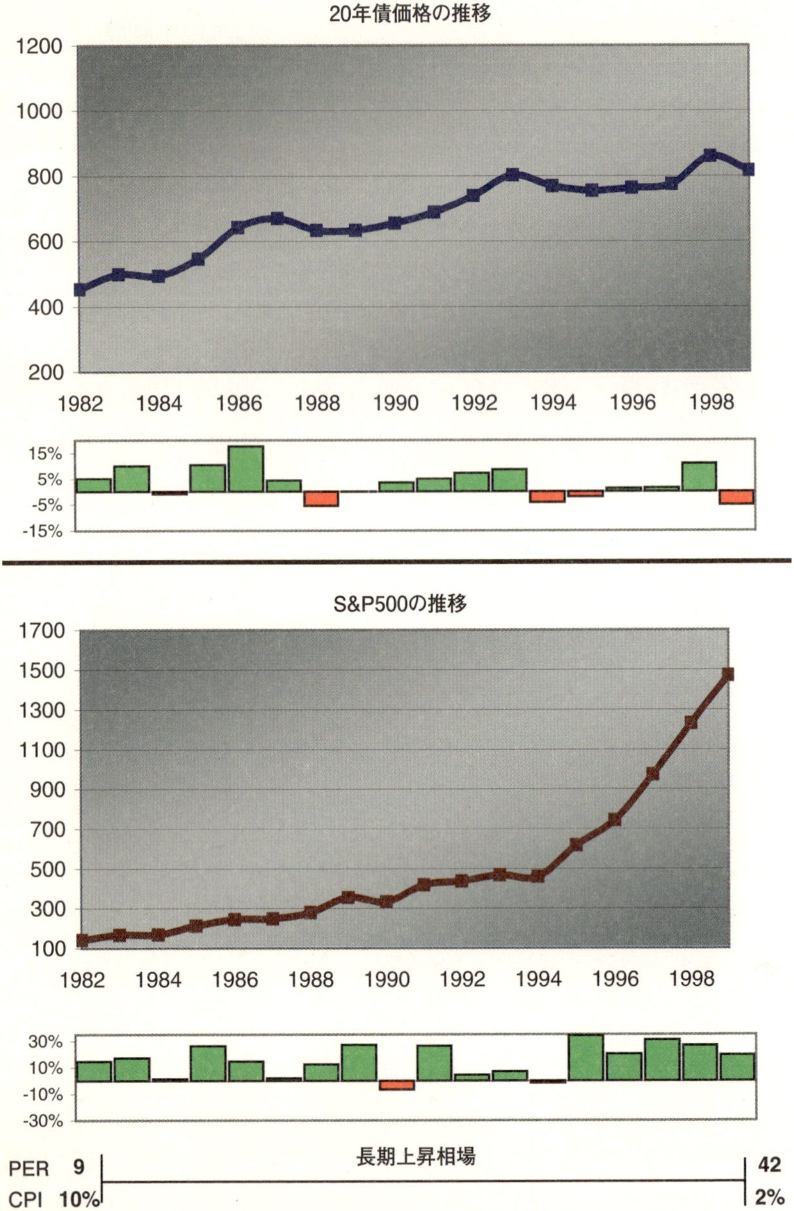
20年債価格の推移
1200
1000
800
600
400
200
1982
1984
1986
1988
1990
1992
1994
1996
1998
15%
5%
-5%
-15%
S&P500の推移
1700
1500
1300
1100
900
700
500
300
100
1982
1984
1986
1988
1990
1992
1994
1996
1998
30%
10%
-10%
-30%
長期上昇相場
PER 9
CPI 10%
42
2%

図10.2　長期下降相場

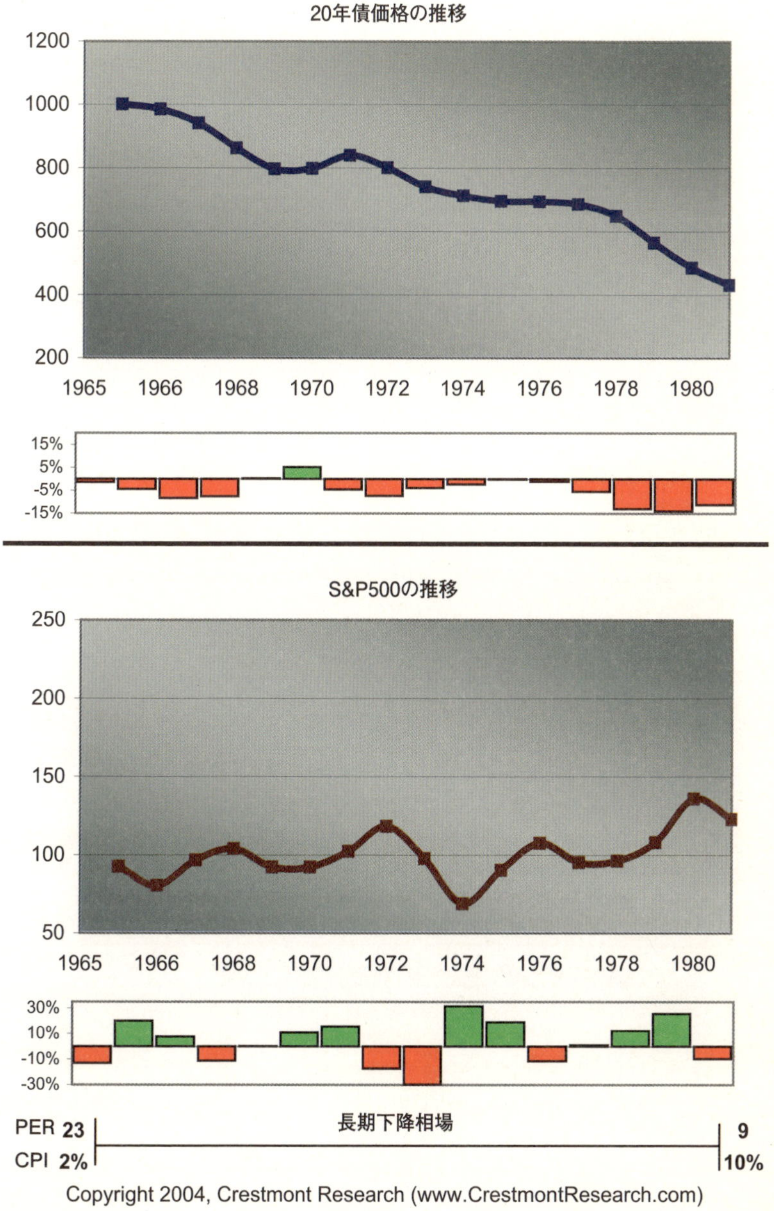
20年債価格の推移
1200
1000
800
600
400
200
1965
1966
1968
1970
1972
1974
1976
1978
1980
15%
5%
-5%
-15%
S&P500の推移
250
200
150
100
50
1965
1966
1968
1970
1972
1974
1976
1978
1980
30%
10%
-10%
-30%
長期下降相場
PER 23
CPI 2%
9
10%
Copyright 2004, Crestmont Research (www.CrestmontResearch.com)

図10.3　S&P500のPERの推移

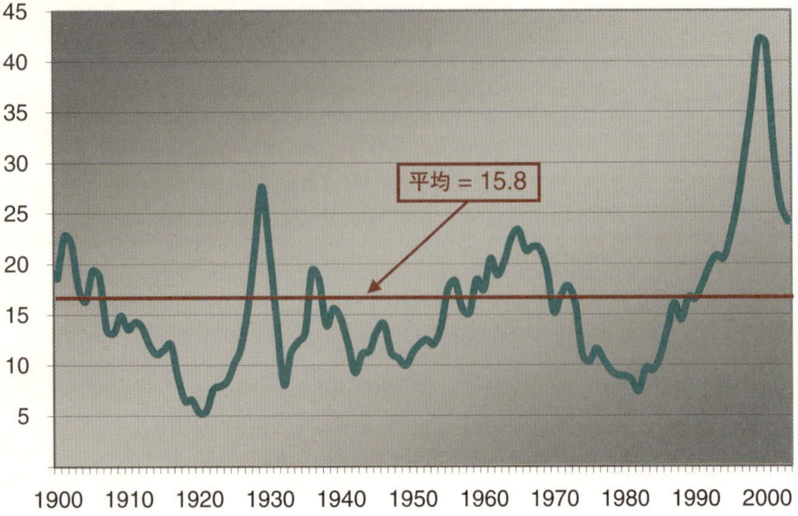

Copyright 2004, Crestmont Research (www.CrestmontResearch.com)

図10.4　S&P500の配当利回りとPER（1900～2003年）

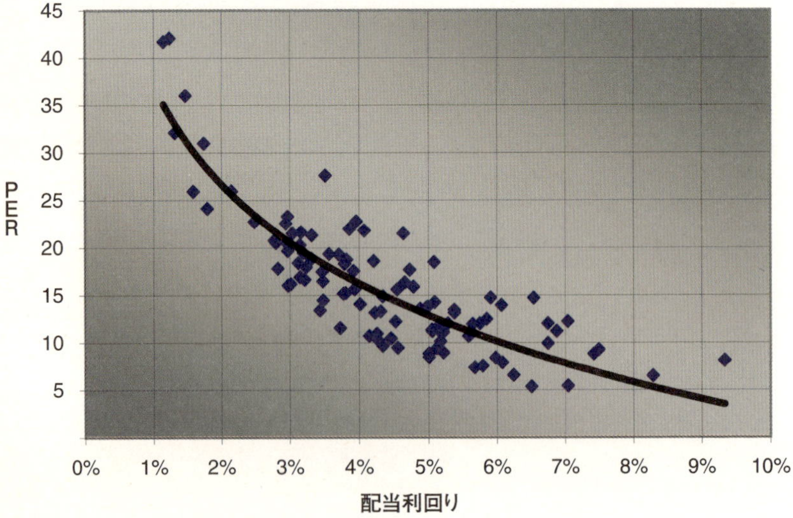

Copyright 2004, Crestmont Research (www.CrestmontResearch.com)

図10.5　インフレ率とPERの推移

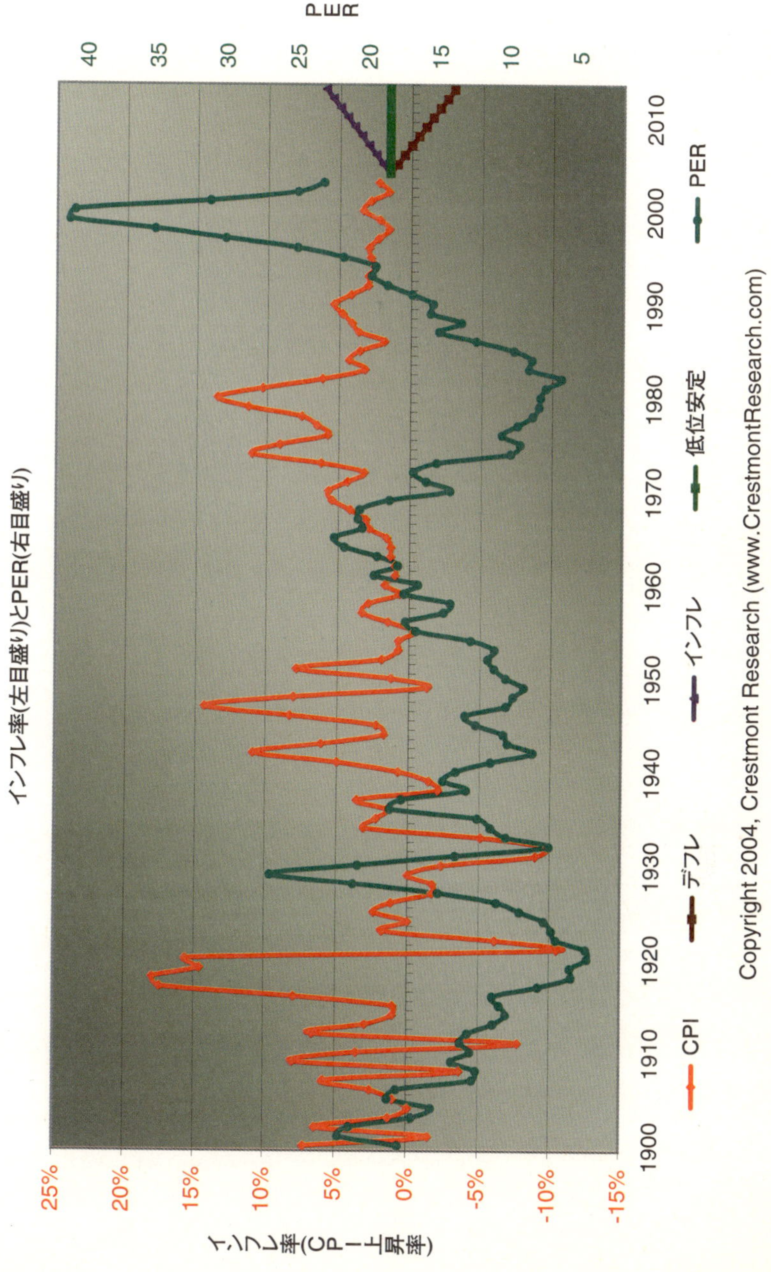

インフレ率(左目盛り)とPER(右目盛り)
PER
40
35
30
25
20
15
10
5
25%
20%
15%
10%
5%
0%
-5%
-10%
-15%
インフレ率(CPI上昇率)
1900
1910
1920
1930
1940
1950
1960
1970
1980
1990
2000
2010
CPI
デフレ
インフレ
低位安定
PER
Copyright 2004, Crestmont Research (www.CrestmontResearch.com)

らを見ると現在の株価は相対的に高水準にあることが分かる。23倍というPERは1990年代後半の株式バブル期を除くと歴史的なピーク圏であり、これまでの長期上昇相場の末期、そして長期下降相場の初期の水準である。**図10.4**の1.8％という現在の低い配当利回りもこの100年間の最低水準にあり、これまた長期上昇相場の末期や長期下降相場の初期の水準である。

一方、1900年以降のインフレと株価の関係を見ると、インフレが進行する（またはデフレ基調が強まる）ときは株価の下降局面、その反対にインフレが沈静化する（またはデフレトレンドから脱却する）ときは長期の上昇相場となる（**図10.5**を参照）。フィナンシャルフィジックスについて論じた第７章では、上昇相場か下降相場を決めるのはインフレ動向あると指摘したが、**図10.5**には将来の３つのシナリオを示した。右側の紫の上向きギザギザ線は今後５年間にインフレ率が上昇するという最初のシナリオ、緑の水平線は現在の低位安定した物価がこれからも続くというシナリオ、そして赤の下向きギザギザ線はデフレ基調が強まるという三番目のシナリオである。

この104年のインフレ（CPI上昇率）のトレンドを見ると、アメリカでは長期にわたって物価が低位安定したという時期はない。しかし、前半世紀に比べて後半世紀にはインフレの変動は比較的落ち着いている。低位安定した今のインフレトレンドが今後も持続する可能性はあるが、さまざまな経済要因がインフレ圧力を強めたり、またはデフレ基調に拍車をかける可能性もある。将来のインフレ動向については経済と株式専門家の間でも見方が大きく分かれている。

高いPER、低い配当利回り、低いインフレという３つの指標を見るかぎり、現在は長期下降相場の初期に当たる可能性が高い（少なくとも長期上昇相場の状況とは正反対である）。もしも今のインフレ率がこれからも低位安定で推移すれば、PERも現在の高い水準を維持するだろう。歴史を見てもこうした状況が長期にわたって持続したことはないが、現在がその例外的な状況だとすれば、比較的安定した金利水準を背景に利益成長率だけに左右される株式相場になるだろう。こうした株式投資のリターンはヒストリカルな平均を下回るが、長期下降相場ほど悪くはならないだろう。われわれはひとつの可能性として、ハイブリッド相場または冬眠中のベア（弱気）のような相場になるかもしれないと予想している。

長期の上昇相場か、下降相場か、ハイブリッド相場かという３つのシナリオのなかで、歴史に照らして最も可能性が高いのは長期下降相場である。すなわち、インフレ圧力が強まってPERが低下し、株価の本格的な下降局面が始まる。この100年間のインフレ動向を見ると、インフレは常にサイクルを描いて変動し、同じ状況が長期にわたって持続したことはなかった。しかし、そうした過去のインフレサイクルが変化して長期の物価安定期が続けば、長期のハイブリッド相場というこれまでとはまったく違う状況が出現するかもしれない。経済に対するインフレまたはデフレ圧力の悪影響について、長期にわたりそうしたマイナス要因をコントロールすることも不可能ではないという楽観的見方も出ている。最後に長期上昇相場というシナリオであるが、最近の経済と株式相場の原則に照らしてもこの可能性はほとんどない。最も可能性が高いのは長期下降相場、ベストでもハイブリッド相場であろう。

これまでと違う投資戦略

高株価・低インフレ・低金利の三拍子がそろっていることから判断すると、現在の株式市場は長期下降相場の初期に当たることが強く示唆される。現在の状況とあまり大きな変化のないハイブリッド相場が続く可能性もあるが、その場合でも予想リターンは平均以下にとどまるだろう。そのいずれの局面になろうとも、従来の相対リターンの手法で対処すれば、ポートフォリオの大きな変動と低い（またはマイナスの）リターンは避けられない。こうした局面に相対リターンの手法で臨む投資家は、高リスクと低リターンのダブルパンチを受けることになる。

一方、スキルを駆使した絶対リターンの手法はそうした不利な相場環境でも、ポートフォリオのボラティリティを低く抑え、コンスタントに利益を上げることができるだろう。エジプトの舟乗りと同じように、風のないときは手漕ぎをすれば、多少時間がかかっても舟は目的地にたどり着くことができる。長期の視野に立ち、断続的に吹く風を利用して船を進めることも可能であるが、かいで漕げば舟は確実に目的地に近づく。これと同じように、長期下降相場のチョッピーな局面でポートフォリオを守り、コンスタントな利益を上げるには舟漕ぎ戦略しかない。特に1965～1981年の長期のチョッピーな相場のようなときには、こうした投資手法がかなり効果的である。たとえ長期のハイブリッド相場が到来したとしても、この絶対リターンの手法を駆使すればマーケットの大きなボラティリティの悪影響を最小限に抑え、平均以下のリターンを改善することもできるだろう。しかし、これは何も帆を下ろして帆船を処分せよということではなく、しばらくは帆を片付けておく時期が来るかもしれないという意味である。

歴史を振り返ると

もしもこの章が1980年代初めに書かれたとすれば、最近の大相場を除く長期相場の歴史やデータで埋め尽くされているだろうが、それでもこの帆走と舟漕ぎの比喩は同じように挿入されているに違いない。もっとも、1980年代は高インフレ、高金利そして低PERという状況で始まり、長期上昇相場の幕開けを示唆していた。今回も高い株価という要因がなければ、長期下降相場の到来を予想することはなかっただろう。そしてスローガンも「舟漕ぎではなく帆走だ。帆を上げて風に乗ろう」というものだったであろう。しかし、今の状況は長期上昇相場の初期とは正反対のものである。ただ幸いなことに、今では便利な絶対リターンの手法というものがあるので、ポートフォリオの期待リターンを実現するために、必ず有利な状況が存在しなければならないという必要もない。マーコビッツが1952年に初めて現代ポートフォリオ理論（MPT）を提唱してから今日までにさまざまな新しい投資手法が出現したので、今の投資家はオールシーズン用の強力な投資ツールを自由に使えるようになった。そこで今のスローガンであるが、それは「舟漕ぎ戦略で利益を上げよう」というものである。賢明な投資家であれば、この絶対リターンの手法でリスクとボラティリティを抑え、コンスタントな利益を上げていくだろう。この投資手法はこれからの厳しい相場環境でも、投資家に確実に利益をもたらしてくれるだろう。

川の平均的な深さ

頻繁に使われる統計用語のひとつに「平均」という言葉があるが、これについて次のようなエピソードを紹介しよう。ある日、ひとりの土木技師が新しい環境プロジェクトのために、川の水量を測定しようと川岸にやって来た。自分で川に入りたくはなかったので、近くにいた漁師に川の深さを聞いたところ、「平均深さは１メートルぐらいですよ」と言われた。それを参考に川幅や水量などを推計していたが、やはり正確な水量を算出するにはもっと詳しい川の深さのデータが必要だった。しばらくするとひとりのハイカーがやって来て、やはり漁師に川の深さを聞いたところ、先と同じ返事が返ってきた。それを聞いたハイカーはズボンをまくり上げて川を渡り始めた。しかし、川のほぼ真ん中まで来たとき、深みに入ったハイカーはびっくりして泳ぎ始めた。これを見た漁師はそのハイカーにこう叫んだ。「本当のことを言うと、川岸近くは浅いが、真ん中は２メートルぐらいの深さなんだ」

「平均」という言葉には注意しなければならない。大ざっぱな平均という言葉で済むときもあるが、もっと具体的な数字が必要なときもある。この技師にとっては平均的な深さが重要かもしれないが、川を渡るハイカーはもっと詳しい川の深さが知りたかった。川岸の漁師にとっては平均的な深さぐらいで済むだろうが、舟に乗る人は浅瀬に乗り上げないように川の真ん中の正確な深さを知らなければならない。

平均以下と平均以上のリターンが続く株式市場とはこの川のようなもので、特定期間の投資プランを決めるときに、こうした平均リターンの数字だけでは不十分である。大切なことはその時期の状況を詳しく分析し、それに基づく合理的な期待リターンを算出することである。賢明な投資家であれば、今後20年間の株式投資のリターンが極めて低かったとしても、最近20年間の大相場のリターンがかなり大きかったので、この２つの期間を合計したリターンは平均並みとなることに気づくだろう。将来の状況が本当にそのようなものであるならば、帆走のような投資法ではうまくいかず、舟漕ぎのような投資戦略が必要となる。

以下の各章ではこうした状況に対処するための具体的な投資戦略について検討する。それらの投資テクニックは、伝統的な投資法に大きな価値とリスクコントロールというメリットを付加するだろう。そして最後の章ではヘッジファンドとそれに類似したアグレッシブな投資戦略について言及したあと、投資マネジメントの進化とそれが投資家に何を意味するのかなどについて展望する。

第5部のキーポイント

1．アグレッシブな絶対リターンの手法とはファンドマネジャーの腕によってコンスタントな利益を追求し、伝統的な相対リターンの手法とはリスクを許容しながら長期のリターンを目指すものである。

2．長期上昇相場では株式や債券をバイ・アンド・ホールドする「帆走」戦略が極めて有効であり、長期下降相場では絶対リターンを追求する「舟漕ぎ」戦略が効果的である。

第VI部

投資戦略

Investment Strategy

第11章

伝統的な投資法

Techniques for Traditional Investors

株式市場の現在と将来の展望を描き、高度な投資哲学を修得すれば、次のステップは有効な投資手法によってそれを実践に移すことである。投資資金と投資の性質に応じて、個人投資家をサポートする優れた投資書籍や経験豊富な投資アドバイザーは数多く存在する。これまでの各章では株式市場のヒストリカルな検証、現在の相場環境、株価を動かす基本的な要因、相対リターンの手法と絶対リターンの手法の違い――などを検討してきた。現在の株式市場は1980～1990年代の状況とは大きく異なり、この20年間にうまくいった投資法は今の相場環境ではまったく無効である。しかし、投資家は従来の投資法にリスクマネジメントやリターン向上の技術、いわゆる絶対リターンの手法のテクニックに目を向け始めた。こうしたアグレッシブな投資テクニックは、伝統的な投資法に大きく貢献するだろう。

以下では債券と株式の投資戦略（厳しい局面下でもリスクマネジメントとリターンの向上を目指すアグレッシブな投資テクニック）の一例を紹介する。また次章で検討する進化する投資マネジメント（ヘッジファンドによるリスクコントロール手法など）についても言及する。どのような相場環境でもコンスタントなリターンを上げる投資戦略に対する投資家の関心の高まりに加え、潜在的なリスクを低減するリスクマネジメント手法も広く普及してきたので、伝統的な投資法とアグレッシブな投資手法の垣根は次第に低くなっている。株式と債券だけを投資対象としてきた伝統的な投資家の間でも、リスクマネジメントとコンスタントなリターンを追求するこうした投資テクニックに対する関心はかなり高まっている。

すべての投資家が使える強力な投資ツール

本章ではそうしたアグレッシブな投資テクニックの一例を紹介するが、この絶対リターンの手法のすべてのテクニックやメリットについて言及するわけではない。しかし、それらは伝統的な相対リターンの投資家でもリスクマネジメントとリターン向上のテクニックとして利用できるだろう。以下ではその完全なユーザーマニュアルとしてではなく、利用可能な投資テクニックの一部として紹介する。さらに詳しく研究したい方は、関連する投資書籍を読んだり、プロの投資アドバイザーに相談してください。

効果的な債券投資法の一例

多くの投資家の主なアセットクラスは株式と債券であり、第10章ではこれらの投資に伴うリスクについて検討した。以下で紹介するのは債券投資家、または今の環境では債券投資が有効な投資手段ではないかと考えている人々のためのリスクマネジメントとリターン向上のテクニックである。そのひとつは「ボンドラダー」（短期債から長期債まで残存期間の異なる債券に同額投資すること）と呼ばれるもので、以下ではその仕組みやこの手法の有効性などを紹介する。しかし、その前に債券の基礎知識について少し説明しよう。

図11.1　米国債のイールドカーブの一例

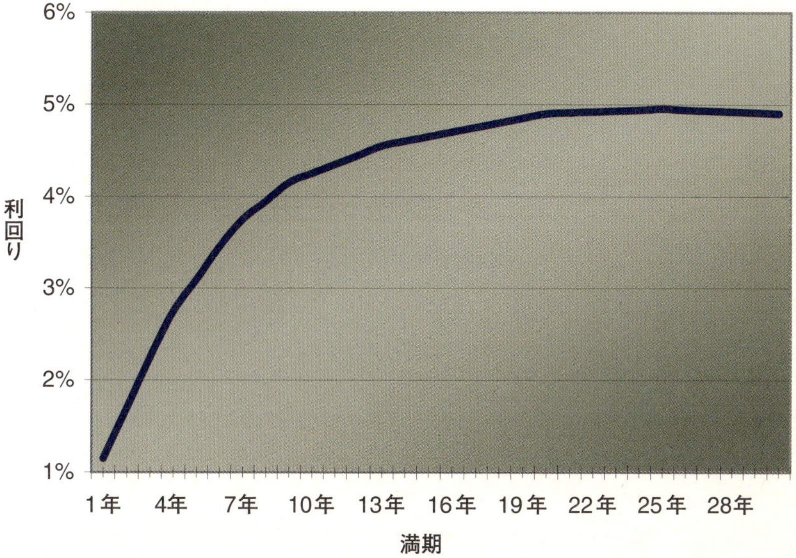

イールドカーブ

イールドカーブ（利回り曲線）とは債券利回りと償還期限の関係を示したグラフ（曲線）で、それを見ると通常では長期債の利回りは短期債よりも高く、イールドカーブは右上がり（順イールド）になっている。経験豊富な投資家はこのグラフを一目見ただけで、さまざまな債券利回りの関係を読み取るだろう。**図11.1**は米国債のイールドカーブの一例を示したもので、典型的な順イールドである。米国債には短期債（Ｔビル）、中期債（Ｔノート）、長期債（Ｔボンド）などがあり、**図11.1**の１年債のＴビル利回りは約１％、５年債と10年債のＴノートはそれぞれ３％と4.25％、30年債のＴボンド利回りは約５％となっている。右上がりのそのカーブは（第８章で言及した）ヒストリカルな平均（約100bp）よりもかなり急勾配になっている。

債券価格と金利の基本的な関係

債券の基本的な原則は、金利が上昇すれば債券価格は下落するということである。例えば、10年満期・表面利率4.25％・額面1000ドルの債券はその市中金利が６％に上昇すれば、債券価格は約870ドルに下落する。債券は満期には額面償還されるが、満期までの期間に債券価格は大きく変動する。金利が急上昇した1980年代初めに30年債は額面の半値以下に急落した。このように債券価格と金利は逆相関の関係にあり、上記の例で言えば、10年債の市中金利が逆に３％に低下すれば、その債券価格は1110ドルに上昇する。新発債の表面利率が３％となるため、4.25％の既発債がこの利回りと同じ水準になるには価格が上昇しなければならない。既発債の保有者がこの価格で売却して利益を確定しても、それを元の利回り（4.25％）で再投資することはできない。一方、この既発債の新規購入者は4.25％の利回りを得るには1110ドルを支払わなければならない。いわば旧利回り（4.25％）と新利回り（３％）の金利差を110ドルで買っていることになり、したがって新規投資家の受取利息は３％となる。このように債券の価格と利回りは逆相関の関係にあり、表面利率が一定で市中金利が変動するときに債券価格は金利とは逆方向に動く。

「ロールダウンをサーフィンする」

債券の二番目の基本原則は、残存期間が短くなる（満期が近づく）につれて債券利回りは低下し、価格は上昇することである。通常のイールドカーブは右上がり（順イールド）であるため、その期間中に債券を保有し、上昇してきた債券価格が額面に収斂し始める満期前に売却すれば大きな利益を上げられる。これが「ロールダウンする」「イールドカーブに乗る」などと言われる手法で、われわれは「ロールダウンをサーフィンする（Surf the Roll）」と呼んでいる。この手法は（**図11.1**のような）通常の右上がりのイールドカーブのときに有効であり、例えば９年債の利回りが4.15％、10年債が4.25％など、長期債の利回りが短期債よりも高いことが条件となる。

例えば、10年満期・表面利率4.25％・額面1000ドルの債券は金利の変動がないとすれば、１年後の利回りは新発９年債の利回りと同じ4.15％に低下する。4.25％の表面利率は変わらないが、いわば満期が９年になったのでその利回りも９年債の水準までロールダウンした。逆に言えば、新発９年債と同じ満期でありながら相対的に高い利回りの既発10年債の人気が高くなったので、その価格は1000ドルから1007ドルに上昇したのである。この既発債を売却したときの総リターンは、受取利息（4.25％）＋値上がり益（７ドル＝0.7％）となる。債券が満期に近づくにつれてその価格は高くなるが、満期の数年前からは債券価格が償還される額面に収斂するので次第に低下し始める。債券の総リターンは受取利息＋値上がり益となるので、イールドカーブの右上がり勾配が続くかぎり債券を保有し、カーブが最も急勾配となり、価格が下落に転じる直前の満期数年前に利益を確定するのが最も効果的である。しかし、いったん保有債券を売却して利益を確定すれば、再投資の利回りはこれまでよりも低くなり、またキャピタルゲイン税もかかってくる（受取利息は非課税）。さらに満期が近い保有債券を売却して長期債に乗り換えれば、取引コストがかさむうえ、長期の時間リスクにポートフォリオをさらすことになる。こうした債券のロールダウン効果はすべての債券について起こるが、満期直前になると今度はプレミアム価格が額面価格（通常では1000ドル）に収斂し始めるので注意しなければならない。

債券投資家のジレンマ
――待つべきか、それとも行動すべきか

金利が上昇（債券価格が下落）すると、多くの債券投資家は利回りの動向を見極めるために様子見のスタンスを取る。債券購入をしばらく手控えて、資金をMMF（マネー・マーケット・ファンド）などに預ける。このとき投資家は専門家などからキャピタルゲイン税を支払っても保有債券を売却したり、または長期債から短期債に乗り換えるようアドバイスされるケースがよくある。そうしたアドバイスを鵜呑みにする投資家は次の２つの貴重なチャンス、すなわち、①金利上昇で債券の表面利率がMMFの金利を上回っている、②ロールダウン効果を利用して総リターンを向上することができる――というチャンスを見逃している。投資家は債券投資に踏み切るべきか、それとも利回り水準がはっきりするまで様子見すべきかという２つの選択肢の善し悪しをどのように判断すればよいのだろうか。

そのひとつの手掛かりを得られるのが、**図11.2**の損益分岐利回り曲線（BYC）である。これはMMFと比較した将来の債券投資利回りの損益分岐点を表したもので、これによってボンドラダーの有効性も知ることができる（以下では単に「債券」と言うときは主に中長期債を指す）。金利を含むさまざまな要因の動向が反映されているこのBYCから、投資家は今の債券投資と様子見のリスクとメリットを判断できるだろう。投資家が直面する最も大きなリスクとは、将来の金利変動に伴う金利リスクである。BYCからMMFと比較した債券投資利回りの損益分岐点を知ることはできるが、債券を購入したあとに利回りが低下することもあり、BYCは必ずしも債券投資の万能指標ではない。投資家がBYCから読み取るのは、債券投資の機会コストとロールダウン効果の有効性である。債券投資の機会コストとは、資金をMMFなどに預けておくことで失う債券購入のメリットである。一

図11.2　債券の損益分岐利回り曲線

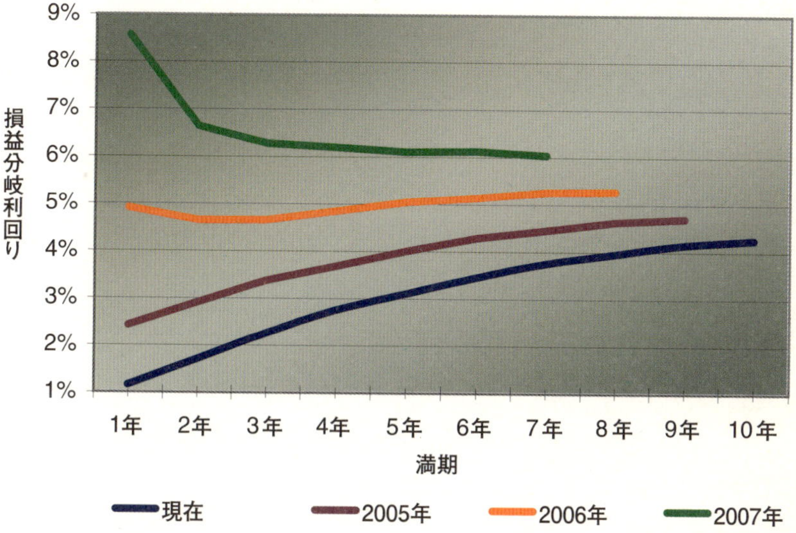

Copyright 2004, Crestmont Research (www.CrestmontResearch.com)

般に長期債は短期債よりも利回りが高く、既発債が満期に近づくにつれて利回りは低下していくが、投資家はこうしたロールダウン効果をどのように有効に利用するのかというひとつのヒントをBYCから得ることができる。

例えば、ここに利回り１％のMMFと表面利率4.25％の10年国債（額面1000ドル）があるとしよう。投資家がこの国債の購入すれば１年目には4.25％（42.5ドル）の利息が得られるが、MMFの利回りはわずか１％（10ドル）である。この差額（32.5ドル）が債券購入の機会メリットであるが、これは将来の債券価格の下落分（1000ドル→967.50ドル）をカバーするコストでもある。（１年後に残存期間が９年となった）この既発10年債の価格が967.50ドルに下落すれば、利回りは4.7％に上昇する。１年後の既発10年債の利回りは新発９年債の利回りを反映しており、**図11.2**でこの債券の損益分岐点を見ると4.7%となっている（赤紫のライン）。

次に2004年の10年債を購入し、それを３年間保有するというケースについて考えてみよう。３年後の2007年には残存期間が７年となり、このときのMMFと比較したこの債券の損益分岐利回りは６％である（**図11.2**の緑のライン）。現在の７年債の利回りは４％以下であるが、既発10年債の利回りがMMFと互角に対抗するには2007年までに６％以上に上昇しなければならない。こうした大幅な利回りの上昇はあまり考えられないが、絶対にないとは言えない。

ボンドラダー

特に金利が緩やかに上昇していくような時期には、金利上昇のリスクを最小限に抑え、ロールダウン効果をフルに利用できるのが「ボンドラダー」である。しかもこれはすべての債券投資家が簡単に実行できる手法である。ボンドラダー（ladder＝はしご）とは、短期債から長期債まで残存期間の異なる債券に同額ずつ投資するものである。例えば、12万ドルの資金で10年のラダーを組成するときは、残存期間が１年の債券に10分の１の1万2000ドル、２年債にも1万2000ドル、３～10年債にもそれぞれ1万2000ドルといったように同額投資する。短期債が償還されたときは、その償還金で新たに10年債を購入するというように、この単純なプロセスを繰り返していく。７～10年の中期債ラダーが最も一般的であるが、投資家は自分の好みに応じて自由なラダーを組成することができる（短いもので２年、最長では30年以上のラダーもある）。このボンドラダーは安全性と柔軟性を兼ね備えた堅実で簡単な債券投資法である。

図11.3　ボンドラダーの総リターン

ボンドラダー(1900～2003年)

	5年	7年	10年	15年	20年
平均リターン	4.7%	4.8%	4.9%	4.9%	4.9%
最低リターン	0.4%	0.3%	0.2%	-1.5%	-2.1%
最高リターン	15.5%	15.7%	16.2%	19.3%	21.0%

ボンドラダー(1965～2003年)

	5年	7年	10年	15年	20年
平均リターン	7.3%	7.4%	7.6%	7.6%	7.5%
最低リターン	3.2%	2.2%	1.7%	-0.3%	-1.9%
最高リターン	15.5%	15.7%	16.2%	19.3%	21.0%

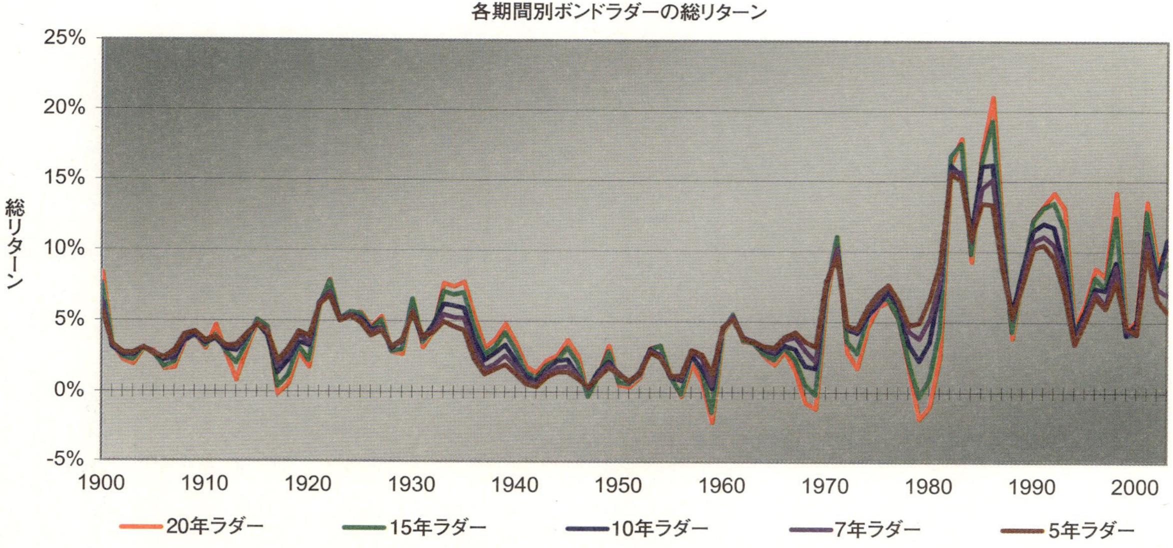

Copyright 2004, Crestmont Research (www.CrestmontResearch.com)

この100年間のボンドラダーのパフォーマンス

図11.3は1900年以降のさまざまな期間のボンドラダーの総リターン（受取利息＋値上がり益）を示したもので、10年以下の既発債ラダーの総リターンはかなり安定している。図のトップには５～20年の各ラダーのパフォーマンスが表されているが、それを見ると７～10年の中期債ラダーの平均リターンは長期債（15～20年）のリターンとほぼ同水準にある。ここから判断すると、長期債のリスクを取らずに最も安定したリターンを得るには、中期債のダラーを組成するのがベストであるようだ。

なぜボンドラダーが有効なのか

ボンドラダーとは、①債券は一定期日に償還される、②（デフォルト＝債務不履行がないかぎり）満期に償還金（元本）を受け取れる、③債券保有中に利息収入が入る、④長期債の利回りは短期債よりも高い、⑤単純な長期債投資よりも金利変動の悪影響を最小限に抑え、安定したリターンが上げられる――など債券のメリットと特性をフルに利用したものである。さらに株式投資のようにマーケットタイミングのチャンスを逃したり、投資決定の時期についてあれこれと悩む必要もない。たとえ金利が上昇してもボンドラダーには利息収入とロールダウン効果という大きな強みがあり、また金利の安定期や低下期でも確実なリターンを確保できる。

今後の金利動向

グリーンスパンFRB（連邦準備制度理事会）議長が再三にわたり述べているように、短期金利は2004～2005年に上昇基調をたどると予想される。確定利付き証券の投資家にとって金利上昇は大きな懸念材料であるが、それは長期金利の上昇に伴って債券価格が下落するからである。その結果、こうした時期には多くの投資家は債券購入を手控え、MMFなどのわずかな利息に甘んじなければならない。第４章では（FRBが誘導する）短期金利と（主にインフレ動向を反映した）長期金利は異なる動きをすること、また第８章では通常の順イールドカーブの勾配は約100ベーシスポイント（bp）であることにも言及した。しかし、2004年上半期のイールドカーブの勾配は300bpを大きく上回り、ときに400bpに近づいている（下半期に入ってややフラットになってきた）。

多くのFRBウオッチャーや金融専門家が予想するように、将来的に短期金利が３％に上昇すれば、長期金利に変化がなくても、イールドカーブの勾配はヒストリカルな平均水準を大きく上回る状態で推移するだろう。もっとも、FRBが低インフレと物価安定の政策スタンスを繰り返し強調しているため、たとえ短期金利が上昇しても長期金利が低下する可能性もある。しかし、FRBでもコントロールできない不測の事態が長期金利を押し上げるかもしれない（もっとも、こうしたことは最近ではあまり起こっていないが）。このように金融市場には常に不確定要因や金利変動の可能性が存在する。

要約

ボンドラダーは債券などの確定利付き証券からできるだけ大きなリターンを得るための効果的な手法である。特に中期債で組成するラダーは現金保有やMMF、さらには利回り好転を期待した様子見などよりもはるかに有利なリターンが得られる。最近のような債券の長期上昇相場では、ロールダウン効果を利用した「帆走」戦略が効果的だった。一方、緩い順イールドの相対的な低金利の時期には、金利上昇のリスクをヘッジしながら安定したリターンを上げるボンドラダーのような「舟漕ぎ」戦略が有効であろう。

株式ポートフォリオのリバランス

投資家の多くは株式と債券でポートフォリオを構成している。また株式と債券をバランスよく組み入れた「バランスファンド」と呼ばれるミューチュアルファンドに投資している投資家も少なくない。あなたのポートフォリオは株式と債券のどちらの比率が大きいだろうか。あなたは「それはもちろん、将来大きく値上がりしそうなほうだよ」と答えるだろう。アセットクラスの比率はトレンドのある相場やチョッピーな局面によって、ポートフォリオの損益を大きく左右する。一般にポートフォリオでは値上がりしているアセットクラスの比率が大きくなり、その反対に下落しているアセットの割合は低下する。いわば勝ち組アセットは一生懸命働き、負け組アセットの影は薄くなる。このようなアンバランスの状態は自動的に調整して、ポートフォリオのバランスを元に戻してやる必要がある（われわれはこうしたプロセスを「自動リサイジング」と呼んでいる）。

ポートフォリオには常に潜在的なアンバランスのリスク、すなわち構成アセットクラスのバランスと適正な分散化が崩れるリスクが内在する。意識しないうちに勝ち組アセットクラスの比率が大きくなり、これまでの相場が反転すれば当初のポートフォリオよりも損失が膨らむ可能性もある。一方、比率が小さくなったアセットクラスが反転上昇してもそのメリットを受けることはできない。オーバーウエートとアンダーウエートのポジションを定期的に調整し、当初目標の配分比率に戻すこうしたプロセスは「リバランス」と呼ばれる。バランスの崩れたポートフォリオをリバランスしておけば、その損益がどちらか一方に大きく偏ることはなくなるだろう。

リバランス運用

リバランスとは株式相場の短期サイクルに乗るアグレッシブな投資マネジメントのひとつである。アウトパフォームのアセットクラスの比率を下げ、アンダーパフォームのアセットの比率を元に戻しておけば、後者のアセットが反転上昇したときのメリットを享受できるとともに、前者のアセットが反転下降したときのヘッジにもなる。このようにポートフォリオのリバランスとは、マーケットの短期的な変動にうまく対処する効果的な手段である。例えば、投資資金（10万ドル）の半分を株式に投資し、残り半分をボンドラダーで運用するとしよう。一定期間がたって株式評価益が9.5万ドル、ボンドラダーの利益が5.5万ドルになったとする。この２つのポジションは当初は均等でその損益の影響も半々だったが、今ではポートフォリオ全体に及ぼす株式の影響が債券よりもはるかに大きくなった。このまま株式が上昇を続ければその利益はさらに膨らむが、株式相場が急反落すれば、当初の均等なポートフォリオよりもマイナスの影響は大きくなる。そこでポートフォリオのリバランスを実行し、アウトパフォームの株式の売却益２万ドルをボンドラダーにシフトして、各7.5万ドルの均等配分のポートフォリオを再構築する。つまり、株式ポジションの一部の利益を確定し、その資金をボンドラダーに振り向けておけば、その後の株安・債券高によるメリットとデメリットを均等にすることができる。この例は株式と債券だけのポートフォリオと均等配分という単純なケースであるが、投資するアセットクラスがさらに多くなってもこの基本原則は同じである。これについてエール大学のデビッド・スウェンセンCIO（最高投資責任者）は、著書『パイオニアリング・ポートフォリオ・マネジメント（Pioneering Portfolio Management）』のなかで次のように述べている。

「当初目標の比率にリバランスしないポートフォリオは、トレンドフォローのマーケットタイミング志向となる。モメンタムプレーヤー（相場の勢いに乗って利益を得ようとする短期投資家）から見ると、このようなリバランス運用はほかの多くの逆張り手法と同様にまだるっこく思われるだろう。こうした悪評にもかかわらず、慎重な投資家はポートフォリオの適正なリバランスを実行することで、マーケットタイミング戦略の危うさを回避しながら、ポートフォリオのリスクを低減している」

先の例のように、株式オーバーウエートのポートフォリオは特に長期上昇相場などでは大きな利益を上げられるが、長期の下降相場やチョッピーな局面ではリバランス運用が大きな効果を発揮する。すなわち、長期の上昇局面では株式オーバーウエートのトレンドフォロー手法が有利であるが、長期下降相場では適切なリバランス運用が望ましい投資手法と言えるだろう。それでは上昇相場や下降相場を含むすべてのマーケットのサイクルで、こうしたリバランス運用はどのような効果があるのだろうか。

あらゆる相場局面でのリバランス運用の効果

長期上昇相場のように大きなトレンドのある局面では、株式への集中投資のようなポートフォリオがベストである。こうした時期にはほぼ毎年利益が積み上がるので、この株式オーバーウエートのポートフォリオにはそれほど頻繁なリバランスは不要である。しかし、長期下降相場のような変動の大きいチョッピーな局面で利益を確保するには、頻繁なポートフォリオのリバランスが必要となる。すなわち、相場がピークに近づいたアセットクラスの利益を確定するとともに、その資金を値上がりする余地のあるアセットクラスにシフトしてポートフォリオのバランスを元に戻しておく。こうしたリバランス運用の本来の目的は偏ったポートフォリオを当初目標の配分比率に戻すことにあるが、相対的に値上がりしたアセットクラスを売り、下落したアセットを買うという意味では逆張りのリスク低減効果もある。

図11.4は長期上昇相場であまりリバランスを実行しなかったとき、**図11.5**は長期下降相場で頻繁にリバランスを実行したときのそれぞれの結果を示したものである。それによれば、長期下降局面では頻繁なリバランス、上昇局面では少ないリバランスのほうが効果的である。これらの図は多くの投資家が抱く次のような疑問点、すなわち「今は上昇相場か下降相場のどちらであるのかが分からないときはどうすればよいのか」という問いに対するヒントも与えてくれる。その答えは「ときどきポートフォリオをリバランスする」である。というのは、下降相場での頻繁なリバランスのメリットは上昇相場での頻繁なリバランスのコストよりも大きいからである。さらにポートフォリオをときどきリバランスすることによって、株式相場の変動によるマイナスの影響も緩和することができる。

要約

分散投資されたポートフォリオの株式ポジションをアグレッシブに運用するという点で、リバランスは効果的な手段である。特に長期下降相場などでは頻繁にリバランスするポートフォリオは、まったくもしくはあまりリバランスしないポートフォリオよりもかなりアウトパフォームとなる。一方、長期上昇相場ではPER（株価収益率）の上昇に合わせて株式をバイ・アンド・ホールドすることは有効な「帆走」戦略である。そうした局面で割安株を買い増したり、またはレバレッジをかけて強気スタンスで臨むことは、上昇相場の追い風に乗ることを意味する。これに対し、現在のようにPERがかなり高く、また特にインフレが低位安定から上昇に転じる可能性があるときは、将来のチョッピーな相場のリスクを軽減し、そうした時期にも利益を確保する

図11.4　長期上昇相場のリバランス

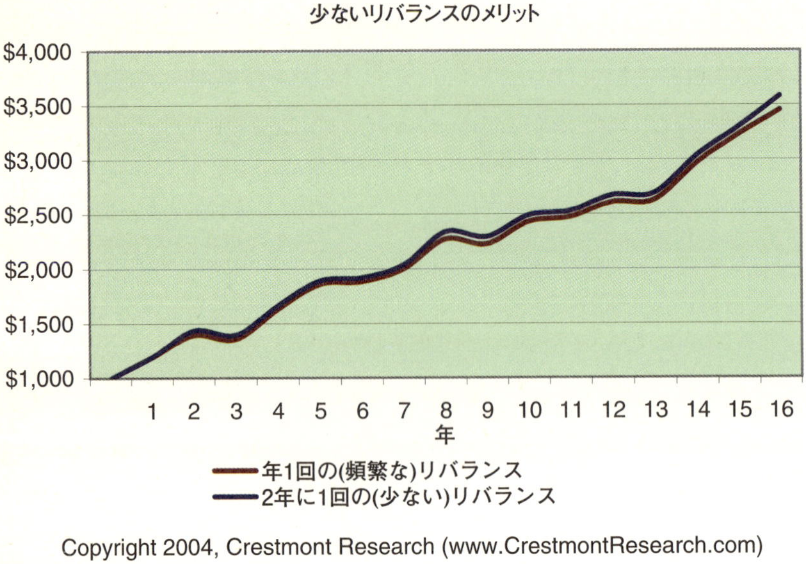
少ないリバランスのメリット
$4,000
$3,500
$3,000
$2,500
$2,000
$1,500
$1,000
1 2 3 4 5 6 7 8 9 10 11 12 13 14 15 16
年
年1回の(頻繁な)リバランス
2年に1回の(少ない)リバランス
Copyright 2004, Crestmont Research (www.CrestmontResearch.com)

図11.5　長期下降相場のリバランス

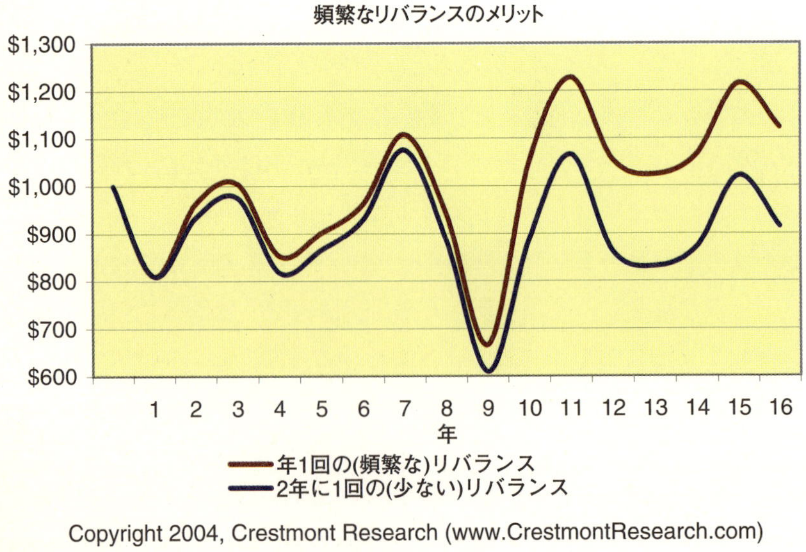
頻繁なリバランスのメリット
$1,300
$1,200
$1,100
$1,000
$900
$800
$700
$600
1 2 3 4 5 6 7 8 9 10 11 12 13 14 15 16
年
年1回の(頻繁な)リバランス
2年に1回の(少ない)リバランス
Copyright 2004, Crestmont Research (www.CrestmontResearch.com)

リバランス運用が効果的な「舟漕ぎ」戦略となる。

先の各章では株式市場の歴史を振り返り、株式の長期サイクルや季節を分析することでさまざまな教訓を引き出してきた。さらにフィナンシャルフィジックスによってそうした株式サイクルの生起の理由を検討し、相場の各局面に見合った投資の手法やテクニックを紹介してきた。以下の章では投資マネジメントの進化、絶対リターンの手法のリスクマネジメントとコンスタントなリターンを追求する方法などに焦点を当てる。その好例としてヘッジファンドを取り上げ、それに対する間違ったイメージなどを払拭していく。最後にリスクを許容する伝統的な相対リターンの手法と、スキルと駆使し、リスクを管理しながら絶対リターンを追求するアグレッシブな投資手法との将来的な融合の可能性について展望する。

第12章

投資マネジメントの進化

Investment Management Evolution

初期の穴居人が出入り口に毎晩大きな石を置いて外敵の侵入を防いだとき、実は彼らは今で言う投資マネジメントを実践していた。彼らは現在の投資家のように高度な数学の知識はなかったが、実践的なノウハウは持ち合わせていた。こうして彼らは資産を維持・管理し、それを外敵から守っていたのである。

株式取引の簡単な歴史

紀元前1800年ごろ、古代バビロニアのハンムラビ王が信用、担保および上限金利などに関する法律を制定したと言われる。それからほぼ1000年後に自由貿易と活発な市場が出現したが、古代ギリシャのアゴラ（広場）には証券取引所はまだ存在していなかった。紀元1世紀までにギリシャはローマに支配され、そこでは権勢政治と贅沢経済が広く行われた。ローマ皇帝ネロは安逸をむさぼっただけでなく、ローマ貨幣の価値を低下させ、インフレを引き起こした。世界最初の証券取引所が登場するのは、それからまだ1000年以上もあとのことである。1300年代初めのブルージュ（今のベルギー北西部のフランドル地方）に最初の証券取引所が設けられ、それから約50年を経てイタリアのフィレンツェに長期地方債の活発な流通市場が発展していった。

1602年までにオランダの首都アムステルダムで東インド会社の株式が取引され、そこではピルグリムファーザーズがアメリカ移住のための資金を調達していた。それから30年もたたないうちにオランダではチューリップバブルが起こり、堅実なオランダ人たちは全財産をはたいてチューリップの球根を競って買い求めた。それから約80年後のイギリスでは、南海泡沫会社バブルという投機熱に包まれた。ほぼ同じ時期の海峡の対岸では、スコットランド人の博徒ジョン・ローとフランス人たちが有名なミシシッピ・バブルを膨らませていた。もちろん、この２つのバブルはまもなく弾け、巨額の資産が泡となって消えた。

アンドリュー・センチャック著『スマート・インベスティング（Smart Investing）』によれば、1773年にロンドン証券取引所が設立され、ジョナサンのコーヒーハウスと呼ばれた初期のスターバックス屋内で活発な取引が行われた。ジョン・テーラーという当時の証券ブローカーの広告には、「新しい富くじ札、海軍の船舶用食品税込申告書、東インド会社の債券、その他の公共債の売買」と書かれていた。それから３年後の1776年にアメリカは独立宣言を布告し、アダム・スミスが自由貿易を推奨する『国富論』を著した。1790年までにアメリカ最初の証券取引所がフィラデルフィアに設立された。その２年後にはこれに対抗するニューヨークのブローカーたちがウォール街で「すずかけの木協定」を締結して証券取引所を設立、これが現在のニューヨーク証券取引所となった。一方、100年以上にわたり屋外取引を行ってきた場外取引仲買人たちは第一次世界大戦後に屋内取引に移行し、これがのちのアメリカン証券取引所となった。

屋外取引が行われていた時期にも次々と技術革新が進んでいった。1844年に発明された電報は、情報を遠隔地に電送することで証券取引の形態を一変させた。1863年にはチッカーテープが出現し、1896年に最初のダウ工業株平均がウォール・ストリート・ジャーナル紙に掲載された。すでにニューヨーク証券取引所ではバンク・オブ・ニューヨークなど150社以上の株式が取引されていた。1913年にはFRB（連邦準備制度理事会）が設立され、個人所得税が実施された。1925～1929年には株価が４倍にも急騰した歴史的な大相場が到来し、それに続くクラッシュではダウ平均がピークから90％も暴落した。その後の大恐慌期には市場操作を禁止する法令が制定されたが、インサイダー取引が完全に禁止されたのは1961年である。しかし、それまでにバリュー投資などいくつかの堅実な投資法は、一般投資家にも株式投資で成功できるチャンスを与えていた。

バリュー投資

初期の投資家はポートフォリオ全体の構成がどうなっているのかなどについてはまったく考慮せずに、自分の好きな株式を売買していた。そして債券はポートフォリオのバランスを保ち、また単に利益になるという理由で購入されるにすぎなかった。金融証券に対する初期の投資家の知識はせいぜいこの程度だった。コロンビア大学ビジネススクールのグレアム＆ドッド・ハイルブランセンターは、その状況を次のように語っている。

「20世紀初めの投資家は、主に投機目的とインサイダー情報で株式を売買していた。しかし、グレアムは株式の真の価値はリサーチによって評価できると信じていた。ドッドとの共同研究によって提唱されたこのバリュー投資法は、本質的価値以下に放置されている株式を見つけ、それを購入するというものである。グレアムとドッドのこの証券分析の原則は、証券投資に初めて合理的な基礎をもたらした」

グレアムとドッドは1920年代にコロンビア大学ビジネススクールで証券分析学を教えていた。彼らの著書を読んだ投資家は、株式とはその企業の将来の利益に参加する手段であることを理解し始めた。このように株式の適正価値を知るには、その企業の将来の業績を正確に評価しなければならない。グレアムとドッドは過小評価されている株式を数学的に発見できる手法を提唱し、企業のファンダメンタルズを緻密に分析した。彼らが提唱した証券分析法は目新しかったが（少なくとも広くは知られていなかった）、その投資原則は次第に投資家の間に知られていった。これについてバロン・ロスチャイルドは、「大砲が発射されたときに株式を買い、勝利が宣言されたときにそれを売る」と述べている。

20世紀後半までの（株式と債券を含む）証券市場は、それほど精巧でもまた効率的でもなかった。現在のマーケットでさえもあまり効率的ではないので、利益のチャンスは至るところにあると主張する人もいる。第４章でも言及したように、1960年代まで金利とインフレに相関関係はなかったが、数十年前からこの２つは緊密に相関するようになり、金融市場に大きな影響を及ぼすようになった。債券投資家は長い間、インフレが大きく変動しているにもかかわらず、ほぼ同じ利息を受け取っていた。すなわち、債券投資家はインフレ動向にまったく左右されない超過リターンを享受していたのである。

1950～1960年代にはハリー・マーコビッツ、ユージン・ファーマ、ウィリアム・シャープなどノーベル賞を受賞した経済学者が次々と画期的なファイナンス理論を発表し、投資マネジメントは大きく発展した。彼らの投資理論（現代ポートフォリオ理論＝MPT、効率的市場仮説＝EMH、資本資産評価モデル＝CAPM）は投資マネジメントを進化させただけでなく、投資分野に高度なリスクのコンセプトを持ち込んだ。その結果、投資家はリスクを低減するための投資テクニックや情報の利用法を学び、そのリスク特性に見合った効率的なリターンをもたらすポートフォリオを構築できるようになった。一方、マーコビッツが1952年にMPTを発表して以来、機関投資家は株式をポートフォリオ全体を構成するひとつのアセットクラスと考えるようになった。広範に分散された株式を保有すれば、経済の長期的な成長に参加することになる。こうした広範なアセットクラスへの投資と長期のタイムスパンをミックスしたのが相対リターンの投資法である。1950年代には個人投資家は直接株式を購入し、1970年代になってもミューチュアルファンドはわずか300程度にすぎず、投資家は自分で株式を投資・運用していた。このように、投資家はミューチュアルファンドによる間接投資ではなく、自分で直接銘柄を選択し、活発に株式投資を行っていた。

リスクのコンセプト

二番目の投資マネジメントの進化とは、ミューチュアルファンドの増加などに見られるように株式のプール化が進んだことである。これらのファンドはマーケットに流動性とリスクマネジメントのコンセプトをもたらした。株式のプール化とは分散投資を意味し、投資家は個別銘柄のリスクを低減できるようになった。確定利付き証券の分野では1970年代に初めてモーゲージ証券が発行され、1980年までに株式と債券を組み入れたミューチュアルファンドは約500に上った。投資マネジメントの進化はさらに続き、投資家はポートフォリオの運用・管理のプロであるファンドマネジャーに資金運用を任せるようになった。こうして投資家は成績の悪いファンドマネジャーを優秀なマネジャーと自由に交換できるようになった。投資家がさらに高度な資金のプール化を要求するにしたがってミューチュアルファンドの数も急増し、今ではさまざまなアセットクラスを組み入れたミューチュアルファンドは１万以上にも達する。

1980～1990年代の長期上昇相場とテクノロジーの発展は、デイトレーダーという新しい投資家を生み出した。それまでのデイトレードとは、主に大手機関投資家や投資パートナーシップなどごく一部の投資ファンドが行っているにすぎなかった。オンライントレードの普及と売買手数料の急激な下落で、小口投資家もデイトレードができるようになった。こうしたデイトレーダーの登場は、マーケットに出来高と流動性という厚みをもたらした。このように投資家とマーケットの高度化にはさらに拍車がかかった。個人投資家は高度なアセットアロケーター、または活発なマーケットプレーヤーとして大きな役割を担うようになった。専門分野に特化したミューチュアルファンドが増加したことも、個人投資家の特定分野への投資を促進させた。その結果、大型株、小型株、バリュー株、グロース株、国際優良株のファンドなど、自分の好きなセクターやスタイルに応じて投資することができるようになった。

一方、永遠に続くかに思われた長期上昇相場に慣れ切った多くの投資家は、自分の投資法は堅実で間違っていないと確信するようになった。追い風に乗った船は心地よく、証券会社、投資アドバイザー、株式専門家なども「強気相場を自分の腕と混同するな」というウォール街の古い格言を忘れてしまった。利益が転がり込んでくるかぎり、多くの投資家が自分の投資法に疑問を抱かなかったのも無理はなかった。一方、長期上昇相場が続くなかでこうした相対リターンの手法が支配的になっているとき、絶対リターンの投資の分野でも目覚ましい革新が起こっていた。リスクマネジメントの画期的なツールが相次いで登場し、こうした高度な投資ツールは一般投資家の間に急速に普及していった。

1980～1990年代に登場した投資商品もリスクコントロールを意図したものが多かった。1986年に発行されたモーゲージ・ストリップ証券は、元本とクーポン部分を切り離して別々に取引されるもので、これにより投資家は証券の特定リスクをヘッジすることができる。また1980年代に登場したスワップ契約により、回避したいリスクを許容できるリスクと交換できるようになった。例えば、企業の財務担当者がスワップを利用して短期金利を長期金利を交換すれば、金利リスクをヘッジすることができる。ポジションの信用リスクをスワップによってヘッジする投資家も現れた。さらにストリップやスワップを投機対象として、リスクを取って利益を狙うトレーダーも増えている。モーゲージ・ストリップ証券とスワップはこの20年間に登場したデリバティブのほんの一例にすぎず、その他の新しい商品としてはETF（株価指数連動型上場投信）、TIPS（インフレヘッジ条項付き国債）、CDOs（社債や貸出債権などを担保として発行される資産担保証券）などがある。

このようにこの20年間に証券市場や投資分野では目覚ましい革新が進行し、これは伝統的な投資理論が発表されてからほぼ50年後の状況である。現在までの投資界で起こったこうしたさまざまな革新のなかで、最も注目される出来事のひとつが投資マネジメントとリスクマネジメントの進化であろう。多くの投資家や投資アドバイザーにとってこうしたデリバティブは株式や債券ほど馴染みがなく、ときに誤解されることも少なくない。しかし、こうしたデリバティブもうまく利用すれば、高度な投資家にとってリスクを低減し、多様なマーケットに参入できる強力なツールとなる。

デリバティブ

デリバティブとは従来の証券や投資商品から派生したものである。その結果、デリバティブにはそれらの商品に関連するいくつかのリスクが内在する。デリバティブはよくリスキーであると言われるが、実際にはそれ自体がリスキーなのではないため、そのリスクを十分に理解してそれらをうまく利用することが大切である。例えば、企業の財務担当者はスワップ契約を利用して金利変動リスクをヘッジしている。この同じスワップもヘッジする現資産がないときはリスキーな投機対象となり、金利が思惑と逆に動けば大損失となるし、予想どおりに動けば大きな利益となる。しかし、企業の財務担当者にとってスワップは債務のヘッジ手段であり、支払利息を節減する重要なツールである。このようにヘッジ手段としてデリバティブを利用する企業にとって、それはリスクを低減するために不可欠のツールである。

要約

初期の投資マネジメントはかなり投機的なもので、証券市場もそれほど進化していなかった。まもなく投資界のパイオニアたちが、証券分析とポートフォリオ構築に合理的なアプローチをもたらした。初期の投資家も自分でポートフォリオを組成していたが、その後の学問的研究がさまざまなリスクの特性を明らかにし、分散投資によるリスクマネジメント手法を発展させた。ミューチュアルファンドも増加の一途をたどり、投資家は投資のプロであるファンドマネジャーたちに資金運用を任せるようになった。またこの20年間には投資リスクの重要性も広く知られるようになり、それに伴ってリスクマネジメントの便利なツールも広く普及し、投資マネジメントはさらに進化していった。

ヘッジファンドの投資法

この20年間に見られた大きな変化は、ヘッジファンドと呼ばれる私募形式のファンドが急増したことである。ヘッジファンドのマネジャーは特別な頭脳を持っているのかという疑問を抱かれる人もいるだろうが、少なくともその仕事ぶりから見て額のしわの数が増えることだけは確かである。それはともかくとして、多くのヘッジファンドマネジャーは投資分野では最も優れた手腕の持ち主であろう。その絶対リターンの投資の目的を達成するには、両刀使いの投資マネジメントのテクニックが求められる。つまり、片方の手でリスクをコントロールしながら、もう一方の手で利益を上げるテクニックである。ヘッジファンドを理解するにはその投資法、すなわちヘッジファンドマネジャーの投資アプローチを理解しなければならない。それは現在のような厳しい投資環境下でも絶対リターンを追求するアグレッシブな投資戦略であり、将来的に従来の相対リターンの手法と絶対リターンの手法が融合するときは、このヘッジファンドの形態と投資マネジメントが大きく注目されるだろう。

ヘッジファンドの定義

ヘッジファンドとは証券市場のトレンドがどちらに向かおうとも、ユニークで多様なアプローチと高度な投資テクニックを駆使して絶対リターンを追求する私募ファンドである。その利益の源泉は証券市場の非効率性、ミスプライス（価格の歪み）、素早く入手した情報、緻密なリスクマネジメントなどである。多くのヘッジファンドの投資手法には多くの類似点も見られるが、その形態、投資戦略、リスクコントロールのテクニックなどは多岐にわたっている。以下ではヘッジファンドの一般的な特徴について説明する。多くの人から寄せられる最初の質問は、「なぜ彼らはヘッジファンドと呼ばれるのか。そして何をヘッジするのか」というものである。最初のヘッジファンドは1949年にアルフレッド・ジョーンズというアメリカ人が考案したもので、彼は株式のロング（買い持ち）とショート（空売り）の投資戦略を使っていたため、自らの私募ファンドを「ヘッジされたファンド」と呼んだ。このロング・ショート戦略は株式相場の変動からポートフォリオをヘッジするもので、これがマスコミで報道されたときに名称が「ヘッジファンド」と短くなった。

現在のヘッジファンドの投資戦略は、当初の株式ロング・ショート戦略だけにとどまらずかなり広範にわたっているが、ほぼすべてのヘッジファンドには共通する２つの目的がある。そのひとつはリスク（損失の可能性）を完全にヘッジまたはコントロールすること、もうひとつは相場のトレンドとは関係なく絶対リターンを追求することである。ヘッジファンドの投資分野は、富裕層や証券会社が長年投資してきた対象とそれほど大きな違いはない。証券会社には「プロップデスク（prop desk）」と呼ばれるディーリング（自己取引）部門があり、ここがヘッジファンドと同じような取引を行っている。ヘッジファンドの投資手法は転換社債・M&A（合併・買収）・確定利付き証券などのアービトラージ（裁定取引）、ペアートレードや統計的アービトラージ（割安なものを買い、割高なものを売る）、株式のロング・ショート、破綻証券のトレード、これらのさまざまな組み合わせなど多岐にわたる。ここではこれらの手法についてこれ以上詳述しないが、これを見てもヘッジファンドの広範な投資戦略が分かるだろう。

この10～20年間に投資家やファンドマネジャーが絶対リターンの追求に目を向け始めたことから、この種の私募形式のファンドが急増している。こうした状況の背景にはテクノロジーの急速な発展があり、これにより高度な投資戦略の実行とリスクマネジメントツールとしてのデリバティブの利用が可能になった。こうしたヘッジファンドの投資手法には、その投資スタイルとアプローチ、絶対リターンの投資のコンセプトなどが反映されている。ヘッジファンドとは共同歩調を取る投資グループではなく、利益を上げるのはあくまでも各ヘッジファンドマネジャーの腕である。すなわち、ファンドマネジャーのスキルを駆使したタイムリーな行動が、リスクコントロールされたコンスタントなリターンをマーケットからたたき出すのである。

ヘッジファンドの形態

このようにヘッジファンドの投資手法は多岐にわたっているが、それらの形態にはある種の共通点がある。それは投資家とヘッジファンドマネジャーの利害を合理的に調整した原則を反映している。もしも投資家が安定した利益を得たいと思うならば、その資金を運用するファンドマネジャーとどのような関係を結ぶだろうか。多くの企業と同様に、株主と従業員の利害を共通の目標に向けて調整するのがベストであろう。おそらく投資家はそのファンドマネジャーに、相場のトレンドとは無関係にビジネスライクに利益を上げること、すなわち絶対リターンの追求を求めるだろう。次にファンドマネジャーの報奨制度であるが、運用成果に応じたボーナスや利益分配金などの形の成功報酬が一般的である。さらに投資家はリスクをコントロールした投資マネジメント、つまり投資家の資金を守るベストの方法としてファンドマネジャーにも自らの資金を出資するよう求めるだろう。リスクコントロールのもうひとつの手段は、そのヘッジファンドの成績が不振のときはいつでも資金を引き揚げられることである。このように絶対リターンの追求、運用成果に応じた成功報酬、ファンドマネジャーも自ら出資していること――などが多くのヘッジファンドの共通点である。こうしたヘッジファンドの基本形態をまとめたのが**図12.1**である。

なかでも特に注目されるのが、資金の高い流動性と効果的な課税方式である。前者は出資したヘッジファンドのパフォーマンスが振るわないとき、投資家は事前の通告で簡単に資金の一部または全部を引き揚げられることである。ヘッジファンドの運用成果は一般に四半期ごとに発表されるが、なかには月次、年２回、年次で締めるファンドもある。このようにヘッジファンド向けの資金はかなり流動性が高いが、通常の不動産、エネルギーまたは株式ファンドなどでは事前通告で簡単に資金を引き揚げることはできない。

図12.1　ヘッジファンドの形態

投資アプローチ	絶対リターンの追求
報奨制度	運用成果に応じた成功報酬
リスクコントロール	ファンドマネジャーの腕（スキル）／ ドローダウンが大きいときは簡単に解約できる
ポートフォリオの管理	月次リターンとリスクのマネジメント
資金の流動性	かなり高い
課税方式	パススルー課税

次に課税方式であるが、多くのヘッジファンドはパススルー課税（法人ではなく、その出資者に課税する方式）を採用している。これに対し、株式投資では企業の税引き前利益に課税されたあと、株主に支払われた配当金または確定したキャピタルゲインにも課税されるという二重課税になっている。しかし、ヘッジファンドはリミテッド・パートナーシップ（有限責任組合形式）になっているため、投資家に分配する利益については課税されない。

ヘッジファンドのこうした形態は伝統的な投資ファンドとは大きく異なる。例えば、一般的なミューチュアルファンドでは、①ベンチマークに連動した相対リターンの手法、②ファンドマネジャーに支払われるマーケットフィーは運用資産をベースとした基本報酬、③ファンドとベンチマークのリターンの差がリスク、④ファンドマネジャーが

図12.2　ヘッジファンドの特徴

最低投資金額	50万～100万ドル
新規応募・解約	四半期ごと（解約するときは30～60日の事前通知）
ロックアップ期間	1年間
ファンドマネジャーの報酬	運用資産の1～2%のマネジメントフィー＋ 累積利益の20%の成功報酬
上限規定	成功報酬は先の利益水準を超えないかぎり1回
有資格投資家の条件	純資産100万ドル以上、または年間所得20万ドル以上
ファンドの主な組成場所	（利益金に課税されない）オフショア

出資することはほとんどない。ミューチュアルファンドの利点を敢えて挙げるとすれば、①ヘッジファンドよりも資金の流動性は高い、②ヘッジファンドと同じパススルー課税方式を採用している——などであろう。

ヘッジファンドの共通の特徴

図12.2は多くのヘッジファンドに共通する特徴をまとめたものである。一般の認識とは裏腹に、アメリカのヘッジファンドにも証券法が適用されている。ヘッジファンドはその他の投資ファンドと同様に、証券取引と投資家の募集に関する法令や規制を順守しなければならない。しかし、出資者が100人未満の私募ファンドはSEC（証券取引委

員会）への届け出、資金運用の報告義務が免除されている。こうした情報開示の義務のないヘッジファンドは、一定の基準を満たす投資家しか受け入れていない。これは「有資格投資家の条件」と呼ばれ、それには「純資産が100万ドル以上、または年間所得が20万ドル以上」「最低投資金額は50万～100万ドル」という条件もあり、こうした制約がヘッジファンドは富裕層だけの投資ファンドであるといった批判の原因になっている。

ヘッジファンドのその他の特徴としては、①投資家の新規応募・解約は四半期ごとに行われる、②新規出資者は当初１年間については解約できない（「ロックアップ期間」と呼ばれる）、③ヘッジファンドマネジャーへの報酬は、運用資産の１～２％のマネジメントフィー＋累積正味利益の20％の成功報酬――などがある。ヘッジファンドの報酬体系のなかで特にユニークなものとしては、累積利益に対する成功報酬が１回だけという上限規定であろう。具体的に説明すると、例えばある投資家の出資金100万ドルが１年後に120万ドルに増えたとき、ファンドマネジャーには成功報酬として４万ドル（20万ドル×20％）が支払われる。しかし、その翌年に相場の下落などが原因で残高が110万ドルに減少したときは成功報酬は支払われない。ヘッジファンドがこの投資家から成功報酬を受け取るには、投資残高が先の上限（120万ドル）を超えなければならない。

ヘッジファンドのこうした報酬体系については部外者からの批判が絶えないが、そうした人々は平均的なヘッジファンドの運用資産が約3500万ドル程度であるという事実を理解していない。ヘッジファンドマネジャーは平均的な報酬の35万ドルから、オフィスの賃借料、スタッフの給与、経理事務費、旅費、その他の営業費用などを賄わなければならない。もっとも、ファンドが好成績を上げればファンドマネジャーも高い成功報酬が得られる。例えば、平均規模のヘッジファンドが15％のリターンを上げたとすれば、ファンドマネジャーとそのスタッフが約100万ドルを成功報酬として受け取り、残りの約530万ドルが投資家に分配されるが、その比率はリターンの約12％となる。

こうした成功報酬制度を取っているのは何もヘッジファンドだけではない。法律事務所なども裁判で勝訴したときは賠償金額の33％もの報酬を受け取るが、敗訴したときの報酬はない（「偶発損失」と呼ばれる）。医者の報酬の75％も手術の成否によって決まるケースがあり、ヘッジファンドの収入全体の75％も成功報酬に依存しているという。これに対し、例えば修理工などには故障箇所が復旧しなくても作業費としての報酬が支払われる。ヘッジファンドの報酬体系は、売り上げ次第で報酬が決まるセールスマンの給与体系に似ている。ヘッジファンドのもうひとつの大きな特徴は、ファンドマネジャー自らがファンドに出資していることで、その意味では投資家と一蓮托生の関係にある。このことをヘッジファンド業界では「自分で作った料理を自分で食べる」と呼んでいる。

ビジネスとしてのヘッジファンド

ヘッジファンドとは、さまざまな金融商品のミスプライス（価格の歪み）やマーケットの非効率性を利用して利益を上げる企業のようなものである。こうした投資のやり方は綿花ブローカーに似ている。綿花ブローカーとは、生産者から買い付けた綿花を縫製工場やその他のユーザーに販売する供給業者である。彼らは過大なリスク（買い付けと販売時点の逆ザヤ）を回避するためにさまざまなヘッジ手法を駆使している。価格変動の最大のリスク要因は天候であり、そのリスクヘッジとしてユーザー側と事前に一定の販売価格契約を結んでいる綿花ブローカーもいる。これらの業者も毎月利益を出すことはできないが、年間を通して見るときちんと利益を確保している。こうした綿花ブローカーの「綿花」を「株式」や「債券」に置き換えると、ヘッジファンドというビジネスがよく理解できるだろう。

ヘッジファンドはさまざまな金融商品の割安度や割高度を利用して利益を上げているが、そのためには有益な情報、深い洞察力、リスクマネジメント、まもなく利益を生むであろう金融商品の選別能力などが不可欠である。金融商品の保有期間は超短期から数年間にわたるものまで、それぞれのヘッジファンドのやり方によって大きく異なる。しかし、マーケットのトレンドとは無関係に毎年利益を上げるという点では綿花ブローカーと似ている。こうしたスキルと行動に基づいて利益を上げるヘッジファンドの絶対リターンの投資に対して、長期的な利益を目指すミューチュアルファンドなどの相対リターンの投資はパッシブなアプローチである。例えば、株式投資の利益は経済の長期成長からもたらされると考えており、また債券投資の利益は利息収入＋元本の値上がり益である。こうした投資の考え方は、マーケットのボラティリティをさまざまなヘッジ手法で回避し、スキルを駆使して有望な投資商品を見つけるというヘッジファンドの投資手法とは好対照を成している。最後にヘッジファンドマネジャー自身もファンドにかなりの金額を出資していることはすでに指摘したが、その行動はやはり自分の会社に出資している多くの企業経営者と類似しており、その意味ではヘッジファンドマネジャーは会社の成功＝自分の成功である起業家と言えるだろう。

ヘッジファンドの分散投資

ヘッジファンドは多くの企業と同様にリスクをコントロールしながらリターンを追求しているが、それでもすべてのリスクを取り除くことはできない。伝統的な株式運用法では特定のリスクを低減するため分散投資が広く行われているが、ヘッジファンド業界でもポートフォリオのリスク軽減法として適切な分散投資が不可欠となっている。分

図12.3　ヘッジファンドのポートフォリオ

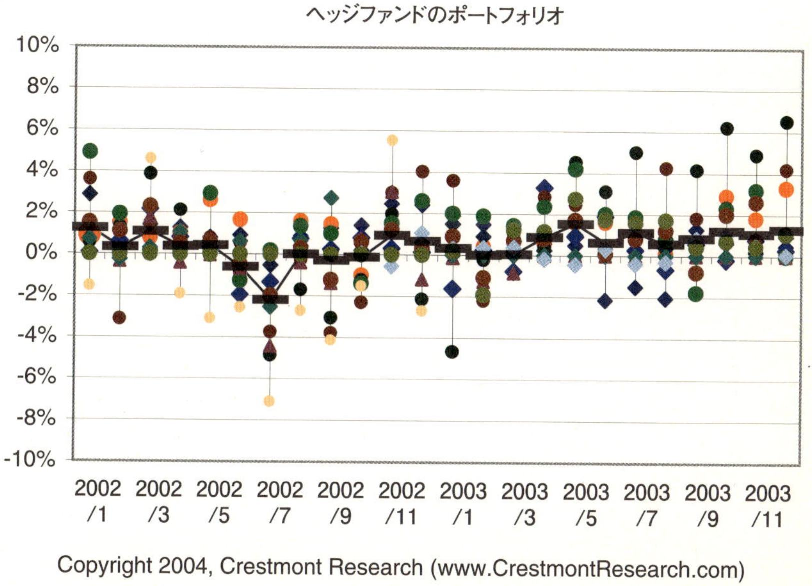

散投資のメリットのひとつは各ポートフォリオのリスクが低減できることで、あるポートフォリオの成績が振るわなくても別のポートフォリオがそれをカバーできるほど高いリターンを上げれば、その年の投資家向け分配金は確保できる。分散投資の二番目のメリットは全体的なパフォーマンスの振れを小さくできることで、そのためには互いに相関のない投資商品のポートフォリオを組成する必要がある。分散投資のもうひとつのメリットは、ポートフォリオのリターンとリスクの関係を改善できることである。投資家はこうしたヘッジファンドをコア投資、または伝統的な投資ポートフォリオの補足手段として利用できる。特に後者の目的でヘッジファンドを利用すれば、伝統的なアセットクラス（株式と債券）と相関のないヘッジファンドのポートフォリオは、ボラティリティの低下と安定したリターンを確保するための有効な手段となる。株式相場の変動の大きい局面、さらに債券利回り

が低下する金利上昇局面などでは、適切に分散投資されたヘッジファンドのポートフォリオが伝統的な相対リターンの投資の強力な補完ツールとなるだろう。

図12.3はヘッジファンドのポートフォリオの収益率を示したもので、分散投資されたそのポートフォリオは安定したリターンを上げている。各マークはヘッジファンドの各ポートフォリオの月次リターンを表し、黒の横棒がポートフォリオ全体の総リターンである。各ポートフォリオのリターンに振れがあっても、総リターンはかなり安定している。主に株式と債券に投資する伝統的な手法とは異なり、ヘッジファンドの各ポートフォリオは互いに相関のない投資商品に分散投資されており、こうした絶対リターンの手法が各ポートフォリオのリターン振れを抑えて安定した総リターンをたたき出している。

ヘッジファンドの補足説明

ヘッジファンドという用語は、リスクをヘッジするために広範な投資商品に分散投資するという意味である。ヘッジファンドの投資戦略と投資マネジメント、リスクマネジメント手法、各ファンドの目標などがまだよく理解できない投資家は、実際に出資する前にヘッジファンドについて詳しく研究すべきである。本章では投機的な投資スタイルという点ではなく、主にリスク回避志向のビジネスという面からヘッジファンドの特徴を説明してきた。ただし、すべてのヘッジファンドがこのようなまともなファンドとは限らないので注意が必要である。しかし、これまで述べてきたヘッジファンドの基本的な特徴は、絶対リターンの手法というものを理解する一助になるだろう。

将来の投資マネジメントの展望

伝統的な投資法の特徴は、株式と債券というアセットクラスに相対リターンを目指して投資することである。もちろん、分散投資によるリスクマネジメントは実施するが、そのリターンは株式相場や債券相場のトレンドに大きく左右される。こうした伝統的な投資法は極めて長期の視野に立ち、相場のサイクルによって利益が出たり、または損失になったりする。その投資期間はときに多くの個人投資家の投資スパンを超えることも少なくない。これに対し、アグレッシブな投資手法とは主にファンドマネジャーのスキルによって絶対リターンを追求するものである。もちろん、そこには緻密なリスクマネジメントが欠かせない。その目的は短期ベースのコンスタントな利益を長期にわたって積み上げることであり、長期の上昇相場からベンチマークと連動したリターンを期待する従来の投資法とは対照的である。しかし、残念なことに少なくとも現時点では、こうした高度な投資手法の恩恵にあずかれるのは一部の投資家だけである。

伝統的な相対リターンの手法と絶対リターンの手法の融合

進化を続ける投資界の将来を展望すると、リスクマネジメントに関する高度なツールとテクニックは広く一般投資家にも普及し、多くの投資家が絶対リターンの投資を実践するようになるだろう。長期上昇相場がミューチュアルファンドの興隆と相対リターンの投資を促進したように、来る長期下降相場は絶対リターン投資を広く普及させると思われる。こうした伝統的な投資法と新しい投資手法の融合の可能性について、『リスク――神々への反逆』（日本経済新聞社）の著者であるピーター・バーンスタインは次のように述べている。

「相場のトレンドとは無関係に利益を上げるという考え（絶対リタ

ーンの投資）は、次第に投資家の注目を集めている。従来のポートフォリオマネジメントに空売りを取り入れれば、投資の最適化プロセスは大きく向上し、多くの投資家もそうした投資手法を実践するようになるだろう」

将来的には多くの投資家が現在のヘッジファンドの投資手法を実践するというよりは、ミューチュアルファンドとヘッジファンドの投資手法の融合が進むだろう。それは両方の投資法のメリット（特に絶対リターンの追求とリスクマネジメント）を併せ持つ新しいタイプの投資アプローチになる。企業コンサルタントはよく「リスクが計測できれば、リスクは管理できる」と言うが、リスクマネジメントが総リターンを向上するための必要条件であるという考え方が広く定着すれば、リスクとリターンの関係を改善した投資ファンドやそのためのツールが続々と登場するだろう。ヘッジファンドは単なる利益の確保というよりは、月次ベースの損失の回避とコンスタントな総リターンの向上を目指している。ヘッジファンドのこうしたリスクマネジメント手法が伝統的な投資マネジメントにも取り入れられれば、絶対リターンを追求するミューチュアルファンドも増加するだろう。こうしたリスク計測の考え方はミューチュアルファンドの投資法に磨きをかけることになる。いずれにせよ、これまで以上にリスクマネジメントを重視してリターンを追求する投資ファンドが増えていくことは間違いない。

高度な投資家も増加

こうした投資界の進化と並行して、リスクマネジメントツールを取り入れたり、またはそうしたテクニックを駆使して絶対リターンを追求する投資ファンドに目を向ける投資家も増えている。絶対リターンの投資のスタンスには、こうしたリスクとリターンの関係改善が欠かせない。ミューチュアルファンドが普及し始めてからほぼ20年になるが、今ではミューチュアルファンドのない経済生活は考えられず、その相対リターンの投資は多くの投資家の伝統的な考え方になっている。今から20年後にはリスクマネジメントのない投資法は考えられず、絶対リターンの手法が伝統的な投資法になっているだろう。

最後に

これまでさまざまな投資のコンセプトと手法について検討し、また証券や株式投資の考え方について批判的な分析を加えてきた。ここでもう一度それらをまとめてみよう。①株式市場は多くの投資家が考えているよりもはるかに変動が大きく、投資家にとってそうしたボラティリティは友でもあり、また敵でもある、②ベンチマークに連動した投資収益を大きく左右するのはインフレ動向であり、それは長期の上昇相場や下降相場を形成する原動力である、③将来の株式投資のリターンを決定するのは投資時点の株価水準である、④長期上昇相場の投資スタンスは長期下降相場のスタンスとはまったく違う。本書ではこれまで、伝統的な相対リターンの手法とアグレッシブな絶対リターンの手法のコンセプトについて詳しく検討してきた。これらの投資アプローチはそれぞれに有効な投資法であるが、そのメリットを生かす相場環境はまったく異なる。上向きトレンドが続く長期上昇相場では伝統的な相対リターン手法がベストであり、チョッピーな局面の続く長期下降相場ではアグレッシブな絶対リターンの手法が極めて有効である。今の局面がそのどちらであるのかが分からないときは、この２つの投資手法を組み合わせた分散投資がリスクとリターンのバランスを最適化するだろう。

本書全体の10のキーポイント

最後に本書全体を通して繰り返し述べてきた10のキーコンセプトを再掲する。それらは従来の間違った投資の考え方を是正し、株式市場の現実を見極め、そして株式投資のリターンを大きく左右するものである。そこには現在の相場環境とおそらく平均以下のリターンしか期待できない将来の株式と債券市場の展望、そうした厳しい局面でも利益を確保する投資戦略とテクニックなども含まれている。

1．異なる期間の株式投資の平均リターンが同じということはあり得ない。低いPER（株価収益率）が次第に高くなっていく期間のリターンは平均以上になるし、高いPERが低くなっていく期間のリターンは平均以下となる。

2．株式市場のボラティリティは多くの投資家が考えているよりもはるかに大きい。実質リターンを低下させる２つの元凶は、マイナスのリターンとリターンのばらつきである。

3．PERのトレンドによって株式の長期上昇・下降相場が形成されるが、そのPERのトレンドを決定するのはインフレ動向である。

4．「Ｙカーブ効果」とは、PERとインフレ（またはデフレ）の緊密な関係を表したものである。

5．現在の株式と債券市場からは、相対的に低いか、マイナスのリターンしか期待できない。

6．クレストモント社の「フィナンシャルフィジックスモデル」には、株式市場の大きなトレンドを決定する経済と株式のさまざまな要因の相関関係が示されている。

7．インフレが低位安定しているとき、株式市場の持続可能なPERのピーク水準または上限は20～25倍であり、2004年後半現在のPERがまさにこの水準にある。

8．アグレッシブな絶対リターンの手法とはファンドマネジャーの腕によってコンスタントな利益を追求し、伝統的な相対リターンの手法とはリスクを許容しながら長期のリターンを目指すものである。
9．長期上昇相場では株式や債券をバイ・アンド・ホールドする「帆走」戦略が極めて有効であり、長期下降相場では絶対リターンを追求する「舟漕ぎ」戦略が効果的である。
10．株式市場と投資マネジメントの進化に伴って、絶対リターンの手法のリスクマネジメントの考え方が伝統的な相対リターンの手法の投資マネジメントにも取り入れられるようになってきた。

分かれ道

本書を通して検討してきたさまざまな投資のコンセプトと手法は、皆さんが日々接する広範な投資情報やコメントなどをよく理解するのに役立つだろう。その結果、皆さんが自信を持って合理的な投資決定を下せるようになれば、筆者にとって大きな喜びである。ここで第１章で言及した分かれ道に差しかかったときの話の続きをしよう。真実の国に行きたいあなたの前に２つの道が現れ、そこにひとりの小人がいた。彼は真実の国から来たのか、うその国から来たのか、あなたにはそれが分からない。そこであなたは真実の国から来た人であればいつでも本当のことを言い、うその国の人はいつでもうそばかり言っていると考える。自分がどちらの道を行けば真実の国に到着できるのかを知るには、この小人に質問してその答えを聞けば分かるだろう。そこであなたはこのように質問する、「あなたの国に行く道はどちらなの」。

注釈——情報源と方法論

Notes : Data Sources and Methodologies

　本書に掲載したチャートやリサーチデータの多くは、（2001年に筆者が設立した）クレストモント・リサーチ社のデータベースから引用したものである。当社の目的は証券市場の有益なリサーチデータを投資家に提供し、皆さんの投資プランの作成と実践に貢献することにある。このデータベースの情報源は多岐にわたっている。主な株式指標であるPER（株価収益率）はダウ工業株平均の終値、EPS（１株当たり利益）はロバート・シラー・エール大学教授（『投機バブル——根拠なき熱狂』［ダイヤモンド社］の筆者）のウエブサイトに掲載されたS&P500のヒストリカルデータに基づいている（http://aida.econ.yale.edu/～shiller）。シラー教授のデータは100年以上に及ぶ長期の信頼できる統計データである。それらはある時期の逸脱した数字の影響を排除したもので、月次または年次の１日の平均価格のデータである。ある時点（12月31日の終値など）の株価をベースとした分析も少なくないが、そうした分析の結果は当該年の株価水準を正確に反映したものではない。ある年の株価水準を正確に表すには、その期間を通した１日の平均株価を使ったほうがよい。一方、PERは現在の１日の平均株価を直近10年間のインフレ調整済み平均EPSで割って算出しているが、これについてシラー教授は企業の一時的な業績変化や経済的な出来事による影響を排除するためであると説明している（詳しいデータやそれらの方法論については、シラー教授のウエブサイトや著書『マーケット・ボラティリティ（Market Volatility）』『投機バブル――根拠なき熱狂』などを参照のこと）。

こうして算出されたシラー教授のPERについて実際値よりも低めになっているという批判もあるが、直近10年間の平均EPSはインフレ調整済みの現在換算値であり、それらのデータは今の実質EPSを反映したやや遅行的な数字であることを考慮しなければならない。３％弱という長期の実質EPSは、景気サイクルやその他の要因による変動の影響を調整した合理的な数字である。このヒストリカルデータを一貫して使用すれば、長期の株式分析の結果もかなり信頼できるものになるだろう。シラー教授のヒストリカルデータに基づいて現在または将来のPERを予測するときは、それらと比較しうる予想EPSを使用しなければならない。現在の公表EPSで算出したPERは、シラー教授のヒストリカルなEPSに基づくPERよりも10％ほど低めの数字となっている。

一方、本書でEPSを含む将来の予想値を算出するときは、第７章で検討したフィナンシャルフィジックスの方法論に基づいた。すなわち、将来の予想EPSはヒストリカルなEPSとGDP（国内総生産）および予想GDPとインフレ率をベースに推計した。こうした方法はEPSを実際の経済成長率に見合った水準に調整し、現在と将来のEPSとPERを比較可能なものにするだろう。**図N.1**はヒストリカルなEPSとPERを公表数字、シラー教授の方法論、クレストモント社の算出法で表したもので、シラー教授とクレストモント社の数列は毎年の数字の歪みが平準化されている。

経済・株式データには経済指標と金利のトレンドも含まれている。経済全体の産出指標としてはGDPを使用し、それにはインフレ未調整の名目GDPとインフレ調整済みの実質GDPがある。1929年以降のデータは米経済分析局、それ以前のデータはジャーナル・オブ・ポリティカル・エコノミー誌に掲載されたバルケとゴードンの統計データ

図N.1　ヒストリカルなEPSとPERの比較

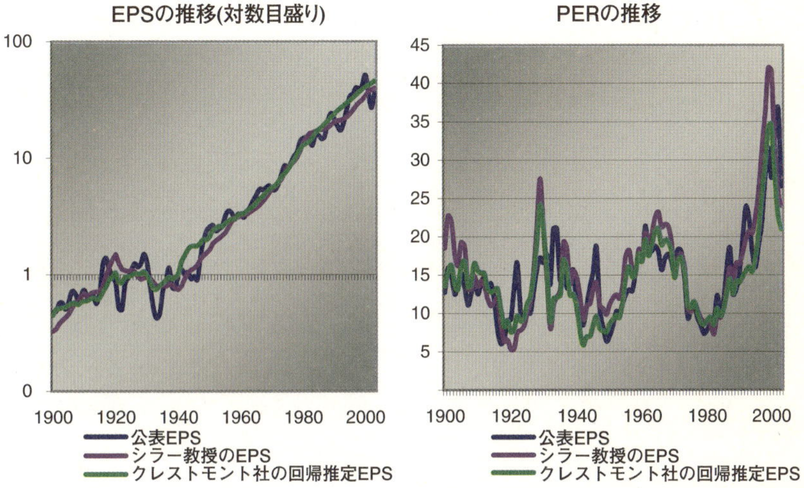

Copyright 2004, Crestmont Research (www.CrestmontResearch.com)

から引用した。一方、1900～1989年の金利（主に10年債の利回り）データはシドニー・ホーマーとリチャード・シイラの共著『ア・ヒストリー・オブ・インタレスト・レート（A History of Interest Rates）（第３版）』から引用し、それ以降のデータは米連邦準備銀行などから入手した。６カ月間の金利動向を表した「6・50ルール」のイールドカーブ（３カ月～30年債の利回り曲線）は、連邦準備銀行が発行するH.15レポートのデータに基づいて作成した。週次の金利は毎週金曜日の金利とし、それ以降６カ月間のボラティリティはその基準週と比較した変動率を表す。

本書で扱った主要な経済変数のひとつにインフレ率があるが、その長期データはCPI（消費者物価指数）とGDPデフレーターを反映した数字を使った。CPIは消費財・サービスの小売物価の動向を反映したもので、GDPデフレーターは名目GDPと実質GDPの差を調整したイ

図N.2　2つのインフレ指標

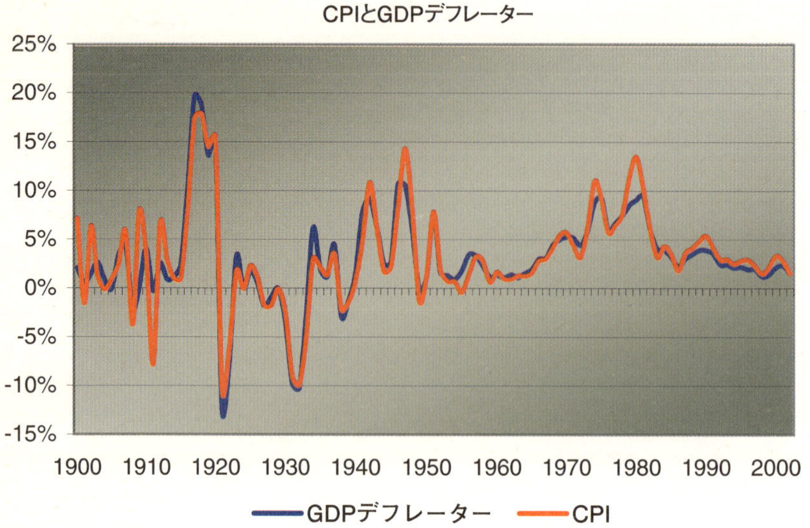

Copyright 2004, Crestmont Research (www.CrestmontResearch.com)

ンフレ指標である。CPIとGDPデフレーターは必ずしも連動していないが、長期のトレンドはほぼ同じ動きになっている。**図N.2**はこの２つの指標の1900年以降の動きを示したもので、長期的にはほぼ連動している信頼性の高いインフレ指標であることが分かる。こうした経済データについて「統計はうそをつかないが、統計家はうそをつく」という人もいるが、本書に掲載したさまざまなチャート、グラフおよびその他の統計資料は、皆さんがそれらの生のデータを客観的かつ合理的に分析して株式投資に役立てることができるだろう（もっとも、ときには専門家による主観的な評価や分析が必要なときもある）。一部のチャートやグラフは関連する問題をよく理解しやすいように再掲した。

付記

普通目盛りと対数目盛り

われわれは本書で扱ったさまざまな問題を合理的に理解するための資料としてチャートやグラフを掲載したが、ときに上昇率の大きい長期グラフについては不都合が生じた（例えば、毎年10％の上昇率が続く48年間のグラフなど）。**図N.3**の左グラフは毎年10％の上昇率が続く棒グラフをそのまま表示したもので、各年の複利上昇率をそのまま反映した実際額の棒グラフ曲線は年を経るに従って急勾配になっている。毎年の上昇率は同じであるが、絶対額が急勾配で上昇していくため、上昇率を確認するには非常に見にくいグラフになっている。一方、右グラフは同じ統計を今度は対数目盛りで表示したもので、これを見ると毎年10％の割合で上昇していることが一目で読み取れる。実際の金額を知るには普通目盛りがよいが、上昇率の推移を見るには対数目盛りのグラフが便利である。例えば、上昇率が鈍化したときに普通目盛りのグラフにはそれがあまりはっきり表れないが、対数目盛りだと勾配が緩やかになるのですぐに分かる。このように長期の上昇率の推移を見たいときは、対数目盛りのグラフのほうがそれを正確に反映する。本書ではこの２つのグラフを併用した。

偶然と必然

本書の大きなテーマは株式市場の長期サイクルの分析であるが、このほか株式と経済の関係についても詳しく検討した。その最も一般的な方法は株式と経済変数の相関関係を分析することである。２つの変数や事象の相関性は－１～＋１の相関係数で表され、相関係数が0というのはその２つに相関性がまったく認められないことを意味する。

図N.3　普通目盛りと対数目盛りのグラフ

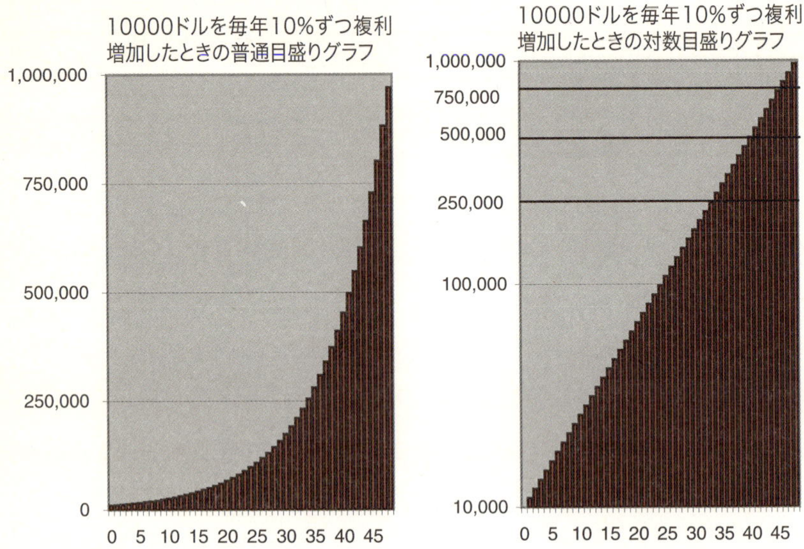

Copyright 2004, Crestmont Research (www.CrestmontResearch.com)

これに対し、＋１はまったく同じ動きをする正の相関性、－１はまったく逆の動きをする負の相関性である。こうした２つの事象の相関関係の程度は数字で表すことができるが、単にそのプラスの数字が大きいということが、その２つの相関関係が将来的にも続くことを意味するわけではない。それらの高い相関は必然の結果かもしれないし、または単なる偶然の結果かもしれない。必然の結果とは一連の事象が同じ方向で起きることであり、例えば株式相場のトレンドとミューチュアルファンドのパフォーマンスの関係などがこれに当たる。株式で構成されるミューチュアルファンドのポートフォリオと株価の相関は高く、その損益は必然の結果である。

一方、株式市場のヒストリカルなリターンに関する一部の調査結果によれば、株式相場と男性のネクタイの幅、または女性のスカートの長さには高い相関が認められるという。また、株価とプロフットボールの優勝チームにも順相関の関係が見られると言われるが、それらの統計がどのようなものであろうと、そうした主張に合理的な根拠を見いだすことはできない。２つの事象がはっきりした根拠もなく同じように起こっても、それは偶然の結果である可能性が高い。いろいろな投資リポートを読まれる皆さんは、そこに書かれてある相関関係が必然の結果なのか、それとも単なる偶然の結果なのかをよく見極める必要がある。本書に掲載したわれわれの統計資料やリサーチデータは、いずれも合理的に根拠のあるものだけであり、それらの相関関係についてもすべて検証済みである。

本書の目的

本書は投資家の教育を目的としており、特定株式の売買や投資を奨励・勧誘するための手引きや資料ではない。

参考文献

第1章

1. Dava Sobel, *Longitude: The True Story of a Genius Who Solved the Greatest Scientific Problem of His Time* (United Kingdom: Penguin Books, 1995).
2. ロジャー・ローウェンスタイン著『ビジネスは人なり　投資は価値なり――ウォーレン・バフェット』（総合法令出版）
3. George Santayana, *The Life of Reason* (New York: Scribner's, 1905), 284.
4. Campbell R. Harvey, personal interview, 2004.

第2章

1. ロジャー・ローウェンスタイン著『ビジネスは人なり　投資は価値なり――ウォーレン・バフェット』（総合法令出版）

第3章

1. *The Matrix* (Warner Brothers, 1999).

第4章

1. Robert J. Shiller, *Irrational Exuberance* (New York: Broadway Books, 2000), 3.
2. Sir Reginald McKenna quote, World Newsstand. http://www.worldnewsstand.net.
3. Sydney Homer and Richard Sylla, *A History of Interest Rates 3rd Revised Edition* (Piscataway: Rutgers University Press, 1996), 3.
4. Milton Friedman, "The Role of Monetary Policy," *The American Economic Review,* Vol. LVIII (1), March 1968.
5. Harvey Rosenblum, Business Economics, 2003, 6, 15.
6. Ed Easterling, "Dynamic Interest Rate Presentation," www.crestmontresearch.com.

第5章

1. エドウィン・ルフェーブル著『欲望と幻想の市場——伝説の投機王リバモア』（東洋経済新報社）
2. William Manchester, *The Last Lion: William Churchill* (New York: Little, Brown and Company, 1983).
3. Mark Twain, www.twainquotes.com.
4. William Proctor, *The Templeton Touch* (Radnor: Templeton Foundation Press, 1983).

第6章

1. チャールズ・エリス著『敗者のゲーム——なぜ資産運用に勝てないのか』（日本経済新聞社）
2. James Grant, *Grant's Interest Rate Observer* (New York: Grant's Financial Publishing,Inc., 2004).
3. ボルテール著『カンディード』（岩波文庫）
4. Richard Russell, *Dow Theory Letters*, 2004.

第9章

1. Alexander M. Ineichen, *Absolute Returns: The Risk and opportunities of Hedge Fund Investing* (New York: John Wiley & Sons, Inc., 2002).
2. Harry Markowitz, "Portfolio Selection," *Journal of Finance,* Vol. VII, No. 1, March 1952.
3. Jonathan Burton, "Revisiting the Capital Asset Pricing Model," http://www.stanford.edu/`wfsharpe/art/djam/djam.htm. Reprinted with permission from Dow Jones Asset Manager. May/June 1998, 20.

第10章

1. Alexander M. Ineichen, *Absolute Returns: The Risk and Opportunities of Hedge Fund Investing* (New York: John Wiley & Sons, Inc., 2002), 22, 23.

第11章

1. David F. Swenson, *Pioneering Portfolio Management: An Unconventional Approach to Institutional Investment* (New York: Free Press, 2000), 73.

第12章

1. Christopher Finch, *The Illustrated history of the Financial Markets: In the Market* (New York: Abbeville Press Publishers, 2001), 341–50.
2. "A Short History of Wall Street," *Smart Investing*, 2004.
3. Economist.com, "Buy When You Hear Cannons Roar!" www.economist.com.na., 2001.
4. Heilbrunn Center for Graham and Dodd, Columbia Business School, *Value Investing History*, 2003.
5. ベンジャミン・グレアムとデビッド・ドッド著『証券分析』(パンローリング)
6. Peter L. Bernstein, "Points of Inflection: Investment Management Tomorrow," *Financial Analysts Journal*, July/August, 2003.

■著者紹介

エド・イースタリング（Ed Easterling）

ダラスの投資会社クレストモント・ホールディングズ社の設立者兼社長で、いくつかのヘッジファンドを運用するほか、「http://www.CrestmontResearch.com/」を通じて証券市場の最新リサーチ情報を公表している。ダラスのサザン・メソディスト大学コックス・ビジネススクールで、非常勤教授としてヘッジファンドの投資マネジメントについて教えている。20年以上にわたる株式投資と証券市場の研究のキャリアを持ち、最近ではジョン・モールディン著『ブルズ・アイ・インベスティング（Bull's Eye Investing）』の数章を執筆した。サザン・メソディスト大学で経営学士、心理学士およびMBA（経営学修士）を修得。

■訳者紹介

関本博英（せきもと・ひろひで）

上智大学外国語学部英語学科を卒業。時事通信社・外国経済部を経て翻訳業に入る。国際労働機関（ILO）など国連関連の翻訳をはじめ、労働、経済、証券など多分野の翻訳に従事。訳書に、『賢明なる投資家【財務諸表編】』『証券分析』『究極のトレーディングガイド』『コーポレート・リストラクチャリングによる企業価値の創出』『プロの銘柄選択法を盗め！』『アナリストデータの裏を読め！』『マーケットのテクニカル百科　入門編・実践編』『市場間分析入門』『初心者がすぐに勝ち組になるテクナメンタル投資法』（いずれもパンローリング）など。

2006年4月3日　初版第1刷発行

ウィザードブックシリーズ101

バイ・アンド・ホールド時代《じだい》の終焉《しゅうえん》
株は長期サイクルで稼げ！

著　者　エド・イースタリング
訳　者　関本博英
発行者　後藤康徳
発行所　パンローリング株式会社
〒160-0023　東京都新宿区西新宿7-21-3-1001
TEL　03-5386-7391　FAX　03-5386-7393
http://www.panrolling.com/
E-mail　info@panrolling.com
編　集　エフ・ジー・アイ（Factory of Gnomic Three Monkeys Investment）合資会社
装　丁　パンローリング装丁室
組　版　a-pica
印刷・製本　株式会社シナノ

ISBN4-7759-7066-6

＜2＞ 短期売買やデイトレードで自立を目指すホームトレーダー必携書

魔術師リンダ・ラリーの短期売買入門
リンダ・ラシュキ著

国内初の実践的な短期売買の入門書。具体的な例と豊富なチャートパターンでわかりやすく解説してあります。

定価29,400円（税込）

ラリー・ウィリアムズの短期売買法
ラリー・ウィリアムズ著

1年で1万ドルを110万ドルにしたトレードチャンピオンシップ優勝者、ラリー・ウィリアムズが語る！

定価10,290円（税込）

バーンスタインのデイトレード入門
ジェイク・バーンスタイン著

あなたも「完全無欠のデイトレーダー」になれる！
デイトレーディングの奥義と優位性がここにある！

定価8,190円（税込）

バーンスタインのデイトレード実践
ジェイク・バーンスタイン著

デイトレードのプロになるための「勝つテクニック」や「日本で未紹介の戦略」が満載！

定価8,190円（税込）

ゲイリー・スミスの短期売買入門
ゲイリー・スミス著

20年間、ずっと数十万円（数千ドル）以上には増やせなかった“並み以下の男”が突然、儲かるようになったその秘訣とは！

定価2,940円（税込）

ターナーの短期売買入門
トニ・ターナー著

全米有数の女性トレーダーが奥義を伝授！
自分に合ったトレーディング・スタイルでがっちり儲けよう！

定価2,940円（税込）

スイングトレード入門
アラン・ファーレイ著

あなたも「完全無欠のスイングトレーダー」になれる！
大衆を出し抜け！

定価8,190円（税込）

オズの実践トレード日誌
トニー・オズ著

習うより、神様をマネろ！
ダイレクト・アクセス・トレーディングの神様が魅せる神がかり的な手法！

定価6,090円（税込）

ヒットエンドラン株式売買法
ジェフ・クーパー著

ネット・トレーダー必携の永遠の教科書！カンや思惑に頼らないアメリカ最新トレード・テクニックが満載!!

定価18,690円（税込）

くそったれマーケットをやっつけろ！
マイケル・パーネス著

大損から一念発起！　15カ月で3万3000ドルを700万ドルにした驚異のホームトレーダー！

定価2,520円（税込）

＜3＞ 順張りか逆張りか、中長期売買法の極意を完全マスターする！

タートルズの秘密

ラッセル・サンズ著

中・長期売買に興味がある人や、アメリカで莫大な資産を築いた本物の投資手法・戦略を学びたい方必携！

定価20,790円（税込）

カウンターゲーム

アンソニー・M・ガレア＆
ウィリアム・パタロンIII世著
序文：ジム・ロジャーズ

ジム・ロジャーズも絶賛の「逆張り株式投資法」の決定版！
個人でできるグレアム、バフェット流バリュー投資術！

定価2,940円（税込）

オニールの成長株発掘法

ウィリアム・J・オニール著

あの「マーケットの魔術師」が平易な文章で書き下ろした 全米で100万部突破の大ベストセラー！

定価2,940円（税込）

オニールの相場師養成講座

ウィリアム・J・オニール著

今日の株式市場でお金を儲けて、
そしてお金を守るためのきわめて常識的な戦略。

定価2,940円（税込）

オニールの空売り練習帖

ウィリアム・J・オニール著

売る方法を知らずして、買うべからず売りの極意を教えます！
「マーケットの魔術師」オニールが空売りの奥義を明かした！

定価2,940円（税込）

ウォール街で勝つ法則

ジェームズ・P・オショーネシー著

ニューヨーク・タイムズやビジネス・ウィークのベストセラーリストに載った完全改訂版投資ガイドブック。

定価6,090円（税込）

トレンドフォロー入門

マイケル・コベル著

初のトレンドフォロー決定版！
トレンドフォロー・トレーディングに関する初めての本。

定価6,090円（税込）

＜4＞テクニカル分析の真髄を見極め、奥義を知って、プロになる！

投資苑 ／ 投資苑2
アレキサンダー・エルダー著

ベストセラー『投資苑』とその続編 エルダー博士はどこで
仕掛け、どこで手仕舞いしているのかが今、明らかになる！

定価各6,090円（税込）

投資苑がわかる203問
投資苑2 Q&A
アレキサンダー・エルダー著

定価各2,940円（税込）

シュワッガーのテクニカル分析
ジャック・D・シュワッガー著

シュワッガーが、これから投資を始める人や投資手法を
立て直したい人のために書き下ろした実践チャート入門。

定価3,045円（税込）

マーケットのテクニカル秘録
チャールズ・ルボー&
デビッド・ルーカス著

プロのトレーダーが世界中のさまざまな市場で使用している
洗練されたテクニカル指標の応用法が理解できる。

定価6,090円（税込）

ワイルダーのテクニカル分析入門
J・ウエルズ・
ワイルダー・ジュニア著

オシレーターの売買シグナルによるトレード実践法
ＲＳＩ、ＡＤＸ開発者自身による伝説の書！

定価10,290円（税込）

マーケットのテクニカル百科 入門編
ロバート・
D・エドワーズ著

アメリカで50年支持され続けている
テクニカル分析の最高峰が大幅刷新！

定価6,090円（税込）

マーケットのテクニカル百科 実践編
ロバート・
D・エドワーズ著

チャート分析家必携の名著が読みやすくなって完全復刊！
数量分析（クオンツ）のバイブル！

定価6,090円（税込）

魔術師たちのトレーディングモデル
リック・
ベンシニョール著

「トレードの達人である１２人の著者たち」が、トレードで
成功するためのテクニックと戦略を明らかにしています。

定価6,090円（税込）

ウエンスタインのテクニカル分析入門
スタン・
ウエンスタイン著

ホームトレーダーとして一貫してどんなマーケットのときにも
利益を上げるためにはベア相場で儲けることが不可欠!

定価2,940円（税込）

デマークのチャート分析テクニック
トーマス・
R・デマーク著

いつ仕掛け、いつ手仕舞うのか。
トレンドの転換点が分かれば、勝機が見える!

定価6,090円（税込）

＜6＞裁量を一切排除するトレーディングシステムの作り方・考え方！

究極のトレーディングガイド
ジョン・R・ヒル＆ジョージ・プルート著

トレーダーにとって本当に役に立つコンピューター・トレーディングシステムの開発ノウハウをあますところなく公開！

定価5,040円（税込）

マーケットの魔術師　システムトレーダー編
アート・コリンズ著

14人の傑出したトレーダーたちが明かすメカニカルトレーディングのすべて。待望のシリーズ第4弾！

定価2,940円（税込）

魔術師たちの心理学
バン・K・タープ著

「秘密を公開しすぎる」との声があがった
偉大なトレーダーになるための“ルール”、ここにあり！

定価2,940円（税込）

トレーディングシステム徹底比較
ラーズ・ケストナー著

本書の付録は、日本の全銘柄（商品・株価指数・債先）の検証結果も掲載され、プロアマ垂涎のデータが満載されている。

定価20,790円（税込）

売買システム入門
トゥーシャー・シャンデ著

相場金融工学の考え方→作り方→評価法
日本初！これが「勝つトレーディング・システム」の全解説だ！

定価8,190円（税込）

トレーディングシステム入門
トーマス・ストリズマン著

どんな時間枠でトレードするトレーダーにも、ついに収益をもたらす“勝つ”方法論に目覚める時がやってくる！

定価6,090円（税込）

トレーディングシステムの開発と検証と最適化
ロバート・パルド著

過去を検証しないで、あなたはトレードできますか？
トレーディングシステムを開発しようと思っている人、必読の書！

定価6,090円（税込）

投資家のためのリスクマネジメント
ケニス・L・グラント著

あなたは、リスクをとりすぎていませんか？それとも、とらないために苦戦していませんか？リスクの取り方を教えます！

定価6,090円（税込）

投資家のためのマネーマネジメント
ラルフ・ビンス著

投資とギャンブルの絶妙な融合！
資金管理のバイブル！

定価6,090円（税込）

EXCELとVBAで学ぶ先端ファイナンスの世界
メアリー・ジャクソン＆マイク・ストーントン著

もうEXCELなしで相場は張れない！
EXCELでラクラク売買検証！

定価6,090円（税込）

投資苑（とうしえん）

アレキサンダー・エルダー著

アメリカのほか世界8カ国で翻訳され、各国で超ロングセラー精神分析医がプロのトレーダーになって書いた心理学的アプローチ相場本の決定版！

定価8,190円（税込）

投資苑 2　トレーディングルームにようこそ

アレキサンダー・エルダー著

世界的ベストセラー『投資苑』の続編、ついに刊行へ！エルダー博士はどこで仕掛け、どこで手仕舞いしているのかが今、明らかになる！

定価6,090円（税込）

投資苑がわかる203問

アレキサンダー・エルダー著

初心者からできるテクニカル分析（心理・戦略・資金管理）完全征服問題集！問題を解きながら、楽しく、高度なトレーディングの基礎が身につく！

定価2,940円（税込）

投資苑2　Q＆A

アレキサンダー・エルダー著

こんなに『投資苑2』が分かっていいのだろうか！
実際にトレードするのはQ&Aを読んでからにしてください（by エルダー博士）

定価2,940円（税込）

ゾーン～相場心理学入門

マーク・ダグラス著

マーケットで優位性を得るために欠かせない、新しい次元の心理状態を習得できる。「ゾーン」の力を最大限に活用しよう。

定価2,940円（税込）

マンガ 投資の心理学

青木俊郎著

頭ではわかっているけれど、つい負け癖を繰り返してしまう人へ、投資家心理を理解して成功するための心構えを解説。

定価1,260円（税込）

魔術師たちの心理学

バン・K・タープ著

「秘密を公開しすぎる」との声があがった偉大なトレーダーになるための“ルール”、ここにあり！

定価2,940円（税込）